U0091559

人生之問

孫南京 著

平庸的人只有一條命，叫性命；
優秀的人有兩條命，叫性命和生命；
卓越的人有三條命，
是性命、生命、使命，
分別代表著生存、生活、責任。

崧燁文化

目錄

人生快快覺醒

總覽篇

人生是什麼？

人生為什麼？

後記

人生之問　　目錄

人生快快覺醒

——致讀者的一封信

親愛的讀者：

您好！您能翻開這本書，是書的幸運，是我與您的緣分，使我有幸與您就人生問題聊聊天。

但在我心裡認為，原因有二：

一是事業的成功不代表人生的成功。

一個一心只追求事業成功的人，人生結局往往不是成功的。君不見，有的人雖然在人生舞臺上是成功的，但所扮演的角色卻是失敗的；有的人雖然拿到了事業成功俱樂部的入場券，而他的臉上像被刺字那樣，貼上了人生失敗的標籤；更有甚者，建起的人生大廈一陣風雨即坍塌了。我們閉上普通人的肉眼、睜開哲人的慧眼看一看，現在有些人的人生價值追求走進了天大的誤區：追求事業的成功而不追求做人的成功。在浮躁、浮華甚至憂貧不憂道的大環境下，有的人只顧攀爬自己的人生高地而沒能守住人生底線，只顧追求大官、大款、大腕而淡忘了做人、做君子、做「大人」，結果為了實現個人價值，達到個人目的而不擇手段、不擇路徑，人變得功利、低俗、庸俗、媚俗，進而活得很累，做人做事變味，充滿著人生風險。

贏得了天下，輸掉了做人的資本，成功不過是一場泡沫！

這是一個需要端正人生動機和目的的時代。

古往今來，能夠被歷史銘記之人，能夠感動自己並感動和溫暖他人之人，才是真正的人生成功。

二是成功的背後有太多的遺憾。

現代著名作家冰心說過：「成功的花，人們只驚羨她現時的明艷，然而當初她的芽兒，浸透了奮鬥的淚泉，灑滿了犧牲的血雨。」對於我來說，何止是「當初」，在「當中」也浸透著這樣的「淚泉」和「血雨」。我時常捫

心自問：我一路走來，所付出的「奮鬥」和「犧牲」，是為了事業的成功還是為了人生的成功？有些付出應該嗎？有必要嗎？值得嗎？

比如，我父母先後去世前，因忙於工作、為了表現，都沒有及時趕回家見最後一面，對此，現在我怎麼想怎麼看呢？請看《如夢令·發往天堂的懺悔書》：

雙親病危未歸，噩耗傳來急回。

縱然贏功名，難抵不孝大罪。

痛悔！痛悔！夢醒腸斷無淚。

事業有遺憾，蒼天都會理解，因為一個人的事業能幹到什麼程度不完全取決於自己的努力，而人生有遺憾，連自己都不會原諒，因為人生的成功自己基本可以管控。所以，明代的經學家、史學家、思想家黃宗羲告誡世人：「大丈夫行事，論是非，不論利害；論順逆，不論成功；論萬世，不論一生。」對照這至理名言，自己深感慚愧，我的人生覺醒太遲了！

回首往事，我年輕時沒有把人生思索透，以致人生的動機和目的是不純的，人生是盲目的。由於沒有很好地對自己的人生進行科學的設計規劃，很長一段人生路上就像浮萍那樣，漂到哪裡算哪裡，缺乏明確的人生方向和人生信念，常常用世俗的眼光看待人生，常常被無盡的煩惱鎖住了自己心靈的翅膀，人生追求和人生價值取向常常出現偏頗。其實，一個人事業的成功如臺歷，翻過去就消失得無影無蹤，但人生的遺憾沉澱在心裡猶如膽結石，時常讓人疼痛難忍。

旁觀者清。遺憾的是，看待人生，只有時間和歷史老人是旁觀者，我們都逃脫不了「當局者迷」，只有少數人「覺」「悟」後成了人生當局者中的旁觀者。

以當局者看人生，迷失自我而自以為是；以浮躁心態看人生，沉迷浮躁之中而自得其樂。我要對這些人大聲疾呼：人生快快覺醒，做一個人生旁觀者吧！

古羅馬哲學家塞涅卡指出：「沒有比人生更難的藝術了，因為其他的藝術、學問到處都有老師。」

回想起來，我年輕時把人生看得過於簡單，好像人生是無師自通的事，對父母和師長的教導經常是「左耳進右耳出」。但隨著年齡的增長和閱歷的增加，尤其是隨著一些事情的碰壁，才明白什麼叫「不聽老人言，吃虧在眼前」。當我發現理想與現實的距離、意識到人生的複雜性後，雖不像有的人那樣已是遍體鱗傷，但也傷痕纍纍，辜負了大好青春時光。我開始冷靜觀察，潛心去讀人生方面有字和無字這兩本大書，尋找人生的答案。雖然我從父母、老師、領導、朋友和相關人生書籍中獲得了很多很多，但總覺得缺少一種感同身受的能驚醒夢中人的力量，缺少一種讓我對人生諸多問題一下子能理清頭緒、形成系統思維的力量，缺少一種對自己人生實踐具有指導性、操作性的力量，缺少一種「隨風潛入夜，潤物細無聲」的力量。「一夢醒來已三秋」。直至後來歷盡挫折、事業上看到了盡頭，尤其是面臨退休之後，我彷彿在人生的床上從半醒半睡的狀態一下子清醒過來，使我對人生有了更加深刻、更加透徹的感悟。到這時，我才懂得了美國哲學家、教育學家杜威為什麼說：「沒有那個年齡該有的知識，就有那個年齡該有的一切痛苦。」我才發現自己此時是真正地破除了一切我執，包括進退、去留、得失、毀譽、名利等，掙脫了個人私念，踰越了塵世中很多的東西，心中蕭然寧靜，胸中豁然開朗。只有到此時，我才真正懂得了王羲之在《蘭亭序》中講的「懷若虛竹」是個什麼感覺。

難怪古代思想家、哲學家、文學家莊子認為，一個可以學道之人，必須有聖人般虛淡的心境。

抖落凡塵一身輕，心神寧靜遊人生。

我要把自己人生征程中的經驗教訓和體會感悟告訴大家。因為這樣可以讓更多的人在人生路上，少走彎路、少摔跤。

我要把自己學習中外人生導師們尤其是中國優秀傳統文化中一些經典人生思想、人生箴言和自己學習心得有條理成系統地告訴大家。因為只有知道

聖哲遺訓的寶貴，才能做到「畏聖人之言」；漠視聖人、哲人之言，就是漠視自己的人生。

我要把自己對古今中外茫茫人海中那些成功人生和失敗人生的剖析與思考告訴大家。因為古羅馬哲學家塞內加指出：「教誨是條漫長的道路，榜樣是條捷徑。」

不撞南牆不回頭，這是人之共性毛病。人生中的許多事情，總是需要親身經歷後才會清醒。痛過了，才知道如何防範；傻過了，才清楚什麼該堅持什麼該放下；失去了，才明白到底什麼珍貴什麼不值得。

人非得要自己去經歷一切嗎？NO！我希望讀了這本書的人，能從先哲和聖賢的教誨及他人的人生經歷中汲取經驗教訓，避免人生傷痛；那些已經有了人生傷痛的人，能從中得到心靈的慰藉，理清人生思路，重新出發。

人生既是知的過程，又是行的過程，是知行合一的過程。

美國心理學家富勒告誡世人：「如果思想是混亂的，我們的行為就是混亂的。」任何一個人如果在人生問題上思想混亂了，其人生行為必然混亂，這樣的人生就會在成功與失敗之間搖擺，充滿變數和風險。

莊子說，「小惑易方，大惑易性。」所以人生不能迷糊。

中國進入社會轉型期之後，由於思想多元、價值多元、文化多元，一些人正如《小窗幽記》說的那樣，「心中裝著世外，討厭塵世而又不能離開」。有的人思想道德防線被沖垮，人生觀念和人生實踐出現混亂；有的人出現了「人生迷茫」「精神恍惚」等不正常現象；也有的甚至處在「上不在天下不在地，外不在人內不在我」的不可思議的人生狀態，無論哪種類型的迷失自我，必然導致人生迷失。

一個時期以來反腐行動重拳頻出，有一批看起來事業成功人士的官員包括省部級以上高官紛紛落馬，有一批經不住心靈重壓的不潔之人紛紛自殺，有一批身有汙點、心裡有事之人寢食難安，與此同時，更有一批始終嚴以修身、「守死善道」之人，寧靜悠然地行走在人間正道上。

秦漢人黃石公在《素書》中告訴世人：「與覆車同軌者傾，與亡國同事者滅。」

大浪淘沙，始終是人生之海的殘酷景觀；清者自清、濁者自濁，始終是大浪淘沙之後的必然結果。我們既要為經過大浪淘沙留存下來的「金子」而點贊，又要為那些被「淘」出去的「沙子」而痛心，更要為後來的人經得起大浪淘沙的考驗而思考。

俄國偉大作家托爾斯泰告誡人們：「正確的道路是這樣，吸取你前輩所做的一切，然後再往前走。」遺憾的是，能吸取前人經驗教訓往前走的人有多少？忽視這一點，有幾個人所走的人生之路順利而無憾？

為了吸取前人的人生智慧，本書將與讀者一道仰以察古、俯以觀今，穿越時空同聖哲對話，與經典同行，走近歷史人物，傾聽歷史故事，剖析古今中外的人生典型案例，從而悟透古往今來一個個流芳人生與遺臭人生事例的根本原因，提高自己的人生站位，拓寬人生視野，點燃心中的人性之光，啟迪心智良知，提升人生智慧，昇華人生境界，引導我們站在自己生死臨界點上和人類歷史長河制高點上思考人生，看清人生彼岸的碼頭，以人生智慧去彰顯自己的人生風采。

「我們一來到世間，社會就會在我們面前樹起一個巨大的問號：你怎樣度過自己的一生？」愛因斯坦提出的是人生之問，是人生千古之問。

其實，每一個人成年之後時時處處都在接受人生的三大拷問：人生是什麼？人生為什麼？人生怎麼辦？一個人的一生經受住了這三大拷問，才能經受住人生之海大浪淘沙的嚴峻考驗。

人生三大拷問，從根本上講，拷問的是人的心靈和靈魂。

為了引導年輕人正確地思考人生，編織好自己的人生夢，規劃設計好自己的人生路線圖，也為了引導正行進在人生路途之中的人做好人生再設計，為他們的人生實踐當好參謀，本書除回答人生是什麼、人生為什麼外，圍繞人生怎麼辦提出了構建「人生三個一工程」，即確立一個人生目標，選擇一條人生路徑，牢記一條人生信念。

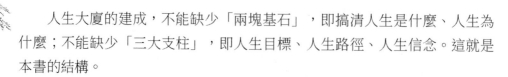

　　人生大廈的建成，不能缺少「兩塊基石」，即搞清人生是什麼、人生為什麼；不能缺少「三大支柱」，即人生目標、人生路徑、人生信念。這就是本書的結構。

　　諾貝爾文學獎獲得者海明威告誡世人：「世界上最複雜的事物莫過於一個人的一生。」

　　人生是一個複雜的系統工程。不明白人生是什麼和人生為什麼，就很難明白人生怎麼辦。思考人生系統工程，就是把人生三大拷問和人生目標、人生路徑、人生信念等各個組成部分聯繫起來思考，從人生全局和人的一生進行系統分析、系統設計和系統綜合，以此構成一套系統的人生理念、方法、途徑和原則等，使自己在「亂花漸欲迷人眼」的社會現實面前，澄懷觀道悟人生，修身為本重做人，跳出夢幻泡影般的俗世苦海，做到混跡塵中、高視物外，知行合一、物我兩忘，使人生實踐始終體現人生科學性和人生藝術性。

　　唐朝著名諫議大夫魏徵在《諫太宗十思疏》中指出，「求木之長者，必固其根本；欲流之遠者，必浚其泉源；思國之安者，必積其德義」。國家撥亂反正、正本清源，做人做事乃至人生的返璞歸真是源頭，是根本。

　　守護中華民族之根，涵養中國精神之魂，是每個華夏兒女義不容辭的責任。同時，我們又要睜眼看世界，廣泛吸取各民族包括其他宗教的優秀人生智慧，不斷打牢中華民族屹立於世界民族之林的堅實基礎，讓中華文明煥發青春，萬古長青。

　　人生就在選擇與堅守之間。人怎麼活都是一輩子，與其活得渺小卑微，不如活得平凡偉大；與其讓生命生銹，不如讓生命發光；與其讓日子過得暮氣沉沉，不如讓自己脫俗高尚；與其讓人生腐朽，不如讓人生挺拔。

　　人走出的每一個足跡，都是自己人生五線譜上的一個跳動的音符。一個人往高處走多了，他的生命演奏出來的人生交響曲，必將是豪邁而激昂的旋律。

　　願代代中華兒女都能像唐朝詩人李白那樣充滿人生自信：

　　仰天大笑出門去，

我輩豈是蓬蒿人。

人生之問　　總覽篇

總覽篇

■一 澄懷觀道悟人生

總覽人生全局，人生之道是所有人生問題中的核心問題。

縱觀古往今來茫茫人海，人生成敗的主要原因，在於這個人以什麼樣的人生審美標準，看待人生並選擇人生之道。

中國人立足於中華大地上，只有與中華文化的審美相符相通，做人、做事乃至人生，才可能是真的、善的、美的，才能深接地氣而立於不敗之地。

王安石詩曰：「青山繚繞疑無路，忽見千帆隱映來。」

陸游詩曰：「山重水復疑無路，柳暗花明又一村。」

古詩中，寫人生之道的名句很多。「疑無路」的原因，是「青山繚繞」「山重水復」嗎？不是，在於自己心中的迷霧，在於沒能做到澄懷觀道。

先秦時代有一個思想家叫揚朱，有感於人生歧路重重，歧路之中還有歧路，人很容易迷失，於是放聲大哭。

我在「明德講堂」多次做講座，研究生們提問題最多的是「畢業後到底是走從政、經商、做學問、做技術等哪條路好？」我告訴大家，雖然根據自己的專業、特長、興趣、喜好、性格等特點去選擇適合自己的職業，會有利於揚長避短，但歸根結底，人生重要的不在於起步時的職業，而在於如何選擇你所走的道和為什麼走、怎麼走這條道。

在人生的道路上，有的人在奔向人生目標的途中因犯規被罰出局；有的人因違反遊戲規則受到了處理，使自己的人生歷史有了汙點；有的人剛踩油門起步不久就被亮了人生紅燈；有的人雖然達到了人生目標，但由於不擇手段，未走正道，結果得而復失、墜入深淵……凡此種種，說明選擇一條正確人生之道是多麼重要。

　　沒有追求的生命，將失去人生；沒有思想的人生，將失去內涵；沒有體悟的思想，將失去昇華；沒有燈塔的航行，將失去目標；沒有選擇的道路，將失去方向。

　　人生道路千萬條，但並非「條條大路通羅馬」，並非每條道路的終點都可進入人生成功大廈。

　　人生的路不都是通向成功，有的通向了失敗；不都是通向幸福的樂園，有的通向了痛苦深淵。我們要避免人生的失敗和痛苦，就要透過澄懷觀道，尋找到一條成功而快樂的人生之道。

　　不識道，不足以成智者；不用道，不足以馳騁人生。

一、澄懷觀道──確立人生審美追求

　　澄懷觀道，本來是禪的一種境界，是拈花微笑裡領悟色相中微妙至深的禪境。正是有了這種禪境，使審美主客體在交融昇華中達到理想審美境界。

　　佛教文化讓我們受益的，首先是悟透這個「佛」字。「佛」字由「弗」和「人」兩部分組成。「弗」的意思就是不要、去除、清空。「佛」，就是作為人應該拒絕、去除、清空人生中那些與人本能、本質不相符不必要的東西，做到超凡脫俗。做到了這樣，人就成了一個「覺者」「一個覺悟了的人」。我們如果去除了對身外之物的慾望，去除了沒必要的煩惱，成了一個覺悟了的人，就會心明眼亮，看清自己的人生目標和人生道路，知道該幹什麼不該幹什麼。

　　「澄觀一心而騰踔萬象」，是我們中國人以文化心靈而深深領悟的一個審美主題。澄懷觀道，體現了人生智慧和人生審美。

　　「澄懷」，是人類最高的精神活動、藝術境界和哲理境界，是挖掘自己心靈中美的源泉，把自己培養成有一顆美的心靈和發現美的眼睛的人，從而不斷地淨除塵埃，超脫凡塵，廓然胸襟，追求真善美，不斷完善人生審美、求美、愛美的主體條件，展現當代中國人的審美風範。

　　道，是宇宙靈魂、生命源泉，是美的本質之所在，是審美之客體。中國人對「道」的體驗，是「於空寂處見流行，於流行處見空寂」。「觀道」，是用人生審美的眼光、心態、志趣，去感受、領悟客體具象中的靈魂與生命。

　　「澄懷觀道」的審美追求，是道家境界，是禪家境界，也是儒家境界。它告訴我們，要用心靈俯仰的眼睛和清澈透明的心境來看空間的萬象、人生的得失，從而看清藝藝眾生所走過的人生軌跡，發現什麼樣的人生之道才是美的。

　　清人張潮認為，「文章是案頭之山水，山水是天地之文章。」人有了這樣的人生審美追求，人生永遠是美麗的。

　　現在有的人缺的就是澄懷觀道，只顧匆匆趕路，心裡裝滿了功名利祿，不用審美的眼光看得失看人生，使自己對心靈、靈魂和生命缺乏深刻的感受和領悟。

　　王陽明的心性之學，就是教人站在心體的層面俯察世界。我們看人生之所以看不透看不準，就是由於站位太低太膚淺，沒能站在心體的層面去俯察世界、俯察人生，以至出現種種低俗、庸俗、媚俗現象。

　　中國的哲學就是人的生命本身體悟「道」的節奏。哲學是智慧的學問，人學點哲學對我們認識人生、提升人生智慧大有裨益。人懂得用哲學的觀點和澄懷觀道的禪境來體悟人生，以美的心靈、美的靈魂審視人生，才能真正體悟人生之真諦，看清人生之道。

　　以審美的視角看人生，人最大的失敗不是無錢、無權、無能，而是無恥，或既無知又無恥。以審美的視角看社會，就會看主流、看大局，就能看到人間的美好。

　　市場經濟條件下，尤其是在物慾橫流的社會環境裡，我們在人生問題上更需要提倡澄懷觀道。因為有的人已經被物慾沖昏了頭腦，對物質的追求無處不在，對虛名的追求不擇手段，不知羞恥地撕下了維護人尊嚴的遮醜布。

　　從人生實踐角度看，有的人在人生路上出現這樣或那樣的問題，就是出在是非、善惡、美醜不分上，喪失了人生起碼的審美意識和澄懷觀道的人生境界，把中華美學精神丟失殆盡。

　　撒哈拉大沙漠中有一種「沙鼠」，每當旱季到來之前，它們都要拚命囤積大量草根，從早忙到晚，忙忙碌碌，滿嘴都是草根。而實際上，沙鼠根本用不著這樣勞累，一只沙鼠在旱季只能吃掉兩公斤的草根，而它不管吃得完吃不完，都一個勁地往回運，每只沙鼠最後運回的草根足有十公斤，結果大部分草根都腐爛了，沙鼠又將腐爛的草根一根一根清除到洞外。

　　細想起來，人不也和沙鼠一樣嗎？人一輩子真正需要的東西並不多，而我們想得到的總是很多很多。有的人一生只顧追求「得」，不管那些東西對自己有多大的用處，需不需要，需要多少，依然一個勁地忙碌著、索取著。

　　人不能像沙鼠一樣活著，用不著那樣為滿足自己的貪慾而勞累。

　　人生中的澄懷觀道，就是要清除心中的雜念和雜物，排除眼前一切障礙物，看清真正的人生目標和人生的道路。

　　《小窗幽記》中說：「欲見聖人氣象，須於自己胸中潔淨時觀之。」這就告訴我們，想要見到聖人的胸襟氣度，必須在自己內心一塵不染的時候觀察，才可以明白。其實，對聖賢之人或聖賢行為，只有君子發自內心敬佩，小人不但不表示敬意，相反會不以為然，因為內心不乾淨的人缺乏人生審美眼光，看不到別人的乾淨，無心欣賞他人潔淨之美。

　　看人是這樣，看道也是這樣，只有那些內心充滿陽光、眼中有大美、做到了澄懷觀道之人，才能發現人間正道之美，並超然逍遙地行走在這條人生大道上。

　　超凡脫俗之人看那些低俗、庸俗、媚俗之人之事，既感好笑又深感痛心。

　　北京懷柔的紅螺寺，是中國北方佛教的發祥地。千年古寺，山水環繞，依山而建，北倚雄偉的紅螺山，南照秀美的紅螺湖，寺廟周邊林壑蔭蔽，古樹參天，藏風聚氣，為一方風水寶地。據《高僧傳》記載，紅螺寺開山鼻祖佛圖澄，是一位了悟禪機、能洞察過去預知未來神通廣大的高僧。時隔 1660

多年後的今天，就在這佛教叢林之中，住著一位智者。他能看出人的內心世界，為人指點人生迷津。

有一天，一位年輕人來到智者住處，智者端上一杯茶後相對而坐。

年輕人說：「師傅，我滿腹惆悵，今天慕名專程來討教。」

智者：「施主說說看。」

年輕人說：「我大學畢業後，找了個工作。還找了個漂亮老婆──是我大學同學。十年來，妻子、兒子、房子、車子、票子都有了，也算是『五子登科』了，很多人都很羨慕我。可是我的妻子與我心靈距離越來越大，她說我越來越俗，尤其讓我受到刺激的是，她總是用我的發小、今天我的頂頭上司來與我作對比，讓我心裡特不舒服。我與他是大學的同學，一起走進機關的大門，雖然我得到的他沒有，可是他得到的我沒有，我還是個辦事員，他已經是個處長，而且前途無量。過去我與他無話不談，慢慢地變得無話可談。其實，為了家裡的小日子過得好一點，為了讓妻子過得不比別人差，我付出了很多，雖然我生活條件看起來比別人好，但我內心並不快樂，一天到晚覺得心裡很累很累。難道真的像我老婆說的那樣，我得了侏儒症？人生矮人三分？」

智者：「你說明白了，我也聽明白了，這樣吧，你先陪我去爬紅螺寺吧。你知道嗎？紅螺寺可是菩薩不在佛光在，在這一帶走走是有好處的。」

智者領著年輕人剛到觀音路，一個婦女提著一大串工藝品葫蘆向年輕人推銷：「帥哥，觀音菩薩說你有心思，讓你買個寶葫蘆回去放在家裡，一定能化解你心中的憂愁。」年輕人接過葫蘆一看，這是個真葫蘆，經過著色、雕塑、繪畫，成了漂亮的工藝品，一問錢不多，就買下了。

接著來到觀音寺，年輕人無意中發現一塊比拳頭還大的石頭挺好看的，便撿了起來，說：「這是佛光之下的一塊奇石，我要帶回去作為鎮宅之寶。」

他倆來到嶺上長廊──過涼亭。一個年輕姑娘跑過來：「哇塞，好一個高富帥，你從城裡來我們懷柔吧？懷柔有三寶你知道不？特別是西洋參，你

放幾片泡水喝，溫補而不上火，讓你整天精神抖擻。」經不住磨，年輕人又買了一盒西洋參。

年輕人手有些不夠用了，智者要幫他拿，他又不好意思。年輕人頭上開始冒汗。他們來到千畝古松林時，智者指著一處石桌石椅說：「來，咱們坐下休息一下。這一片就是五百羅漢園了。」年輕人趕緊將東西放在長凳上，坐下後智者問道：「剛才路過涼亭時可以欣賞到懷柔水庫和紅螺湖的美景，你看到沒有？」

年輕人大汗淋漓，一邊擦汗一邊說：「你看我這麼多收穫，負擔太重，沒顧得上看風景了。」

智者說：「爬山的路，雖艱辛但是步步登高，居高臨下後，能看到更多的風景；而下山的路，雖舒服痛快，但步步走低，景象越來越小。其實人生就是一次爬山的過程。你如果輕裝前進，就有心情去欣賞一路風景，你如果一邊爬山一邊買這買那，結果必然負擔越來越重，人越來越累，也就沒心思去看沿途的風景了。年輕輕的，爬山就是爬山，不要急於往你的人生行囊中裝東裝西，這樣你才能快樂而輕鬆地欣賞一路風光。」

伴隨著林中吹來的陣陣清風，年輕人如醍醐灌頂一般，一下子清醒了。

陳繼儒《小窗幽記》正告人們：「忙處事為，常向閒中先檢點。」也就是說，忙於處事做事，要常在閒暇時自省檢點。我們應該聽陳繼儒的勸，時常自省檢點，學會澄懷觀道。

澄懷觀道，就是要以達到澄澈而又空明的心境來看待人生、感悟人生，以便拂去心中落下的所有塵埃，不給自己短暫人生留下遺憾。

澄懷方能觀道，觀道適以澄懷，澄懷與觀道是統一的。

心體光明，眼明智清。澄懷觀道的前提是「心體光明」。《菜根譚》指出：「心體光明，暗室中有青天；念頭暗昧，白天下有厲鬼。」也就是說，一個人心裡光明，可以在暗室中看到青天；念頭昏暗，青天白日也會覺得遇到了鬼。

　　人生重要的不是物質的增多而是心靈的成長。堅持澄懷觀道，能帶來心靈的成長。

　　威廉‧華茲華斯是英國浪漫主義詩人。《序曲》是他的代表作之一，開創了自傳詩的新形式，敘述了自己心靈發展的各個階段的印象、感受和思想，記述了「一位詩人的心靈的成長」。在最後一卷中，作者表達了自己的最高理想：在最小的標題上建立最大的事業，生活在日常世界不迷惑於感官印象，而是同精神世界作契合的交流。

　　怎麼在最平凡的職位做出不平凡的業績？怎樣才能不迷惑於感官印象而同精神世界作契合的交流？每個人都應作深刻思考。一個人只有把這兩個問題悟透了，才能做到「心體光明」，心靈才會真正地成長，心靈有了智慧呵護，才不至於出現華茲華斯說的那樣，「我的心靈一度出塵」。

　　心靈是一個人的根。一個人心靈成熟了，懂得澄懷觀道，這個人觀世處事，才能超然物外，擺脫俗心俗念，走出庸俗人群。

　　從生命的原點到生命的終點，是我們每個人的生命旅程。澄懷觀道，既要關注這原點到終點的過程，又要關注生命終點之後的人生風景。人活著最大價值和意義，是活著時有風景，死了之後還能展示美好人生風景。

　　北方的樹給人很多啟示。它生於春，長於夏，落於秋，藏於冬。人的一生也如北方的樹，從生到死，從小到大，都得經歷人生四季，每一季節都是人生的一部分，有了這四季，生命之樹才展現不同的人生風景。

　　人生，不是熬歲月，而是為永恆，這樣的人生就源遠流長；人生，如果只有歲月，沒有永恆，這樣的生命就是一陣風，吹過即過，了無痕跡。相反，如果這陣風大了，留下的是破壞的痕跡。

　　每個人手裡拿的只是一張沒有返程的車票，生命的結果是已知的──死！面對已知的生命旅程，沒有哪個人能找閻王爺領取到死亡「豁免證」，因為閻王爺也改變不了大自然的法則。

　　人是很偉大的，接受死亡的現實是如此平靜。明知遲早都得走向死亡，但仍然樂觀面對這個現實。對呀，人連死亡的現實都能接受，還有什麼比死

亡更殘酷呢？還有什麼現實不能面對，不能接受？連自己寶貴的生命最後都得放下，人生還有什麼不可以放下的？

人生旅程的使命，是體現人生價值；生命旅程的使命，就是健康長壽。人生有了使命感，才能發現生命的價值和意義。

生命旅程的長短是不一樣的。結束生命旅程大致分為五種形態：

一等生命是自然老死的，安詳平靜地歸去。

二等生命是老而病死的，這是絕大多數人生命結束時的狀態。

三等生命是病死的，在病痛之中無可奈何地離開人間。

四等生命是意外死亡的，天災人禍中，突然一個大活人消失了。

五等生命是作孽作死的，有的自我折騰，因身心有病而折壽；有的因違法犯罪而滅亡。

盡享天年，天年就是百歲。人不能活百歲是自己的過。一個人活得自然老死，成了一等生命，這本身就是正確的人生之路，是光榮而成功的人生。

有人將明清兩代的帝王、高僧和書畫家的享年作了統計比較，平均壽命，書畫家 80 歲，高僧 66 歲，帝王不足 40 歲，而帝王錦衣玉食，補藥不斷，為什麼反而不能長壽？澄懷觀道會發現，人生之道與人的壽命密切相關。

人的生命旅程短暫，但人生旅程可以無限。我們只有確立人生審美追求，做到澄懷觀道，才能發現大美人生之道，是真善美之道，是穿越死亡線的人生之道。人在這條道上行走，才能使短暫的生命旅程變得更有意義，使人生變得更完美、更久遠。

二、選擇「常道」——這樣的人生價值取向有誤

不同的人生道路體現不同的人生價值。而選擇人生道路，首先要端正人生之道的價值取向。

老子在公元前幾百年，在《道德經》開篇首先回答了選擇人生之道的價值取向問題。

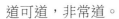

道可道，非常道。

名可名，非常名。

在「道可道、非常道」中，前一個「道」和後一個「道」字，都是道路的意思，但前一個「道」指的是聖人之道。「常道」，指的是沒有體道的平常人和沒有人生審美眼光之人行走的道路，也就是追求外在的名利之道。

老子告訴我們，人生之道有兩條，一條是聖人之道，另一條是常道。常道就是常人之道，名利之道。兩條道的根本區別在於是否追求外在的功名利祿。因此，老子在《道德經》的開篇裡，就揭示了人生價值觀問題，回答了選擇人生道路的價值取向問題。不同的追求，不同的道路，必然造就不同的人生。

老子倡導人們選擇「天之道」「聖人之道」。老子之所以讓人們做這樣的選擇，正如他在《道德經》結束語中所說：

天之道，利而無害；

聖人之道，為而不爭。

結合社會現實我們想一想，現在的人們之所以價值取向出問題，是由於不具備人生審美心理，沒有站在心體的層面去俯察人生，俯察世界，做不到超凡脫俗，是以俗人之心選擇了常人之道、名利之道，而放棄了聖人之道。

道，是《道德經》的核心思想，是老子思想體系的核心。全書共 81 章 5 284 字，而「道」字出現了 73 次，可見，「道」是多麼的重要。

道家認為：聖人內求，選擇聖人之道，所得之名，雖虛而實；常人外求，選擇常道，所得之名，雖實而虛。這為人們如何選擇人生之道、如何端正價值取向廓清了迷霧，指明了方向。

北宋理學家和教育家程頤認為，「人心，私慾，故危殆；道心，天理，故精微。滅私慾則天理明矣」。這裡講的人心就是世俗名心。一個人只有名心褪盡，私慾不存，方能天理凸顯，道心始生。

澄懷觀道，「觀」的關鍵是能夠看得見。

　　自然人的肉眼往往用功利的眼光觀「道」，而哲人的慧眼，才會站在自己生死臨界點、站在去世後來觀「道」，歷史老人的法眼，是站在人類歷史制高點上去觀道，從歷史人物的人生得失中悟「道」。一個人具備了「慧眼」和「法眼」，才是擁有了真正的人生「千里眼」，看人生目標和人生之道才不至於看花眼看走眼。

　　孫叔敖是春秋時期楚國名臣，為官清廉正直，世稱良相。他活了63歲，臨終前給他兒子留下遺言，大概意思是，楚王多次要賜給我土地，我都沒有接受。我死後，楚王就會賜給你土地，你一定不要接受肥沃富饒的土地。楚國和越國之間有一個叫做寢丘的地方，這裡土地貧瘠，而且地名不吉利，但是能夠長久擁有的封地也就只有這塊了。

　　孫叔敖這份《臨終誡子》看了令人敬佩、感動。他的遺言既是為兒子考慮，也是為子孫後代著想。他的長遠眼光使得自己的子孫在戰亂中能夠保全。同時，作為一代忠臣，他體恤民情，悉心國事，為國為民，不希望因為自己的功績和權力為子孫謀福利，要子孫透過辛苦創業贏得富裕的生活。

　　澄懷觀道，才能有穿越時空的眼光，把控後人對自己的評價。

　　我們這些後人看清楚了，孫叔敖沒有選擇給子孫多留家產的「常道」，而是選擇了聖人之道，他的人生智慧在於懂得以審美的眼光看得失，把世俗利益看淡，守住自己為官的節操，臨終也不忘教育警示子女，充分體現了他的心境之明淨，以其厚德蔭庇後代，這才是留給子孫真正的財富。

　　呂布是東漢末年的名將，擅長騎射，臂力過人，被稱為「飛將」。原拜并州刺史丁原為義父。董卓佩服呂布勇武，為將呂布收為部下，命令呂布的兒時好友李肅前去勸降。李肅讓董卓把自己喜愛的日行千里的赤兔馬送給呂布，再加黃金千兩，明珠無數、玉帶一條，董卓照辦。呂布見到李肅帶來的重禮，聽了李肅的鼓動，便決定改換門庭，投靠董卓。當晚，呂布喪盡天良親手殺死義父丁原，作為獻禮，投靠了董卓，成了董卓手下的一名幫兇。呂布投靠董卓後，得到了中郎將的封賞。董卓因得到呂布，勢力更加強大，行事更加肆無忌憚。董卓的倒行逆施引起了許多人的反抗，司徒王允施連環計，用美女貂蟬做誘餌，使董卓、呂布爭風吃醋，產生矛盾衝突。最後，為爭奪

貂蟬，呂布又殺掉猖狂一時的董卓。呂布重利薄德，忘恩負義，典型的小人一個，他所選擇的便是「常道」。惡有惡報。最終，呂布被曹操縊殺，然後梟首，死得很慘。

南懷瑾先生認為：「人生能做到對一切名利無動於衷，就是真正最高的學問。」人們整天忙著學這學那，實際上最該學的是我們自以為無師自通的人生學；人們天天都在走道，最不該走卻天天在走的是人生「常道」。

《易經》第二十九卦是坎卦。此卦上經為坎，下經卦為坎。「習坎，入於坎，窞，凶。」此爻告訴人們，水匯聚在一起，不是流入江河，而是流進了深坎之中，這是凶兆的表現。《象傳》說：「習坎入人坎，失道凶也。」以此比喻人生走錯了道路，必然要招致凶險。

呂布一身武藝，在群雄爭霸中本應大有作為，但他見利就殺義父丁原，又為色殺董卓，不走正道而走歪道，導致他「失道凶」的悲慘人生結局。

說到「道」，老子有幾句話不能不提，因為太令人佩服了。他說：「上士聞道，勤而行之；中士聞道，若存若亡；下士聞道，大笑之，不笑不足以為道。」老子這裡所說的「士」，是中國古代社會階層的名稱，在先秦時期是貴族的最低等級，位於大夫之下，這裡泛指人士。老子認為，上等人士聽到了「道」，身體力行；中等人士聽到了「道」，若有若無，無所謂；下等人士聽到了「道」，大聲嘲笑。其實，不被這種人嘲笑就不是真正的「道」了。

老子在這裡把人分為三等，不同的人對待「道」有不同的態度。據此，我們也要好好思索一下，自己是屬於上士、中士還是下士？

儒家修學最終目的是徹悟人生之道。看看那些在人生道上跌倒的人，我們就能明白孔子為什麼說：「朝聞道，夕死可矣。」孔子奉勸世人，早上弄明白了「道」，晚上死去也不足惜。

春秋時期齊國著名政治家、軍事家管仲認為：「聖人之所以為聖人者，善分民也。聖人不能分民，則猶百姓也。於己不足，安得名聖！」也就是說，聖人之所以成為聖人，就是因為他善於分利於民，否則就同普通百姓一樣了。由此可見，古往今來的真正成功人士，走的都是聖人之道。

　　時至今日，重提聖人，不是說大家都去做聖人，而是說，我們不要走「常道」，而應選擇走「聖人之道」，因為「常道」走長了會成俗人，甚至是俗不可耐之人；古往今來，有多少人包括那些有本事的人，都摔倒在這條道上。而聖人之道，符合人所具有的智、德這樣的類特性，這才是人類作為高級動物所應該選擇的人生之道。

　　即便是聖人，也不是高不可攀。孔聖人認為，聖人是德行與事功並重，內聖與外王雙修。「亞聖」孟子淡化事功的要求，認為一個人只要有了仁德，且兼具一定施濟之事，就可算聖人了。孟子認為：「人皆可以為堯舜。」孟子聖人論的核心是，聖人可學而至。

　　聖人能最深刻地體悟道，最完善地運用道。所以，古往今來，唯有聖賢最善於澄懷觀道。

　　孔子強調：「士志於道，而恥惡衣惡食者為足與議也。」意思是說，一個人如果立志於追求「道」，就不會挑剔自己的衣食，而專志於道了。在孔夫子看來，君子為學，當以悟道為最終目的。

　　「以聖賢之道教人易，以聖賢之道治己難。以聖賢之道出口易，以聖賢之道躬行難。」《格言聯璧·學問類》告訴人們，用聖賢之道教導別人很容易，但以聖賢之道自我修持卻很難；把聖賢之道停留在嘴巴功夫上很容易，但以聖賢之道篤志力行卻很難；以聖賢之道奮發起始很容易，但以聖賢之道善始善終卻很難。一個有志於走聖人之道的人，必須要把握住這「三易三難」，使「難」不再難。

　　用人生審美眼光看，常道不美，歷史老人對走常道之人取得的所謂成功不屑一顧。

　　凡是對那些走常道而成功之人的宣傳、報導、讚美，帶來的不是正能量，而是一種誤導。

三、「道惟在自得」——求道離不開自身的修行和體悟

孟子強調：「道惟在自得。」這就告訴我們，求道沒有別的辦法，全靠自身的修行和體悟。這就充分體現了人作為主體的獨立性和主動性。

一個人不懂得「道惟在自得」，不注重自身的修行和體悟，求道是不會有結果的，學國學也是找不到感覺的。

道的本意是道路的意思，引申為事物運動變化所遵循的秩序、方法和規則。我們澄懷觀道，就是要以格物致知精神，認清人應該遵循的秩序、方法和規則，認清人生之規律。

道家認為，大道是無形的存在，表現為事物自然本性的實現。「自然」是道家的核心價值，是道家追求的最高境界。在人、天、地、道這四域中，《道德經》告誡我們，「人法地、地法天、天法道，道法自然」。

大自然是人心靈的清新劑。在自然現象中，很多事情蘊含深刻的人生哲理。悟道應懂得「道法自然」。

「青青翠竹，總是法身；鬱鬱黃花，無非般若。」這是禪宗中的重要理論命題。禪宗倡導在日常生活中去參悟道，積累智慧。

有一個小姑娘得到了一個繭，她在等待這只繭不久之後變成一只美麗的蝴蝶。一天，繭的皮被咬破了一個小口。這個小姑娘坐在桌子前，仔細地看著蝴蝶寶寶在裡面吃勁地掙扎。那個看不清形狀的小生命折騰了好幾個小時，還是沒能掙扎出來。又過了一小會兒，它好像筋疲力盡地停了下來。小姑娘決定幫它一把，用剪刀把繭皮的口弄大了一點，小蝴蝶終於完全鑽了出來，然而它沒有像小姑娘預期的那樣展開翅膀，它的身體還像一只臃腫的小蟲，始終沒有飛起來，一直在桌子上，帶著那對紫色的萎縮的翅膀和一個腫脹的身體哆哆嗦嗦地蠕動著，直到死亡的來臨。

其實，從破繭到起飛是一個「道法自然」的過程，在蝴蝶破繭後痛苦的掙扎中，它會把身體裡多餘的水分擠到翅膀裡，當它有足夠力量的那一刻，才能擁有輕盈的身體和豐盈的翅膀。蝴蝶有蝴蝶生存之道，小姑娘的好心違背其「自得」的生長規律，反而斷送了蝴蝶的生命。

人是自然之子，天地之子。人之性就是自然之性，天地之性。細想一想，現實生活中有很多人的人生不如意都是自己或其父母違背「道法自然」的規律而造成的。吃苦、痛苦，就像破繭後身體裡有多餘的水分一樣，只有經歷過這樣的痛苦，並將其慢慢擠到人生翅膀裡，才會擁有一個輕盈的身體和豐盈的人生翅膀，人到了這種程度才會迎來人生的騰飛。

人，該他自己走的路必須自己走，該他吃的苦應該自己吃，任何人不能代替。自身缺了人生的修行和體悟便有了人生的短板。違背人生規律會得到人生規律的懲罰。

改變生理自然，就容易導致病態。所以《道德經》上說，「五色令人目盲，五音令人耳聾，五味令人口爽，馳騁畋獵令人心發狂。」一句話，追求享樂會得享樂病，不可能做到澄懷觀道。

改變倫理自然，就容易導致道德淪喪。正如《道德經》所說：「大道廢，有仁義；智慧出，有大偽；六親不和，有孝慈；國家昏亂，有忠臣。」君不見？曾幾何時，公款吃喝玩樂成風，拜金主義盛行，理想信唸成了「稻草人」，社會風氣敗壞，由於生理自然和倫理自然的裂變、霉變，致使人們的心理、思想觀念、精神面貌等都發生重大變化，使一些人在人生目標、人生路徑等人生問題上，越發感到迷茫和糾結，甚至放棄正道，主動或被裹挾到常道、邪道上。

春秋時魯國大夫叔孫豹第一次提出「立德」「立功」「立言」為「三不朽」，這是他堅持「道惟在自得」而收穫的人生成果。人生「三不朽」，是中國倫理思想史上的一個命題。「立德」，就是樹立高尚的道德；「立功」，就是為國為民建立功績；「立言」，就是提出具有真知灼見的言論。「三不朽」為中國人選擇人生道路指明了方向，符合這一方向的人生道路才是具有大美的人間正道。

在浙江餘姚有一個紀念王陽明的「四碑亭」，有一副楹聯為：「立德立功立言真三不朽，明理明知明教乃萬人師。」歷史上稱王陽明是「治學之名儒，治世之能臣」。

　　著名的「龍場悟道」，講的是心學大師王陽明的故事。王陽明因反對宦官劉瑾，被廷杖四十，謫貶至貴州龍場（現為修文縣龍場鎮）當驛丞。他來到中國西南山區，這裡少數民族雜居，王陽明在這艱苦的環境中，日夜反思歷年來的遭遇，有一天半夜裡，忽然有了頓悟，這頓悟，就是他對《大學》的中心思想有了新的領悟。王陽明認為，人的內心中自然包含世界運行的規則──心即理。認識到「聖人之道，吾性自足，向之求理於事物者誤也。」也就是講，聖人的光明品質，人人都具備，這個光明品質就是良知，良知想從外面的事物尋找是錯誤的，也就是「心外無理，心外無物」。

　　王陽明受打擊發配之後沒有沉淪，仍堅持自身的修行和體悟，彰顯聖人的光明品德，因此，他的人生得到了「立德、立功、立言」的豐厚回報。

　　滾滾長江東逝水，

　　浪花淘盡英雄。

　　是非成敗轉頭空，

　　青山依舊在，

　　幾度夕陽紅。

　　白髮漁樵江渚上，

　　慣看秋月春風。

　　一壺濁酒喜相逢，

　　古今多少事，

　　都付笑談中。

　　明代詩人楊慎寫的這首詞《臨江仙》，為什麼會成為《三國演義》電視劇的主題曲？因為全詞懷古詠志，氣勢磅礴，從大處落筆，切入歷史的洪流，在景語中預示人生哲理，意境深邃，發人深省。開篇以一去不返的江水比喻人類歷史的進程，以後浪推前浪來比喻英雄叱吒風雲的偉大功績。然而這一切在歷史的長河中只是掀起的朵朵浪花而已。從這裡讓人感悟到，人活著應

該有曠達超脫的人生觀。接著作者告訴我們，青山和夕陽象徵著自然界和宇宙的亙古悠長，儘管歷朝歷代盛衰往復，但青山和夕陽都不會隨之改變，從這裡讓我們不知不覺產生人生易老的緊迫感。結尾提醒人們，歷史上的人和事都會成為後人的談資，每個人打算給歷史留下點什麼呢？這需要每個人作出回答。

讀這首詞，我們腦海裡浮現出一個白髮漁夫在水邊的一塊陸地垂釣，和老朋友相見，開懷暢飲的景象。這位漁夫不是一般的老者，分明是站在人類歷史制高點上通曉古今的高人，這種淡泊超脫的襟懷，不正是今天的人稀缺的理想人格和應該建立的人生精神世界嗎？

這就是楊慎經過自身的修行和體悟實現的澄懷觀道。

《小窗幽記》，是陳繼儒的澄懷觀道的人生思想結晶。其中精妙絕倫的語言、道眼清澈的慧解，靈性四射的意趣，令人嘆為觀止，比如，在「四集」之一的「集醒」之中，有這麼兩句話：「人生待足何時足，未老得閒始是閒。」只有有此人生體驗之人才會有此感悟。據《明史》記載，陳繼儒「通明高邁」，29 歲時，焚燒掉儒衣冠，隱居小崑山，絕意科舉仕進，未老得閒之後，發奮讀書，終於把自己打造成文學家和書畫家，成為明代的四大家之一。悟透了人生的人，寡慾清心，健康長壽者多，陳繼儒在「人生七十古來稀」的年代裡，活了 82 歲。

「人生待足何時足，未老得閒始是閒」。那些事業上該上而沒能上去、不該休息而過早休息的人，讀了這句話會有「一語驚醒夢中人」之感，一切糾結和怨氣會煙消雲散。有條件的自搭舞臺自唱戲，像陳繼儒一樣幹點人生澤遠流長的事。不具備這類條件的也無妨，把宏志留給別人，把時間留給自己，把快快樂樂留給家人和周圍人，這也是一種不錯的活法。

社會上總是大多數人選擇了「常道」，而只有少數人選擇「聖人之道」。其原因正如愛因斯坦所說，「只有少數人在用他們自己的眼睛觀察，用他們自己的頭腦思考。」

　　生死、名利是每個人必須面對的人生重大問題，人不澄懷觀道，這兩個問題絕對看不透而成為邁不過的兩道檻。《小窗幽記》指出：「打透生死關，生來也罷，死去也罷。參破名利場，得了也好，失了也好。」一個人看透生與死的界限，就能超越生與死；看破了對名利的虛妄，就能應對名利的超越。

　　人的每一天都在選擇做還是不做、這樣做還是那樣做、取「得」還是取「捨」，等等。不同的選擇會帶來不同的人生結果，有些得失一時半會自己看不出來，但看不出來不等於結果不存在。有智慧的人富有前瞻性，能超前看清未來，看透一切。

　　有很多人由於戀財、戀色、戀名、戀棧等，而從常道走上人生的歪門邪道。難道這些人不知道危害後果？不是的，是一個「戀」字作怪。所以善於澄懷觀道的陳繼儒在《小窗幽記》中告誡人們：「胸中只擺脫掉一『戀』字，便十分爽淨，十分自在。人生最苦處，只是此心。沾泥帶水，明是知得，不能割斷耳。」有多少犯罪分子不是在「明是知得」危害後果的情況下心懷僥倖心理而拖泥帶水地「不能割斷」，一步步走向罪惡泥潭？

　　選擇聖人之道，不是說非要自己成為聖人，但我們起碼可以做到一天天地趨向聖人，這樣的人生，就超脫了人的一般生存狀態，就是積極而上升的人生，其人生結果一定能成為一個成功而有價值的人。相反，如果選擇常道，等於選擇了一條功利之道，其人生結果往往會成為庸俗甚至是墮落的人生。即便日後成了非普通人，那也是非普通人中的俗人。

　　《聖經》裡把道分為義人之道和壞人之道，告訴人們選擇義人的道路。因為「義人的道路像黎明的曙光，越照越明亮，直到白晝到來；而壞人的道路幽暗，如行於黑夜，他們跌倒了，竟不知道是被什麼東西絆倒的。」

　　東西方聖哲指出的人生之道是相通的。

　　《簡‧愛》的作者夏洛蒂勃朗特走的就是義人之道，她意味深長地說：「人活著就是為了含辛茹苦。」

　　夏洛蒂自己就是從含辛茹苦的人生之道上走向成功的。她於 1816 年生於英國一個鄉村牧師家庭。母親早逝，夏洛蒂八歲時被送進一所慈善機構，

兩個姐姐在那裡因病去世，她帶著妹妹回到家鄉，十五歲時到學校讀書，後來留校當老師、當家庭教師，最後走上了文學創作的道路。《簡·愛》書中的女主人翁以及其他許多人物的生活、環境甚至許多生活細節，都是取自作者及其周圍人的真實體驗，都是作者對人生澄懷觀道的智慧結晶，是堅持「道惟在自得」而取得的人生碩果。

聖人之道也好，義人之道也罷，都是通向美好的人生之道，正如 19 世紀美國浪漫主義詩人朗費羅在經典名作《人生頌》中寫的那樣：

我們命定的目標和道路

不是享樂，也不是受苦；

而是行動，使每個明天

都能超越今天，跨出新步。

這就是朗費羅對人生的澄懷觀道和審美觀照。

四、以審美觀照的方式看人生——大美人生

六朝著名山水畫家、理論家宗炳，自稱「澄懷觀道，臥以游之」。他在被稱為中國第一篇山水畫論《畫山水序》中提出：「聖人含道應物，賢者澄懷味象。」其含義是，聖人以「道」立於心，同時透過萬物變化領悟「道」；山水以其自然形態體現和讚美「道」，聖人、賢者可以透過觀賞山水而體悟「道」。

「澄懷觀道，靜照忘求」，這是盛唐山水詩的審美觀照方式。王維作為唐朝著名的田園山水詩人，他的詩追求的是一種澄懷觀道、靜照忘求的境界。

這裡的「澄懷觀道」，就是讓自己的情懷、意念變得非常清澄，沒有一絲一毫的雜念，在這樣的狀態下才能體會山水中蘊含的自然之道。「靜照忘求」，就是在深沉靜默的觀照中忘記一切塵世的欲求。這種審美觀照方式促使藝術家們在山水中返觀最合乎自然本真的天性，淘洗自己心靈在世俗中沾染的塵埃和泥沙，使情懷和意念不存雜質與雜念。

其實，普通人也需要這種審美觀照方式來看待名利和人生，使我們的人生意念和情懷不存雜質，從而實現大美人生。

審美，是人的本質力量的確證，是心靈和精神的創造活動。不僅山水畫、山水詩等畫家、詩人需要有很高的審美能力和審美情趣，我們這些普通人也應該具備一定的審美素質和審美情趣。這不僅可以提高對山水畫、山水詩的欣賞能力，更重要的是以審美的眼光和心態來看待人生，從而參悟透什麼樣的人生什麼樣的追求是美的，走在什麼樣的人生道路上看到的人生風景是美的。

我們如果也能和山水畫家一樣，「澄懷觀道，靜照忘求」，用審美觀照的方式，在自然山水中返觀最合乎人自然本真的天性，淘洗自己心靈在世俗中沾染的塵埃和泥沙，那對我們悟人做人、悟道行道乃至構建自己精神家園，肯定大有裨益。

莊子認為，一個可以學道之人，必須有「聖人般虛淡的心境」，否則，就不是真心學道，也悟不出道。

每個人都是自己人生的藝術家，只要有了澄懷觀道的審美境界，就一定會追求自己生命的純淨、虛靜、空靈乃至美好的人生藝術境界。

人人愛美求美，但人生中的很多問題的美醜我們分清楚了嗎？

人生審美如果與美無關，只和權力、名氣、金錢有關，那他的人生選擇和人生行為以及人生結果都美不了！這個人的情趣和品位也高不了！

每個人的人生其實就是一幅山水畫，只要有了以山為德、以水為性的內在修為意識，只要有了筆情墨趣的快樂和墨落無改的謹慎，自己畢生心血畫出的這幅珍貴的人生山水畫就能淋漓盡致般彰顯聖人之道的意境、格調、氣韻和色彩，給自己、給家人、給他人、給社會帶來更多的美感、情感和美的享受。

車爾尼雪夫斯基說：「美的東西總是與人生的幸福與歡樂相連的。」

　　人的心靈成熟了，有了審美意識，這個人就會日臻完美，就有能力避免人生瑕疵，獲得更多的人生幸福體驗。韓信受辱胯下，張良納履橋端，這些英雄人物的忍辱逸事，都反映出他們人生審美的曠達超然。

　　南宋畫家馬遠有一幅名畫《葦岸泊舟》，畫中遠處以非常簡約的筆法，寥寥淡染幾筆遠山，勾勒出平遠的景色；近處一葉孤舟，幾片葦草，水岸在即，滿目蕭疏。一白衣人蜷縮在小舟上，痴痴地凝望著遠處的山水。整幅畫只有上、下兩段內容，全畫著墨不多，大尺度的留白，給人以無限的遐想空間，畫中岸邊的蘆葦，疏雜無致，這實際上是畫家內心的流露，反映出作者當時委身江南偏安一隅而前路不明的憤懣情緒以及對遠方故園的深深思戀。用審美的情趣來欣賞，我們會發現，作者要表達的意思是，荒野的此岸不是真正可以停靠的地方，應該尋找那種充滿香氣的棲息之地。這不正是我們選擇人生目標和路徑所要注意的問題嗎？這幅畫中停在岸邊的小舟是點睛之筆。小舟是孤立的，就像人佇立在茫茫戈壁一樣，渺小得如一粒鵝卵石般微不足道。但小舟又是自由的，小舟就是人，可以在繁亂的蘆葦岸邊停留小憩，也可以隨著水面的起伏而划船蕩漾；既可順流而下，亦可逆流而上，關鍵是要選準方向，選好航行的路線，然後啟航，鼓滿風帆地去履行自己的人生使命，駛往自己的人生彼岸。

　　這樣去欣賞畫，就可理解畫家的寓意，就能真正的發現美；用澄懷觀道的審美情懷欣賞畫，才能觸類旁通，從中悟出人生的道理。

　　誰都希望畫好自己這幅人生畫，關鍵是要有正確的人生審美情趣。

　　現實生活中，其實有很多的人是「葦岸泊舟」，這些人應該從這幅畫和作者馬遠的人生軌跡中得到啟示，澄懷觀道，以人生審美的超然心態面對現實，選好人生目標和航向重新起航，不忘初心，從「心」出發。

　　「眼裡無點灰塵，方可讀書千卷；胸中沒有渣滓，才能處世一番。」陳繼儒如果做不到澄懷觀道，就總結歸納不出如此深刻的人生箴言。按他的觀點，現在的人讀書少了，那是由於人們眼裡有灰塵遮擋，心靜不下來；處世自我的多了、圓融的少了，那是由於人們胸中有「渣滓」，修養不好，德行不夠。

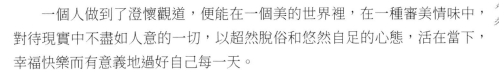

　　一個人做到了澄懷觀道，便能在一個美的世界裡，在一種審美情味中，對待現實中不盡如人意的一切，以超然脫俗和悠然自足的心態，活在當下，幸福快樂而有意義地過好自己每一天。

　　一個人如果心中堆滿了功名利祿，怎麼可能悟出人生之道呢？心中不純，摻有各種私心雜念，怎麼可能明辨是非，選擇正確的人生路徑呢？澄懷觀道，就是要把胸懷情懷好好打掃打掃，騰空了，澄明了，才能體悟出「道」來，才能心甘情願地追尋做人、做「大人」的人生目標而行走在聖人之道上。

　　一個人清空了心靈，才能最大限度地使人回歸到嬰兒狀態，獲得生命的獨立和自由；做一個純粹的人，收穫人生的寧靜與輝煌。

　　每個人都需要給自己配一個人生手電筒，既要觀照別人，更要觀照自己；既要觀照外部世界，更要觀照自己內心世界。一般人往往只用人生手電筒來觀照眼前路，尋覓自己需要的東西，而很少有人去觀照自己的內心和胸懷，以致使內心世界變得陰暗，胸懷堵滿人生垃圾，這樣的人怎麼可能澄懷觀道呢？

　　文天祥之所以能成為擁有悲壯而大美人生之人，源於他的澄懷觀道。

　　文天祥，南宋末大臣，官至右丞相兼樞密使。他 21 歲時參加會試，考取一甲第一名。本來是文官，但他生不逢時，面對蒙古大舉南侵，南宋到了最危險的時刻，他結束了 15 年的宦海浮沉，踏上了戎馬征途。文天祥奉讀詔書，痛哭流涕，立即發佈榜文，徵募義勇之士，並捐出全部家財作為軍費，把母親和家人送到弟弟處，以示毀家紓難。在文天祥的感召下，一支以農民為主、知識分子為輔的愛國義軍在極短時間內組成，總數達三萬餘人。

　　1277 年 8 月，蒙古鐵騎發起大規模的進攻。文天祥所募督府軍由於沒有作戰經驗和嚴格訓練，戰鬥力不強，在元軍猛烈的衝擊下，文臣武將或死或降，文天祥一家只剩下老少三人。崖山戰役後，文天祥被俘並被押至廣州，張弘範對他說：「南宋滅亡，忠孝之事已盡，即使殺身成仁，又有誰把這事寫在國史？文丞相如願而效元，定會受到重用。」文天祥回答道：「國亡不能救，作為臣子，死有餘罪，怎能再懷二心。」元軍勸降，他堅決拒絕，在

被押往元大都途中，他絕食八天未死。進京後，元軍為他安置了奢華的住所，但他絲毫不為所動。元朝皇帝忽必烈「既壯其節，又愛其才」，希望說服文天祥投降。忽必烈對文天祥說：「你若能像對宋朝一樣對我，就立即以你為中書宰相。」文天祥說：「我文天祥為大宋狀元宰相，宋亡，我唯可死，不可生。」忽必烈又說：「汝不為宰相，則為樞密。」文天祥昂然回答：「一死之外，無可為者。」

1282 年 12 月初九，是文天祥英勇就義的日子。這一天，兵馬司監獄內外佈滿了全副武裝的衛兵，戒備森嚴，上萬市民聚集到街道兩旁，從監獄到刑場，文天祥走得神態自若，舉止安詳。行刑前，文天祥問明了方向，向著南方拜了幾拜，從容就義，終年 47 歲。

文天祥在南宋危亡之際，領兵抗敵，欲挽狂瀾於既倒。他對大家說：「救國如救父母。父母有病，即使難以醫治，兒子還是要全力搶救啊！」有人說：「元軍人那麼多，你這麼點人怎麼抵擋？不是虎羊相拚嗎？」文天祥說：「國家有難而無人解救，是我最心疼的事。我力量雖然單薄，但要為國盡力呀！」

文天祥的「心疼」將成為千古之痛，人們不禁要問：南宋經濟總量居世界第一，經濟規模占世界 75%，人口居世界 15%，為何在危亡之際而無人解救？一個國家到了這個地步誰之過？

文天祥的千古之痛給人以啟迪：大家都走「常道」了，為國家分憂的人就少了，關鍵時刻站出來勇赴國難的人就少了！

走聖人之道，才有聖人之舉。

相比之下，過去那些漢奸，雖然一時耀武揚威，好吃好喝，但終究只是一只苟且偷生的「走狗」，不但自己臭不可聞，還用臭氣熏染著自己的祖宗後代，這樣的人生選擇「常道」與文天祥選擇的聖人之道相比，孰是孰非？用歷史的眼光一看便知，孰美孰醜？用澄懷觀道的審美眼光一看便明。一個只有熱愛自己祖國的人，才能做到「而今而後，庶幾無愧」。

「人生自古誰無死，留取丹心照汗青」，這就是文天祥對人生價值和意義的「逆天」詮釋。正是由於文天祥不走「常道」而走「聖人之道」，才會有如此震古爍今的豪言壯語和英雄壯舉。

文天祥的人生是美的，他所選擇的人生之道是美的，是一種永垂青史的悲壯之美。

一個人做人做事乃至人生美不美，必須要經得起時間老人和子孫後代的檢驗。

《左傳》裡講：「聖達節、次守節、下失節。」從氣節上把人分為達節、守節、失節三等，文天祥等人的崇高「達節」永遠令人高山仰止。而那些走「常道」之人在關鍵時候失節，遺臭萬年。

朱自清專門有篇文章《論氣節》，告訴人們：「氣是敢作敢為，節是有所不為。」在國門洞開的形勢下，一些走常道之人為了滿足個人私利而出賣國家利益，出賣國家機密，經不起敵特情報機關的拉攏腐蝕，甚至主動投敵賣國。他們不懂得「節是有所不為」，因而在文天祥等人面前，是何等的渺小！對人生之道的錯誤選擇，使他們人生結局是何等的可恥！

人生之道在哪裡？肉眼看不到，只有用心才能感悟到。莊子認為，道不在書內，而在書外，離開澄懷觀道和古往今來的人生實踐，找不到道，悟不出道。

去過成都武侯祠的人都知道，武侯祠裡有一個靜遠堂。為什麼取這個名？抬頭看看房頂的烏木大樑上的八個大字就清楚了：淡泊明志，寧靜致遠。這八個字，取自三國蜀相諸葛先生《誡子書》中的兩句話：「非淡泊無以明志，非寧靜無以致遠。」諸葛先生在他 54 歲時就告訴他 8 歲的兒子諸葛瞻，一個人要想明志而致遠，必須要做到淡泊、寧靜。我以為，這淡泊、寧靜，正是澄懷觀道的必備條件，也是諸葛先生一生始終能行走在聖人之道上的最好註釋。

諸葛亮既是智慧化身，更是忠烈之臣典範。劉備病重時，把諸葛亮叫到白帝城，明確告訴他：如果劉禪可以輔佐，就輔佐他；如果他不爭氣，就取

而代之。諸葛亮要有野心，取代劉禪那是易如反掌，但諸葛亮不是走「常道」之人，他深明大義，精心輔助劉禪，做到了鞠躬盡瘁，死而後已。今天我們用歷史眼光來看，如果當年諸葛亮廢了劉禪自己做了皇帝，他在歷史上的地位就會大打折扣，後人也不可能建什麼武侯祠來紀念他。所以說，是諸葛亮的「淡泊」為其帶來人生的「致遠」，成就了他一世英名，使他反而超過皇帝而名垂千古。這就是「澄懷觀道」，走「聖人之道」帶來的人生回報，是人生路徑依賴帶來的人生績效。諸葛亮的人生實踐告訴世人，一個人在歷史上的地位，既與舞臺有關，更取決於作為，一生的好與壞，根本就在於對「人生是什麼、人生為什麼、人生怎麼辦」的回答。

寧靜、淡泊，是人的一種氣質、一種境界、一種情懷、一種超脫的人生態度。靜以養性，靜可養生，靜能開悟，靜能明道；淡以養德，淡可啟智，淡能大悟，淡能勵志。只有寧靜、淡泊，方能拒絕「常道」，方能改變一個人的人生命運。

心有寧靜，才能看透萬世乾坤，品味人生滋味；

胸中淡泊，方可包容世間一切，享受人生快樂。

真正的寧靜，不是可以靜坐幾個小時不起，而是用一種平靜平和的心態，看人間萬象，聽花開花落。

真正的淡泊，不是不屑於別人的富貴，而是學莊子到江河釣魚，看大浪淘沙，聽浪花飛歌。

寧靜、淡泊，是人生的兩大財富，在浮躁、浮華、膚淺的年代裡更是不可或缺的財富，尤其是年輕人一旦擁有這兩大財富，將受益終生。

在自家自來水的前端安一個過濾器，可以把水中的泥沙等雜質過濾掉；人也應該在自己心靈前端安一個人生過濾器——澄懷觀道，把不是真善美的人生雜質過濾掉。

澄懷觀道，要具備好眼力，好閱歷。《小窗幽記》中講：「覷破興衰究竟，人我得失冰消；閱盡寂寞繁華，豪杰心腸灰冷。」一個人有了好眼力，才能穿越時空隧道，看破人世興衰的最終結果，這樣才能使各種各樣的得失之心

如冰塊一般融化；有了好閱歷，才能看盡各種奢侈繁華和冷清寂寞的情景，才能使一心想成為英雄豪杰的心願如灰一般的冷卻，從而找回人應有的本心本性，踏踏實實去做人、做大人。

秦檜當年當了宰相後，為了自己在歷史上有個好名聲，安排自己的兒子當史官，刪除對自己不利的記載，結果怎麼樣？個人的歷史是自己用行動寫出來的，怎麼能改得了？當代人寫不了當代史，歷史自己怎能塗改？笑話！這就是一個宰相不澄懷觀道而幹出的荒唐之舉，這是奸佞之人必然的下場。

看看古往今來那些在人生之道上跌倒、跌進深淵甚至跌死之人，哪一個不是走「常道」上出的事？那些走向道德法庭、審判庭和恥辱柱上的人，哪一個不是走「常道」走出的人生結局？

真正的澄懷觀道之人，應該做到山外看山，局外看事、身外看物、人外看人、死外看生。

我們不妨學一學古人的澄懷觀道，也許會發現自己一下子站得高了，成熟了，輕鬆了，不累了。

我們仔細觀察一下，在人生道路上，有的人站在那兒徘徊觀望，有的人在快走，有的人在奔跑，有的人蹲在路邊哭鼻子，有的人含著淚水揮著汗水意氣風發奮勇向前……這就是人生百態圖，不同的人生形態、姿態、狀態，展示不同的人生景象。

任何左右觀望的人，最終都會被生活摒棄在成功的大門之外；任何蹲在地上哭泣的人，最終都會被心魔禁錮在鬱悶的牢籠之中。路是走出來的。我們既然認準了一條路，就不要走在路上東張西望，徘徊不前，更不能打聽要走多久，還有多遠，只要我們昂起頭，邁開步，一直向前，總有走到終點的時候。

把心放平，生活就是一泓平靜的水；把心放輕，人生就是一朵自在的雲；把心放穩，做人就是一座巍峨的山。

蘇格蘭著名作家斯蒂芬文森說過：「一個人應當摒棄那些令人心顫的雜念，全神貫注地走自己腳下的人生之路。」人如果真的做到了澄懷觀道，就

能把那些令人心顫的慾望和雜念當成垃圾拋棄，就能輕鬆而瀟灑地走好自己的人生旅程。

澄懷觀道應伴隨一生。「路漫漫其修遠兮，吾將上下而求索。」我們在人生征途中只要牢記屈原在《離騷》中的這句名言，就能做到百折不撓，勇往直前。

行走在人生之道上，誰能養成澄懷觀道的習慣，達到澄懷觀道的境界，誰就能做到心懷博大而澄明，身心通透而輕鬆，腳步堅定而有力，人生充實而快樂。

澄懷觀道看歲月，無語嫣然心留痕。逝去的光陰如朵朵白雲，雖自由自在、隨意輕鬆，卻沒有一個人能留得住歲月，只有那些懂得並珍惜歲月的人，把歲月的雲彩打落在地，用它去鋪就人生之道，使自己成為歲月的主人，用美德書寫一段美麗的故事。

人生需要澄懷觀道，這樣才能弘揚中華美學精神，展現當代中國人的審美風範，使自己時時處處發現美、創造美並盡享人生之美。

人生之道是曲折的。當一個人遭遇挫折後，只要能澄懷觀道，調整心態，誓死不離正道，任何人任何事也改變不了你書寫自己大美人生的歷史。

2015年春節前夕，我退休前從來到海邊，且聽我《觀海聽濤抒懷》：

我久久坐在涼臺上，傻傻地望著眼前的大海，輕鬆欲飄，身心俱爽。體驗著遠離喧囂和忙碌之後的閒適生活，品嚐著漁夫出海歸來泊岸停靠溫馨港灣後的釋放，享受著掠過浮華之後的寧靜，感受著從未有過的淡泊心腸，遠眺著人生航線的燈塔，擁有著回歸嬰兒般的歡欣。一側的蔥綠小山，擋住了京華彷彿兒童用水泥搭起的積木樓房；偶爾劃過的汽車燈光，令人想起幼年在田野追逐的螢光；清新濕潤的空氣，洗去四十年的疲憊；如洗多情的朦朧月色，輕柔撫慰著心靈內傷；微風拂去心中一載又一載沉積下來的種種塵埃，海浪聲聲訴說著人生旅途的苦甜心酸……只是那海燕不知為何不來搏擊海浪、振翅高翔？是怕海市蜃樓？是怕驚濤駭浪？是怕山呼海嘯？是怕海盜猖狂？是怕風捲殘雲？是怕無人欣賞？哦！什麼都不怕，只怕矯健身影、搶

人風光。還有那海浪不知為何一陣又一陣不知疲倦地轟響？是在如泣如訴？是在訴說憂患？是在高歌引吭？是在傾訴遺憾？是在搶地呼天？是在怒吼吶喊？哦！什麼都不是，是在呼朋喚友、抒懷歡唱。來吧！我的親朋好友，讓我們相聚到岸邊，手攜手去散步、去揮灑酒香，去與大海聊大天，去品味人生之甘甜，去為親情友情愛情放聲歌唱，去珍惜每一寸光陰，去珍愛生活珍愛生命珍愛用心點燃的事業和情感之火光。

馬年馬上過去，羊年的到來輕步悄然。《易經》的泰卦啟示我們，冬去春來，陰消陽長，春節是吉利、安泰的象徵，應讓人間真情在佳節裡綻放。牽起的手不要鬆開，貼近的心要相濡以沫，把過去的一切美好往心靈深處珍藏。人間的幸福，莫過於真情伴著真善美如山泉汨汨流淌；人生的收穫，莫過於觀海聽濤悟出了人為什麼活在世間。大海告訴我，每一個人都是滄海一粟；濤聲告訴我，有了大海般胸襟才能容納礁石的碰撞；浪花告訴我，一滴水浮在水面隨波逐流看似玩得心跳，卻容易被拋棄到懸崖、掀到沙灘；漁火告訴我，漁民流出的汗越多船艙裡的魚就越滿；海風告訴我，虛度年華會如風飄逸般遺恨萬年；星星告訴我，他們不羨慕湖泊水面的平靜如鏡，而欣賞大海的波瀾萬丈。只要我這滴水匯入了大海，海浪轟鳴聲中就能聽到我的和聲是那樣的激揚；只要我這滴水與其他的滴滴水有緣相融，感恩心泉如漫無邊際的海水永不涸干。人生如海，潮漲潮落視平常，只要自己這滴水與大海相守，就能揚波千年終生無憾；那海浪不停翻滾所畫出的五線譜，便是我演奏的一曲曲生命交響……

人生是什麼？

二 人生是一次無法重複的選擇

人生，每個人都擁有，但人生是什麼，我們每個人不一定都思索清楚了，由於對人生的理解不一樣，不同的人詮釋和演繹著不同的人生。

一次，古希臘聖賢蘇格拉底的學生們問他「人生是什麼？」蘇格拉底沒有回答，而是把學生們帶到一片蘋果園，要求大家從果園的一邊走到果園的另一邊，每人挑選一個自己認為最大最好的蘋果，但有兩條遊戲規則：一是不許走回頭路，二是不許選擇兩次。

同學們分別穿過蘋果園來到果園的另一邊。蘇格拉底已在那裡等候，他問同學們：「你們摘到了自己滿意的蘋果了嗎？」有一個同學說：「我剛進果園時發現一個很大很好的蘋果，我想後面還會有更大更好的，可當我走到果園的盡頭時，才發現開始看到的那個蘋果就是最大最好的。」另一個同學說：「我剛好與他相反，我進果園不久，就摘下一個以為是最大最好的蘋果，可是，後來我又發現了更大更好的，所以我有些後悔。」同學們不約而同地請求讓他們再重新選擇一次。蘇格拉底嚴肅地說：「同學們，這就是人生，人生就是一次無法重複的選擇。」

奧地利心理學家弗洛伊德認為，人生就像弈棋，一步失誤，全盤皆輸，而且人生還不如弈棋，不可能再來一局，也不能悔棋。

所謂人生，就是人的一生，是人的生存和生活。

所謂人的生存，是指維持生命本身的存在，這和其他自然生命的本能延續一樣；所謂生活，是指人獨特的含有精神和物質要素在內，又有著不斷發展變化水平和層次的生命活動。人生內容不僅要體現自然生命的本能延續，更要體現人類精神和人生實踐所創造的生活。一個人如果過度追求生存和生存質量，淡化人生真正意義上的生活和生活質量，其人生就會出現偏頗，從而失去人生的應有價值和意義。

對照人生的定義和我們現實中的人生，我們不難發現，人生容易犯以下七多七少的錯誤：

想眼前的多，想一生一世的少；

想生存的多，想生活的少；

想物質生活的多，想富有精神性文化性發展性的生活少；

想身前的多，想身後的少；

想外在的需要多，想內在的需要少；

想得到的東西多，想放下的東西少；

想虛榮的事情多，想人生澤遠流長的事情少。

生，容易；活，容易；生活，不容易。

有的人口口聲聲強調自己的生活質量，有的人為了提高生活質量而不擇手段，目的是要提高自己的生存質量，而實際上，他們背離了人的生活所具有的文化性、精神性和發展性的特點。如果對生活質量的這種錯誤理解是認知不夠的話，那叫無知；如果是明知故犯，那叫愚昧。

得了「人生近視眼」的人，由於視距變短，就只能看到人的眼前，看不到人的一生，只注重一時一事的得失，不注重一生一世的得失。成了「人生獨眼龍」的人，由於視角、視野變窄，就只能看見人的生存而看不到人的生活，只注重生存的奢侈性、享樂性，不注重生活的文化性、精神性和發展性，以至於有的人把人生看作是趕赴一次物質的盛宴。

得了「人生近視眼」和「人生獨眼龍」之人，不可能看清自己是從哪裡來，更不知道要往哪裡去。

追求人生是一次物質盛宴的人，充其量成為一個土豪級的食客；追求人生是一次精神盛宴的人，起碼可以成為人生大舞臺上的優秀演員，甚至可以成為人生藝術家。

從嚴酷的人生現實來看，當今這個世界物質豐富了，娛樂休閒的項目多了，而人內心的幸福快樂指數卻下降了；物質上的貧困戶減少了，精神上的貧困戶卻增多了；物質家園越來越豪華奢侈了、漂亮了，而精神家園卻庸俗低級了，甚至找不到精神家園了。

2013 年 4 月 1 日發生的著名大學投毒案，在讀研究所林同學，把毒物投入宿舍飲水機裡，作案後他見死不救、麻木不仁、拒絕認罪，拒絕交代作案的動機。2014 年 12 月 8 日二審，嫌犯林同學認罪並深挖其犯罪思想根源，給法庭提供了一份手寫的最後陳述。這份陳述從一個側面反映了其人生狀態是多麼令人擔憂。

當我還在自由世界裡的時候，我在思想上是無家可歸的。沒有價值觀，沒有原則，無所堅守，無所拒絕。頭腦簡單地生活在並不簡單的世界裡，隨波逐流，隨風搖擺，兜不住的迷茫。要成為一個什麼樣的人，對於我而言，是很不清晰的。這迷茫與想要有所改變的內心訴求成了我身上最主要的矛盾。我一直在認識自己。某日，我在某電視節目裡聽到一句話：成功的人都是善於制定規則的。這話在當時我的心裡引起了強烈的共鳴。我恍惚地以為找到了突破口：我要成為一個善於制定規則的人，在生活中要不吃半點虧，還要欺負欺負別人。也許就是這樣的一種模糊的認知，隱隱地引領著我犯下了這個罪大惡極的過錯。

黃洋喝了水之後，我一直很後悔，尤其是在黃洋住院，我見到他父親之後，但那時的我，是很難把真相講出來的。那時的我，內心是荒涼的，是孤寂的，沒有勇氣，也沒有責任心，有的只是自私與不負責任，有的只是逃避與自欺欺人，有的只是惶恐與不安。就連對我的家人，對我的父母，我都沒有告知，即使是到了我被學校保衛處傳喚，即使是到了我被帶到派出所，我也仍然沒有告訴他們。

我非常的對不起你們：黃洋的父母親人，還有我的父母家人，你們二十幾年的殷殷期盼，在就快要成為現實的當口，卻因為我一時的無知而幻滅了。這是怎樣的一種摧殘？如今的我大概是可以感受的。可惜現在一切都已經太遲了。

今天，我選擇了上訴與自我辯護。對於結局，我不敢有所奢望。如果我僥倖還有機會，我將在後面的日子裡竭盡全力地補償你們，服侍你們終老；如果我還是走了，那也只是我的報應，希望你們能從喪子之痛的陰影中走出，好好地活著。或許有另外一個世界，在那裡，我們將為著自己的過錯而贖罪，同時，我也希望，千千萬萬的年輕人能從我身上吸取到教訓，引以為鑒！

林同學的陳述是真誠的，這份真誠雖然沒能救他自己的命，但可以救千千萬萬個「思想上無家可歸」之人的生命，可以救那些沒有人生目標而「隨波逐流，隨風搖擺，兜不住的迷茫」之人的生命，可以救那些「不知道自己要成為一個什麼樣的人」之人的生命⋯⋯

「當我還在自由世界裡的時候，我在思想上是無家可歸的」，林同學的「最後陳述」開頭兩句話，值得社會反思！值得我們每個人特別是年輕人反思！他以自己的毀滅警示世人：一個人只想在自由世界裡自由自在，思想上必然無家可歸，行為上必然失去自我控制。從這裡可以看出，社會浮躁對人的危害是多麼可怕，人得了浮躁症是多麼可怕，一個人沒有精神家園是多麼可怕！

有位學者認為，隨著傳統文化價值觀的破壞和逐漸衰弱，大多數中國人，包括受過教育的人都徘徊在精神和內心世界的路口。

歲月在我們臉上留下了印痕，浮躁在我們的心靈和精神上留下了傷痕。有的人雖然像「打了雞血」一樣的精神亢奮，但那是外強中乾，亢奮中帶著焦慮，實際上他早已失去了精神家園；有的人甚至成了「橡皮人」，無痛，無趣，更無夢。

現在的人普遍不愛看書，更不願意閱讀有思想深度、心靈溫度和精神高度的東西，這樣下去，人只能變得膚淺、冷漠和庸俗，我們的國家很難獲得美國人亞歷山大·溫特所說的作為國家利益的集體自尊！

一個人的人生一旦缺失精神家園，就成了找不到人生歸宿感的「人生孤兒」；人生旅途中如果缺失心靈驛站，就會失去修心養性的精神寓所。

一個人的人生不僅在於生存的物質豐富，更在於生活是否具有精神性、文化性和發展性；人生的前進不僅在於速度，更在於能否持續保持正確的人生方向。

法國作家、19 世紀人道主義的代表人物雨果說過：「人有了物質才能生存，人有了理想才談得上生活。你要瞭解生存與生活的不同嗎？動物生存，而人則生活。」也就是說，是人就不能僅停留在生存的層面上，而要追求真正的生活；是人就要有高尚的追求，不能有辱作為高級動物的人的稱號。

人不應該追求什麼，應該追求什麼，前人早有告誡。遺憾的是，今天有的人要麼不知道，要麼當耳旁風。

「一場閒富貴，狠狠爭來，雖得還是失；百歲好光陰，忙忙過了，縱壽亦為夭。」古人告訴我們，拚命爭來一場對生命毫無意義的富貴，即使得到了還不如不要；匆匆忙忙度過百年光陰，即使壽命很長也如夭折。所以，愛國將領吉鴻昌說：「一個人光溜溜地到這個世界來，最後光溜溜地離開這個世界而去，徹底想起來，名利都是身外物，只有盡一人的心力，使社會上的人多得到他工作的裨益，是人生最愉快的事情。」

正確的人生態度，就是中國現代美學奠基人、著名教育家朱光潛先生的那句名言：「以出世的精神，做入世的事業。」

任何人都不是地球上的長客，生命和人生只是一個過程。想要搞清楚人生是什麼，就要搞清人生是個什麼樣的過程。

一、人生是參與人生大舞臺現場直播演出的過程

英國戲劇大師莎士比亞指出：「全世界是一個大舞臺，所有的男女都是演員。」莎翁把全世界看作是一個大舞臺，所以他成了全世界知名的實力派大腕演員。有的人心中沒有大舞臺，就算他的演技再好，也只能自我欣賞，他這個演員屬於他自己。

一個人心中的人生舞臺有多大，這個人就能演多大的人生戲；一個人在多大的人生舞臺上演戲，這個人就擁有多大範圍的人生觀眾。

人生是個大舞臺，所以我們每個人都得學會演好自己的角色。

一個演員的成功與否，角色定位很重要。人生舞臺上也必須要給自己的角色定好位。

一次，英國的維多利亞女王與丈夫吵了一架，丈夫阿爾伯特親王獨自回到臥室，閉門不出。女王回臥室時，只好敲門。丈夫在裡邊問：「誰？」維多利亞傲然回答：「女王。」沒想到裡面既不開門，又無聲息。她只好再次敲門，裡邊又問：「誰？」女王回答：「維多利亞。」裡面還是沒有動靜。女王只得再次敲門，裡面再問：「誰？」女王柔聲地回答：「你的妻子。」這一次，門打開了。

從以上隔門對話可以看出，維多利亞在丈夫面前能放下女王的架子，把社會角色拋到了家庭之外，從而實現了夫妻間的平等溝通和相互尊重。

維多利亞女王，是英國歷史上在位時間長達到 64 年的君主，處於英國最強盛的所謂「日不落帝國」時期，歷史上稱其為「維多利亞時代」。英國的歷史如此評價維多利亞：極少有坐上帝位的女人，能像她一樣，如此出色地完成了女王的職責，同時又擁有如此平凡的作為女人的幸福。

柳宗元，是中國唐代傑出的思想家和文學家。唐順宗當皇帝后，重用了王叔文、王伾、柳宗元、劉禹錫等一批革新派人士，柳宗元積極參與了這場改革運動，並成為一名核心人物。由於李誦只做了八個月的皇帝便被逼下臺，這批革新派的下場可想而知。柳宗元被貶為邵州刺史，剛走到半路，又接到命令被加貶為永州司馬。

柳宗元這個時候的角色名義上是司馬，實際是「罪犯」。他寄居在寺廟裡，政治上的迫害，艱苦的生活，老母去世，經歷四次火災，這一切都沒能改變他的立身做人原則，他仍然做他該做和能做的事。由於他接近百姓，瞭解了人民的疾苦，勇敢地拿起筆，寫出了大量的政治著作和文學作品，著名的《封建論》受到宋代大文學家蘇軾的高度評價，蘇軾認為，《封建論》將以前那麼多名人關於這個問題的論述都變成了廢話。柳宗元在湖南一待就是10 年。815 年正月，他忽然接到皇帝詔書，要他回京，誰知又被改貶到更遠、

更荒僻的廣西柳州當刺史。柳宗元雖心情苦悶，鬱鬱寡歡，但對國家和人民命運的關切始終不減，繼續做他該做的事：制定贖免奴婢法，破除迷信，興辦學堂，挖掘水井，開墾荒地，發展交通等。長期的貶謫生活，使柳宗元的身體每況愈下，47歲就病逝柳州。柳州人民為紀念他，修了墓、廟和柳侯祠。

人生演員的表現天地和空間是廣闊的。柳宗元失去了一個演出的天地和空間，他又開拓出另一種演出的天地和空間，角色的變化沒有沉淪，反而使他成了唐宋八大家之一。

柳宗元珍惜短暫的人生，在文風方面，和大文學家韓愈一起，主張「文以明道」，一掃當時那種只追求辭藻華麗而內容空泛的文風，掀起了一次以發揚先秦和兩漢時期文風、以內容充實樸實流暢的傳統文化為特徵的復興散文運動，為中國古代散文的發展開闢了一個新局面。

一個時期以來，中國由於政壇文風和學術風氣不好，製造了大量的「垃圾」，體現並影響著世道人心。以假、大、空為特點的政壇文風，內容空泛，言不由衷，難有誠信，亦應倡導「文以明道」，使政壇之文，成為以傳統文化為特徵的內容實在、具體、實用的短文、美文，以此推動屈原當年提出的「美政」的實現。

美國社會學家歐文·戈夫曼所著的《日常生活中的自我表演》，用舞臺理論來解釋日常生活，告訴人們「明明知道你是在表演，但我依舊信任你」。其實，人生舞臺上的演員不同於藝術舞臺上的演員，是表現不是表演，是演出不是演戲。一個人即便是高官級、富翁級的大腕，如果他在人生舞臺上是表演，展示的是演技，廣大的觀眾還能信任這樣的「人生演員」嗎？

古希臘三賢之一柏拉圖告訴世人：「演好自己的角色，做自己該做的事。」這是任何人都應牢記在心並注意經常對照的一句千古名言。人不能忘記了自己的角色，不能演錯了角色；人生就是做該做的事，而不是做想做的事。

柳宗元、韓愈等永載青史的人物在人生舞臺上有一個共同特點：演好自己的角色，做自己該做的事。所以，這些人堂堂正正，到任何時候也不怕被直播，不怕被曝光。

　　人生大舞臺上的一切「表演」，沒有綵排，都是現場直播，好壞都會直接曝光，即便是延遲曝光，遲早也會見天日、昭天下。因此，任何人在人生舞臺上的演出，必須牢記這是現場直播，務必小心謹慎，一舉一動都要對自己負責，對社會負責，這樣歷史才會對你負責。

　　人生就是一場戲，導演和主角就是自己，劇本得靠自己寫。

　　我們每個人在社會上承擔的社會角色不一樣。但在人生舞臺上角色不在於大小，只在於好壞，關鍵看是正面角色還是反面角色。我們的一生只要是正面角色，無論大小，都是成功而有意義的人生。正如蘇聯戲劇理論家斯坦尼斯拉夫斯基在《演員的自我修養》中講的那樣，人生「沒有小角色，只有小演員」。

　　人生舞臺上，只有演好小角色，才可能成為大角色；一個連小角色都不安心不能演好的人，不可能有機會成為大腕演員。

　　我們每天都在人生舞臺上亮相，天天都在書寫自己的歷史。

　　人無論角色大小，都不能在人生舞臺上出現被鼓倒掌的情況，更不能轟下臺。有條件的人生演員，要爭取成為人生「百花獎」演員，努力去爭取拿人生舞臺上的奧斯卡獎。

　　由於人生是參與人生大舞臺現場直播演出的過程，所以，我們應該樹立人生零缺陷理念，養成照章辦事、一次做對的人生行為習慣，從人生的源頭和過程確保自己人生受控。

　　法國思想家、文學家羅曼·羅蘭提醒世人：「人生不售返程車票，一旦出發了，決不能返回。」明白了自己在人生舞臺上現場直播面臨的嚴酷現實，就會謹慎地演好自己的角色，決不讓自己人生的一舉一動出格出錯，被曝光、被炒作。

二、人生是一次從不充分的前提中推斷出充分結論的過程

　　有的人總是感嘆：人生的路是那麼遙遠，卻不知道哪裡是終點，既無法回到過去，也無法預知未來，一切都充滿了變數，人生是那樣的變幻莫測。

這樣的人之所以有這樣的人生糾結，是因為對自己的人生沒有規劃，缺乏人生路線圖。

這世上有幾個人不想幹一番事業、有個好的人生結局呢？可是在自己青年甚至是中年時，誰能肯定地說清楚自己這一輩子能幹多大的事、人生是個什麼樣的結局呢？所以，人生是含有未知數 X 的等式，每個人的人生任務就是求 X 的最大值。

英國作家塞繆爾·巴特勒告訴人們：「從不充分的前提中推斷出充分的結論，這種藝術就是人生。」

人生不是浮萍，隨波逐流，不知漂向何方，這樣的人生推斷不出充分的結論。

人生一旦有了正確的人生目標、路徑、信念，始終行走在人間正道上，他的人生結局就具備了人生風險規避，其命運就不會如浮萍那樣漂泊不定，就能提前斷定自己這道人生數學題的答案，只會是正數，決不會出現負數。

人生沒有「無花果」。沒有無因的果，沒有無果的因，一定的人生結果，必定有一定的人生原因。

古代以色列王國第三位國王所羅門，是《聖經》中箴言的一部分、《傳道書》、《雅歌》全書的作者。《聖經》中記載了他的事跡。這位不朽的人物在距今三千多年前就以自己的切身體會告訴世人：「一般人在晚年所收到的美滿果實，大都是由於他們在年輕時撒下的種子。」

一個人如果從年輕時開始，在一輩子的人生實踐中，很好地回答了「人生三問」，就能從不充分的前提中，推斷出自己人生的充分結論。一個人如果有了人生路線圖，所作所為能嚴格受控，他就能知道自己人生之舟將要達到什麼樣的人生彼岸。

走人間正道的人，對自己的未來用不著擔憂；而走歪門邪道的人，對自己未來的命運始終存在後顧之憂。

　　一個人的人生做到了說老實話、辦老實事、做老實人，雖不能肯定會給他帶來多大的收穫，但它的好處卻顯而易見，能獲得別人的充分信任，有了這份信任，人生成功的機會就增多，走起路來就穩當，不會摔跤。一個人如能推斷出這樣的結論，不正是人之所願嗎？不就是人生的成功嗎？

　　可是，有的人為了求得自己人生的最大值，說話、辦事、做人都有三分假，假文憑、假經歷、假政績、假惺惺、假功夫等不一而足，讓人真假難辨，有的人甚至將虛擬世界當現實人生，所有這些怎麼可能推斷出自己人生充分的結論呢？

　　為了錢連臉都不要了，人生審美出了大問題！

　　價值取向太功利了，人生一錢不值；人際關係太功利了，感情一錢不值。

　　人生活在虛擬世界裡，是在遊戲自己的人生，不可能推斷出正確的人生結論。

　　最能體現出「虛擬的現實世界」的案例，是由美國加州「林登實驗室」開發的「第二人生」。它不僅是一款遊戲，它正在重新定義整個互聯網——三維空間的虛擬現實社會，在這裡，人們可以學習、工作、生產、購物、存款，或者跟朋友們一起四處閒逛、娛樂、結婚、生子……遊戲中的通用貨幣林登幣與美元可以以一定匯率進行自由兌換，「第二人生」內的經濟活動能賺取真金白銀，商業、政治和娛樂開始深入其中，虛擬與現實的界限由此逐漸模糊。

　　人生是真實的。人在真實的世界裡生活，心裡才踏實、充實，人生才會安全而富有社會價值。

　　目前，青少年患網絡遊戲成癮綜合症成為比較普遍的社會現象。一些網絡遊戲是以刺激、暴力和打鬥為主要內容，其中80%以上是進口的，PK（玩家殺人）幾乎占到八成以上，在網絡遊戲創造的非常寬鬆的虛擬世界裡，可以隨意殺人、放火，可以結婚、戀愛，而這一切都不必承擔任何後果和責任。在這裡，涉世未深的青少年的人生觀、價值觀、道德觀很容易被扭曲，一些網絡遊戲創造的魔幻色彩，甚至能控制青少年的意志和思維，讓他們在現實

與虛擬中遊走，對網絡產生極大的依賴。有調查，學生們回答「你認為遊戲中的成功與現實中的成功哪一個更重要」時，70%～80%的學生認為一樣重要。這樣的網絡遊戲，要把青少年的人生引向何方？要把人類的發展引向何方？

虛擬世界，甚至還有什麼超虛擬世界，只是現實世界無助的投影，與現實社會公共政策的實踐基本是背道而馳。

人生的世界是現實的，沉浸在虛擬世界裡的人，不可能享有現實世界；只有現實生活中的人生，如果脫離了現實談人生，那是沒有人生智慧之人的遊戲而已。

人生離不開現實，人生不能逃避現實，人生就是人生，沒有「第二人生」。

培根早在一百多年前就發出警告：「誰若遊戲人生，他就一事無成；誰不能主宰自己，便永遠是一個奴隸。」

三、人生是一個人逐步完善和昇華的過程

瑞典化學家、發明家、諾貝爾獎創始人諾貝爾說過：「生命，那是自然付給人類去雕琢的寶石。」

每個人的人生都如一塊寶石，要想成為珍貴的藝術品，就要不斷雕琢。

英國哲學家霍布斯說：「人生是什麼？一半是天使，一半是野獸。」我第一次見到這句話嚇了一跳，後來就慢慢明白了。人，來自動物，又高於動物。動物的特性是自私性、野蠻性、貪婪性、瘋狂性、愚昧性。人生的過程就是不斷對自己進行「雕琢」，把動物的不良特性當作寶石中的雜質剔除掉，提升人的智慧和德性，不斷強化人性，使自己一天天趨向天使。

大多數人總是受到動物本能和社會本能的驅動。一個人動物本能的驅動力強了，社會本能的驅動力就會弱化，其思維和行為就會往動物特徵上靠，做出種種「小兒科」甚至獸性十足的事情來。相反，如果社會本能的驅動力強了，動物本能的驅動力就會減弱，這個人就會逐漸接近「天使」，人品就會變得越來越高尚。

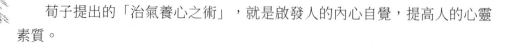

　　荀子提出的「治氣養心之術」，就是啟發人的內心自覺，提高人的心靈素質。

　　儒家認為，人異於動物最根本特徵就是「智」與「德」。對於這句話，從平民百姓到國家主席，任何人都不能不放在心上，落實在行動上。因為一個人的所思所行、一舉一動只要不背離「智」與「德」，人生就不會遠離成功，相反，一個人對待人生問題只要與「智」與「德」不相符，那就是對高級動物——人的叛逆。人生首在為人，失去了作為高級動物人的特性的生存和生活，那都是把自己視為一般動物，都是在降低自己的人生層次。

　　古希臘哲學家、科學家和教育家亞里士多德說：「人，在最完美的時候是動物中的佼佼者，但是，當他與法律與正義隔絕以後，他便是動物中最壞的東西，他在動物中就是最不神聖的、最野蠻的。」

　　獸性發作之人最可怕的有兩類人：野蠻之人，有權之人。

　　希特勒作為德意志第三帝國元首、總理，於 1939 年指揮德軍入侵波蘭，直接導致第二次世界大戰的爆發，期間犯下種種罪行，並迫害、屠殺六百萬猶太人。但惡有惡報，希特勒這個曾經不可一世的人，最終於 1945 年 4 月 30 日在德國總理府地下室自殺。

　　從歷史上看，凡是實施野獸行為的人，沒有一個有好下場，經過歷史洪流沖洗之後，沒有一個不被釘在歷史恥辱柱上。

　　曾記否？反法西斯戰爭勝利 60 週年的時候，約 500 名學生在奧地利毛特豪森集中營舊址前點燃起 10 萬隻蠟燭，緬懷和憑弔被納粹屠殺的 10 萬名死難者。10 萬叢火苗的閃爍，就是 10 萬個陰魂在控訴一個個殺人兇手的罪行。

　　參加法國紀念反法西斯戰爭勝利 60 週年活動的法國總統席拉克，在巴黎凱旋門向無名烈士墓敬獻花籃時，不禁潸然淚下。

　　2004 年 6 月 6 日，是第二次世界大戰諾曼底登陸 60 週年紀念日，法國在紀念儀式上，席拉克盛讚美國在第二次世界大戰中對法國的幫助，但在和布希總統談話中，卻毫不留情地指出伊拉克戰爭是錯誤的。

一個人生下來就好比是一張白紙，能畫最美的人生畫。每個人從年輕開始，就要珍惜這張人生白紙，千萬不要染上無法消除的汙點。

「玉不琢，不成器；人不學，不知義。」人都是從不懂事到懂事，從無知到有知，從知之不多到知之甚多，從愚昧到智慧，從淺薄到深刻，從粗俗到高雅，從卑微到高尚，都有一個學習進步、成長成熟，逐步完善昇華的過程。

人總是生活在現實世界和理想世界裡。理想源於現實，又是現實的昇華。

理想追求決定人的精神世界；精神世界決定人的人生境界。一個人精神不斷昇華的過程，便是人生境界得到提升的時候。

富蘭克林被稱為美國的聖人、資本主義精神代表，是美國人崇拜的偶像。他也有一個逐步完善和昇華的過程。當富蘭克林發現自己存在「浪費時間、為小事煩惱、和別人爭論衝突」這三個壞習慣後，他就用一個星期選出一項與之搏鬥，並把每天的輸贏記錄下來。在下個星期，他又與另一個壞習慣搏鬥，再下個星期，他又與另一個壞習慣搏鬥，如此循環往復，一直堅持了兩年多，終於把這三個壞習慣都改掉了。

富蘭克林如何一步步完善和昇華為舉世聞名的一代偉人呢？富蘭克林的傳記作家卡爾·範·多林揭開一個秘密，他從富蘭克林的日記中發現：1728 年，也就是富蘭克林 22 歲時，他給自己制定了「13 條做人原則」，包括節制，沉默，秩序，決心，儉樸，勤勉，誠懇，公正，適度，清潔，鎮靜，節慾，謙虛。富蘭克林又在每一條之後，附上一條簡約的格言，表達他對每一條做人原則的含義理解。

為了把這些原則培養成自己的習慣，富蘭克林在一段時間裡只專注於一項原則的修煉，當把這項原則養成了習慣後，再對另一項原則加以培養，如此進行下去，直到把 13 條原則培養成習慣為止。

富蘭克林 79 歲時，在《富蘭克林自傳》中，用了整整 15 頁紙，特別記述了他的這一「偉大發明」，他認為他的一切成功與幸福受益於「13 項做人原則」。他寫道：「我希望我的子孫後代效仿這種方式，有所收益。」

　　富蘭克林的「13 項做人原則」，就是 13 項美德。他常教導青年人要注重道德水平的提高，因為「道德是發家致富的最好方法」。

　　富蘭克林的「13 項做人原則」，使他逐步完善和昇華，直至成為一代偉人。

　　馬克·吐溫讀了《富蘭克林自傳》後指出：「偉人之所以偉大，並不是因為他比別人多些什麼，而是因為他有原則；常人之所以平常，並不是因為他比別人少些什麼，而只是因為他缺乏原則。」

　　英國雜文家德尼·史密斯對他的女兒說：「假設你不欣賞富蘭克林的自傳，我將剝奪你的繼承權。」這是一位智慧父親，雖然教育方式有些武斷，但他以特殊的方式關心著女兒的人生選擇。

　　一個人只有逐步完善和昇華自己，才能走出一條人生軌跡上升線。凡是有志於來到這個世上不白活的人，都應好好讀一讀《富蘭克林自傳》，踏著富蘭克林的人生路徑，去完善自己的人格品性，昇華自己的生命和境界，一天天走向自己美好的人生高地。

四、人生是逐漸學會處好人生三種關係的過程

　　著名國學大師梁漱溟在《人心與人生》中告訴人們，人都生活在「人與物質、人與人、人與內心」的三種關係之中。

　　人生面臨的矛盾，包括身心矛盾、人我矛盾、物我矛盾和終極關懷。

　　人從小到大，從學校走向社會，慢慢地會感受體悟到處理好人生三大關係是多麼重要而又多麼的不容易。

　　人與物的關係是人的生存本能，但在人生天平上，把物看重了，自己作為人的份量就減輕了。佛教文化提醒人們：你對身外之物看得太重，你的精神就痛苦了。

　　「財不如義高，勢不如德尊。」漢代劉向早就告誡後人，錢財不如道義崇高，權勢不如道德品行尊崇。我們如果把這句話悟透了，還會對錢和權頂禮膜拜嗎？選擇職業時還會僅僅把眼光聚焦在從政或經商這兩條道上嗎？

最壞的人生結局，是「人為財死，鳥為食亡」，可這樣的人間悲劇一再重演。最好的人生狀態，是「超然於物外，」可這樣的人少之又少。

人與人之間的關係，事關人際關係的好壞。你心中有他人，別人的心中才會有你；你把別人當朋友，別人才會把你當朋友；你尊重別人，別人才會尊重你；你幫助別人，別人才會幫助你。好的人生，必然建立在好的人際關係之上。

作為社會人，每個人都不可獨來獨往，我行我素，而應把自己置於社會連接之中。哈佛大學經長期研究和追蹤調查得出的結論是，與家庭、朋友及周圍人群連接更緊密的人更幸福、更健康，而孤單孤獨的人生體驗是有害的。

儒家的「齊家」告訴我們，處好人與人之間的關係，要從處好自己與家人的關係開始。

柴契爾夫人，是英國歷史上第一位女首相，她連任兩屆，執政時間長達11年之久，並獲得「鐵娘子」的美稱。但她在家庭中，卻從不失女性應有的柔情。她是一位眾所周知世人公認的出色的家庭主婦。每天早晨 6 點，她準時為丈夫丹尼斯準備一杯滾燙的咖啡和一份可口的早餐。下班後，她會包上頭巾，繫上圍裙，親自動手做各種家務。有一次，她在會議散場時看了一下手錶，說：「我還來得及趕到街口的食品店為丹尼斯買些他愛吃的燻肉。」柴契爾夫人在處理人生三大關係中，很好地處理了社會角色和家庭角色、自己與丈夫、自己與內心的關係，使她的人生更完美，人生形象更豐滿。她坦言：「家庭生活是否幸福，會對一個人產生巨大影響。」家庭成為她縱橫政壇的最可靠的「後方基地」。

人與內心的關係，關係到自己內心的和諧。人的內心成了寧靜港灣和精神樂園，一切煩惱和憂愁就會被及時過濾到心外，使自己的靈魂趨於平靜和安寧。

華佗，是中國東漢末年的傑出醫學家。他精通內、外、婦、兒、針灸各科，尤其擅長於外科手術，後世稱他為「外科鼻祖」。他以高明的醫術和救死扶傷的精神著稱於鄉里，被譽為「神醫」。

曹操久患頭風病，屢治無效。經華佗視診後，只紮了一針便止住了頭部的劇痛。曹操非常高興，強留華佗做他的侍醫，可是華佗厭惡為一個人服務，便藉口妻子有病而一去不歸。曹操在盛怒之下派人把華佗抓回來，並殺害了他。華佗臨死前，把自己總結一生行醫施藥積累下來的經驗寫成的一部書交給獄吏保存，但是，在曹操的淫威籠罩下，獄吏膽小怕事，不敢接受。華佗仰天長嘆，含淚把凝聚著畢生心血的醫書付之一炬，不然「華佗再世」將成為現實。

華佗的悲慘遭遇，暴露了曹操在群雄割據、握有大權的情況下，處理人生三大關係中「順我者昌，逆我者亡」的唯我獨尊心理，說明這位一代梟雄在人與人特別是人與內心的關係中因唯我獨尊而常吃敗仗。古往今來的事實證明，有權有勢有錢而任性者，必給自己的人生留下敗筆和汙點。

處理好人生三大關係應注重培養自己良好的性格。性格的缺陷，使其折福。正如《小窗幽記》所說：「執拗者福輕，而圓融之人其福必厚。」

五、人生是一次負有使命而又無法返回的航行過程

奧地利傳記作家、小說家斯蒂芬·茨威格說過：「一個人生命中最大的幸運，莫過於在他人生途中，即年富力強時發現自己生活的使命。」

儘管物質有「成住壞空」的幻滅，人生有生老病死的輪迴，但人來到這個世界上是有使命的。人生最大的使命，就是去找出自己的使命，活出自己的人生。

使命，就是人的責任和任務。一個人對自己使命的認識越深刻，人生使命感和責任擔當意識就越強烈。

平庸的人只有一條命，叫性命；優秀的人有兩條命，叫性命和生命；卓越的人有三條命，是性命、生命、使命，分別代表著生存、生活、責任。

一個人有了人生使命感，就會珍惜自己的人生，珍惜自己短暫的生命過程，珍惜自己的學習、工作、生活，就會有一份責任擔當。否則，人生就會缺乏激情和動力，就會失去人生價值和意義的正確坐標。

　　一個人只有竭盡全力地去實現自己人生的價值和意義，他才可能完成自己的人生使命。

　　人生使命是不一樣的。比如，該對公眾負責的公務員不為公眾而活著，沒能得到單位和百姓的認同；該對國家和人類負責的政治家不為國家和人類而活著，沒能得到本國和世界的廣泛認同，就不算履行了自己的人生使命，就沒能體現他應有的人生價值和意義。

　　「每個人都應有堅忍不拔、百折不撓、勇往直前的使命感。努力拚搏是每個人的責任，我對這樣的責任懷有一種捨我其誰的耐心、毅力和信念。」這就是美國偉大的總統林肯與一般總統不一樣的地方。馬克思在評價這位具有崇尚使命感的林肯總統時說道：「這是一個不會被困難所嚇倒，不會為成功所迷惑的人；他不屈不撓地邁向自己的偉大目標，而從不輕舉妄動；他穩步向前，而從不倒退……總之，這是一位達到了偉大境界而仍然保持自己優良品質的罕有人物。」

　　《三國演義》中有這樣一句話：「但有使命，萬死不辭。」人生，就是透過「立命」而履行使命的過程。這樣就在自己的心靈天空樹起了一面旗幟，在使命的召喚之下，就會把自己看作是一位戰士，生命不惜，戰鬥不止，不惜流血犧牲，直到把人生的旗幟插到自己嚮往的人生高地上。

　　明朝人羅汝芳，少年時代與自己的一個小夥伴去看望一位前輩，這位前輩有權有錢有地位，已經到了生命的彌留之際，前輩看到羅汝芳他倆，一句話也說不出來，只是一個勁的嘆氣。兩個人大失所望，本以為前輩會與眾不同地給他們說一點令人開悟的話。羅汝芳在返回的路上，對小夥伴說，我們死的時候會不會也是這樣一直嘆氣呢？小夥伴說：可能也會這樣。羅汝芳說，既然如此，我們一定找一件不嘆氣的事去做。

　　羅汝芳所說的找一件不嘆氣的事去做，他做到了，這主要體現在理學思想方面，他履行了自己的人生使命，活出了自己的人生，成了明代中後期著名的哲學家、教育家、文學家、詩人，被譽為明末清初黃宗羲等啟蒙思想家的先驅。

有人說，人生是一次旅行，我說：NO！是航行。因為旅行是指單一任務的辦事，或只是休閒遊玩。托爾斯泰認為人生不是享樂。一個人把人生當旅行，容易放棄自己的使命，得過且過，追求享樂，最終導致虛度年華，甚至滑入人生泥潭。

人生既然是一次負有使命的航行，就需要強化三個意識：

一是「滄海一粟」意識。

人生如海，我們每個人要到大海中航行，首先要解決好自己的定位問題，無論是什麼人，無論自己是多麼了不起或多麼不起眼，只要我們把自己看作是滄海一粟，並將自己這滴水匯入大海，融入汪洋之中，就能永不乾涸，就能形成排山倒海的力量。

寄蜉蝣於天地，渺滄海之一粟。

哀吾生之須臾，羨長江之無窮。

這是宋代文學大家蘇東坡的《前赤壁賦》之句。這篇散文，是蘇東坡因小人從中搗鬼，無端受屈含冤入獄，在「烏臺詩案」結案不久，被貶謫黃州（今湖北黃崗）任團練副使時所作。此賦透過月夜泛舟飲酒賦詩，既說出了弔古傷今之情感，也表達了矢志不渝之情懷。他在逆境之下之所以能矢志不渝，是因為他眼中看到的是「江上之清風，山間之明月」，他懂得雖然「吾生之須臾」，但人生必須「羨長江之無窮」，把自己一滴水融入長江，人生才能像奔流不息的長江水那樣沒有盡頭，使有限的生命變得源遠流長，富有意義。蘇東坡正因為有此歷史眼光，所以他在仕途上無論進退去留，都沒有放棄追求人生的價值和意義，沒有放棄正確的人生方向，從而書寫了自己一生的輝煌歷史。

一滴水融入「長江的無窮」，才可能擁有無窮的長江。一個人看到自己是滄海一粟，才能明白如何實現滄海一粟的價值。

人要活就活出個樣子，切不可苟且偷生。蘇東坡沒有為自己短短幾十年而苟活，沒有為討好那些難為他的小人而苟活，沒有因為一時的曲折而苟活，他為他的人格和人生而活，他為自己的清白歷史和人間正氣而活。

　　蘇東坡就是蘇東坡，他沒有清朝詩人尤侗那樣的感嘆：「遍地關山行不得，為誰辛苦為誰啼？」蘇東坡活得很清醒，活得很有骨氣，他知道什麼樣的人生才有價值和意義。

　　二是「一葉小舟」意識。

　　基督教有首歌曲《人生之舟》，其中唱道：

　　人海之中茫茫迷霧，容易失迷方向；

　　問聲朋友人生路程，此舟你要如何航？

　　古詩也告訴我們，「一夜月舟煙霧裡，數家樓臺細雨中。」人生，如大海中的一葉扁舟，常常航行在「煙霧中」。

　　張學良，這位西安事變大戲中的主角，經蔣介石夫人的引領走進了基督教，成了他後半生最重要的心靈寄託，生前為自己刻下了這樣的墓誌銘：復活在我，生命在我，信我的人雖然死了，亦必復活。這是《約翰福音》裡的經文，反映出張學良將軍凡事歸於主、往事拋諸前塵、但求克己的處世觀。2001 年 10 月 14 日他在夏威夷去世，活了 101 歲。

　　張學良駕駛人生之舟航行的實踐告訴我們：能夠擊垮自己的永遠不是別人，而是自己；能夠擊沉人生之舟的不是人生之海的惡浪，而是自己心海之中的惡浪。

　　每個人要精心呵護自己的這葉小舟，千萬不能讓它擱淺沙灘，或折戟沉沙，而應該把它打造成一艘人生大舟，甚至是諾亞方舟「到中流擊水，浪遏飛舟。」

　　三是「船長」意識。

　　每個人都是自己這艘人生之舟的船長。有了船長意識，就會努力提高自己的本領，使自己具備船長的素質，掌握人生航線，把好自己人生方向盤，瞄準要靠的人生碼頭，使自己的人生之舟順利平安地駛向人生彼岸。

　　天地永恆存在，而人生只有一次，死了就不再復活。一個人即便能活百歲，這與天地相比只是瞬間而已。我們能幸運成為永恆天地的過客，既不可

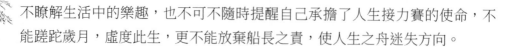

不瞭解生活中的樂趣，也不可不隨時提醒自己承擔了人生接力賽的使命，不能蹉跎歲月，虛度此生，更不能放棄船長之責，使人生之舟迷失方向。

人找到了人生使命，便明白自己所做的一切，不是做給別人看的，也不是為別人做的，是給自己做的，這是人生應有的一份責任擔當。

六、人生是在一定自由空間內安全發展的過程

人生有安全警戒線。人在這條安全警戒線構成的自由空間之外生存和生活，那就成了釜底游魚，人身安全毫無保障。

人心裡有了安全警戒線，慾望的潮水就不會沖垮理智的大壩。

人人嚮往自由。但人的自由有一定的空間，每一個正常自由人的追求和活動，都應該在人生天線與人生地線之間。人生天線是人生跳高線，是通向藍天的線，是人生上線；人生地線是人生底線，是通往地獄的線，是人生下線。上線是跳一跳能夠得著的果實，下線若踩一踩便滑出人生跑道。每一個人都有屬於自己的人生高地，始終堅持走在人生軌跡上行線上的人，最終才可能到達自己可以到達的人生高地，領略美好的人生風景。一個人立足於人生底線之上去追求自己的夢想是安全的，是高尚的，而一旦滑落人生底線之下，那這個人的人生便掉進了人間地獄。

人生要堅持兩手抓兩手都過硬：

一手抓攀登人生高地；

一手抓守住人生底線。

東漢哲學家、思想家王充告誡世人，要節制嗜好慾望，安神自守。自古以來，有很多的人忘記了王充的教導，以致使自己滑出人生自由空間，偏離人生正道。

汪精衛也曾是追隨孫中山的熱血青年，曾是個荊軻刺秦王般豪邁的人，他赴北京行刺清朝攝政王載灃以詩抒懷：「慷慨歌燕市，從容作楚囚。引刀成一快，不負少年頭。」可是他的志向不堅定。1935 年 3 月 18 日，美國《時代週刊》封面刊登了被稱為民國四大美男之一的汪精衛畫像，頗有意味的是，

在描述其經歷時把他比喻為「鯨魚的鬍鬚」，意思是容易彎曲，暗諷汪精衛對日本的態度已經彎曲了。1938 年 12 月，身為國民黨二號人物的副總裁汪精衛，竟然從陪都重慶出逃越南河內，公開發表「艷電」叛國投敵，並於 1940 年 3 月在日本軍刀支撐下成立汪偽「國民政府」，成了中國近代以來歷史上最大的漢奸。汪精衛也曾一度積極主張抗戰，但在遭遇一次次抵抗失敗後，完全改變了立場，成了「主和派」的代表人物。汪精衛由於恐日媚日，與日簽訂喪權辱國條約而激起民憤，1935 年 11 月 1 日，被義士孫鳳鳴刺成重傷，子彈打進脊椎始終未能取出。1944 年在日本名古屋客死他鄉。

《三國志》中有這麼兩句話：「明者防患於未萌，智者圖患於將來。」在物慾橫流、拜金主義和享樂主義盛行的年代裡，人生征程到處充滿著刺激與誘惑，佈滿了鮮花與荊棘，把持不住自己，抵不住誘惑，就會突破安全警戒線，使自己的人生出現危機、危險。

2015 年 8 月 16 日，一位 20 歲女大學生，趁暑假期間前往酒店打工，後來卻在一家酒店裡報警稱，一名男子闖入其房間並進行搶劫。警方到場調查證實，兩人透過交友軟件相識，之後雙方約定到一酒店開房進行性交易，男子答應以 2 萬元買女子的初夜。二人發生性行為後，男子拒付錢，並拿走女子的手機、錢包等財物。這一男一女均因踩踏安全警戒線而失去了守護神的守護。

人的守護神是三件法寶：道德、紀律、法律。一個人有了這三件寶貝，他就享有尊嚴和平安。這三大法寶構成人生安全的三道防線。道德是第一道防線，萬一這道防線被突破，那務必不要觸碰第二道防線——紀律；萬一這道防線也沒能守住，那絕對不要觸碰最後一道防線——法律，一旦這最後一道防線沒守住，那這個人的人生陣地就會丟失，任何人在法律面前只能無奈地高舉白旗，繳械投降。

七、人生是一個人逐步丟掉幻想的過程

柏拉圖在《理想國》中，把「沒有哲學智慧的世人」，稱為「洞穴人」，這種人「把幻想當現實」。

　　人在幻想中過日子，便會與社會現實漸行漸遠。

　　人在年輕的時候，大多充滿著理想抱負，把人生設想得很美好，但到社會上拚搏一陣之後，現實的冷雨將五彩的夢想打得粉碎，有的人就像泄了氣的皮球那樣，很快就癟下去了。

　　理想很豐滿，現實很骨感。當我們步入社會，會發現一切不像自己想像的那麼簡單，那麼美好。

　　人的一生從生到死彷彿是燒開一壺水的過程，從常溫開始，水溫逐漸升高，到了 100℃之後，慢慢地降溫，直至恢復到常溫。

　　人生的開始和結束究竟有何區別？德國哲學家叔本華告誡世人：「開始時，我們充滿了瘋狂的慾望和肉體快感之迷狂；結束時，都落得個所有器官之毀滅，只聞得屍骨之腐味。由生到死之路，就像生活之幸福和樂趣之路一樣，是一條下坡之路：天賜夢幻的童年，熱血沸騰的青年，吃苦耐勞的壯年，羸弱和常常令人可憐的老年，病魔纏身的晚年，以及最後的碧落黃泉。」

　　人在年輕時都有夢想，這個夢想如建立在現實基礎上就是理想，否則，就成了幻想。一個人懂得理想與現實是有距離的，懂得丟掉幻想、懷揣現實的夢想行路，需要一個過程。

　　走到人生的夢想家園，靠「兩條腿」走路：一條腿是心，另一條腿是腳。心走得太快了會迷路，腳走得太快會摔跤；心走得太慢，就會掉隊；腳走得太慢，夢想不能高飛。出彩的人生，是心能走多快，腳步就能走多快。走人生長途，需要「人生兩條腿」的協調配合：淨化心靈，讓它只走正道、走聖人之道；加快步伐，讓夢想插上美麗的翅膀。

　　社會如果浮躁了，一些人幻想多於理想，投機多於奮鬥，追逐的往往是表面的光鮮亮麗和奢侈浮華，從而失去人生的自然和本真。

　　人與人之間長相的差異，不能改變人的屬性，只是顏值的高低。有沒有理想抱負的差異，使人與人之間的差異有天壤之別。有理想的人能發掘自己最大潛能，人性得到至善發揮；沒有理想的人渾渾噩噩過日子，容易被汙濁的社會泥沙埋沒。

2014 年 10 月 22 日晚，一位 17 歲少女，在公寓跳樓身亡，此前她寫下
600 多字的網路遺書，透過閨蜜轉給其母。

媽媽，你最討厭小三了，可是我卻做了。因為愛，我聽你的話，乖乖的
沒拆散人家家庭。

媽媽，不要去責怪任何人，是我對這個世界充滿絕望，與他人無關，是
我感受不到親情、友情和活著的意義，是我自己想不通放不下。我活著很累，
我迷茫，沒有目標。

我不懂事，這麼小就交了三、四個男朋友，我還在酒店上過班，感覺自
己就是個廢物，我好像總是多餘的，我不應該來到這個世界上。

這個少女還沒成人就稀里糊塗地踏上了人生之路，沒有來得及思考人生
是什麼、人生為什麼和如何編織自己的夢，卻成了別人遊戲人生的一個「玩
物」，早早地從夢魘中驚醒，早早地帶著傷痛告別了人間，一朵含苞欲放的
鮮花過早凋謝，令人心痛，發人深省。

英國 19 世紀前期著名的浪漫主義散文家湯馬斯·德·昆西在《流沙》中，
描寫了一位少女不聽「流沙」的警告而奔跑，結果被流沙覆沒。「那殘酷的
流沙把這一切都埋封地下；這個美麗的少女在天地之間沒有遺下一絲痕跡，
只剩得我的一掬天涯清淚而已。」上面所說的那位少女，就是被流沙吞噬的
少女。今日的流沙今非昔比，被殘酷流沙吞噬的何止千萬？人在流沙世界裡
行走，必須要慎之又慎，因為我們不能忘記吉鴻昌的告誡：「人的每一步行
動都在書寫自己的歷史。」

世上可欲的東西千千萬萬，但很多東西是可欲而不可求。不屬於自己的，
不必奢求；無法得到的，更不必強求。人的一生就是一個漸行漸悟、知簡知
足的過程。

一個人的成熟，不是越來越現實，而是能夠平靜地面對現實接受現實，
然後努力去改變現實。

丟掉幻想，理想不是海市蜃樓；

腳踏實地，人生腳步踏石留痕。

八、人生是「斷惡修善」「災消福來」的過程

中國古典名著《陰騭集》（即《了凡四訓》）彙編於明代，書中介紹了作者袁了凡自己的親身經歷。

袁了凡，出生於醫術世家，早年喪父，由母親一手養育。在繼承祖業學習醫學的少年時期，有位老者突然來訪，並對其母親講了袁了凡以後將要出現的種種情況。自此之後，袁了凡的人生全部與老者所說的一樣。

一天，袁了凡造訪一位赫赫有名的長老，和長老一起盤腿打坐。長老非常感動和驚訝，問道：「你打禪時沒有一點私心雜念，非常好。你在哪裡修行過？」袁了凡說自己沒有修行過，介紹了自己少年時曾經遇到一位老者的事。他說：「我走過的人生和老者所說的完全一樣。不久我將在 53 歲時死去，這也是我的命運吧。所以，我現在沒有任何煩惱。」長老聽到這裡，大聲地喝斥袁了凡：「我還以為你是個年紀輕輕就達到醒悟境界的人物，其實你什麼都不懂。難道你的人生就是順從命運嗎？命運絕對不是不可改變的。如果思善事、做善事，那麼，你今後的人生就能夠超越命運並向更好的方向轉變。」

長老解釋了因果報應的法則。袁了凡認真聽取長老的話，並從那以後，他不做惡事、積累善行，結果，被預言不能生孩子的他也有了自己的孩子，壽命也超過 53 歲，終其天壽。

《了凡四訓》被稱為「東方第一勵志奇書」，由「立命之學」「改過之學」「積善之學」「謙德之效」四篇文章組成。其中，「立命之學」是袁了凡 69 歲時所作。

「立命之學」，就是討論立命的學問，講解立命的道理。袁了凡用自己的親身經歷，一輩子所見到的改造命運的種種考驗，告訴自己的兒子袁天啟，所謂「立命」，就是自己要創造命運，而不是讓命運來束縛自己。改造命運的方法，一方面是行善，「勿以善小而不為」；另一方面是斷惡，「勿以惡

小而為之」，長期堅持便可改變自己的命運。所謂「斷惡修善」「災消福來」，就是改變命運的原理。

袁了凡在「立命之學」中引用了一段禪師的話：「命由我自己造，福由我自己求，我造惡就自然折福，我修善就自然得福。」

「命由我作，福自己求。」這是古往今來反覆被證明的人生法則。

一個人要請人算命，不如自己「造命」；要向菩薩求福，不如向自己求福。人若想改變命運增加福報，應從斷惡修善開始。

斷惡修善，就是斷絕壞事，修行善業。

一個人在尚未覺悟之前，勸他斷惡修善總會有一些勉強。一旦覺悟了，習慣成自然了，用淨土法門的話說：「就會轉識成智，轉煩惱成菩提，轉染成淨，自自然然斷一切惡，修一切善。」

日本的「四大經營之聖」之一的稻盛和夫就是看了袁了凡的「立命之學」而對人生的認識有了飛躍，調整了人生方向。袁了凡成了他的人生貴人。

佛經雲：「一切法從心想生。」所以斷惡揚善應該從念頭開始，從善念開始。

斷惡從斷惡念開始。宋仁宗的時候有個進士叫趙概，他是一位非常有道德學問的人，當時擔任太子的老師。他修行的方式是：拿兩個瓶子，起一善念，投一白豆；起一惡念，投一黑豆。開始時，每天總是黑豆多於白豆，慢慢地白豆多起來，直至斷惡念。他去世後，被追封為太子太師。「康靖」是他的謚號，是他去世後朝廷給他的尊稱，也就是對他一生道德功業的一種肯定。

善惡之間是有嚴格界限的。一個人能守住斷惡修善的界限，只行善，不沾惡，就會改變命運，增加福報，災消福來，一生幸福平安。

九、人生是不斷調整看待人生問題立足點的變化過程

人都生活在一個地平線上，但人與人之間包括同一個人在不同年齡階段看待人生問題的立足點卻不是一個地平線的高度，有高有低。

　　東晉詩人陶淵明看待人生的立足點有三次大的變化。其一，從他五仕五辭看，是站在個人的立場選擇職業、看待人生，沒能逃脫「學而優則仕」的老路；其二，405年8月任彭澤縣令，11月因「不為五斗米而折腰」憤然離去，此時他認識到過去的追求、所選擇的道路是錯誤的；其三，如果說歸隱之初想的是個人的進退和清濁的話，寫《桃花源記》時，已不侷限於為個人著想，而是在思考整個社會、整個人類的出路，思考人如何才能獲得人生幸福。當年歐陽修說，東晉沒有文章，唯有陶淵明辭去縣令後寫的《歸去來兮辭》。我認為，若站在人類歷史制高點上看，真正有生命力、符合歷史發展規律的文章是《桃花源記》。因為陶淵明為世人指出了一種生活方式——田園生活。桃花源那個地方青山綠水，生態環保，那裡的人天真純樸、無憂無慮，沒有戰爭，沒有人與人之間的惡鬥，這不正是人類應有的、夢寐以求的生存和生活嗎？我以為，這就是人類的未來！

　　人類終有一天不以國家為單位，而以地球村為家園。

　　站位決定視野，視野決定天下。陶淵明看待人生立足點的三次變化，反映出他的人生層次步步升高，雖然他的生存環境每況愈下，日子過得十分艱難，但人生之路越走越寬闊，人生的價值和意義隨著時間的推移，不斷得到體現。

　　探討人類的未來，體現了陶淵明的擔當精神。《桃花源記》作為文學作品屬於全人類，陶淵明指出的田園生活和世外桃源人生更屬於全人類。

　　紀錄片《築夢者之李開復懺悔錄》，是以創新工場董事長兼首席執行官李開復患癌症後的心路歷程和人生思考為背景進行拍攝的。片中，李開復分享了自己的思考，向世人發出天問：

　　脫去虛名與成就，你的人生還剩下什麼？

　　我們每一個人都應這樣向自己發問，有多少人能經得起這樣的發問呢？但不這樣去發問，人生的價值和意義哪裡去尋找？

　　與此同時，李開復還推出了自己的新書《向死而生——我修的死亡學分》。下面是他的一次演講摘錄：

　　我相信今天的紀錄片和我出的書，能闡述我個人向死而生的過程。向死而生本身的意思，就是人在世俗裡面很容易陷入今天的現實世界。而面對死亡，我們反而容易得到頓悟，瞭解生命的意義，讓死亡成為生命旅程中無形的好友，溫和提醒我們，好好珍惜我們的生命，不是只度過每一天的日子，也不是只追求一個現實的名利目標。

　　李開復站在生死臨界點上，提出了七點人生感悟：健康無價；一切事物都有它的理由；珍惜緣分，學會感恩和愛；學會如何生活，活在當下；經得住名利的誘惑；人人平等，善待每一個人；我們的人生究竟是為什麼？

　　李開復老師是位成功人士，他對人生有很深的感悟，尤其是對大學生們的成長給予了很多教育引導。但是，死神一度提前來臨，讓李開復老師看待人生的立足點有了變化，有了進一步的人生感悟。現實是最好的老師。朋友，難道我們非得等到死神與自己握手時才改變看人生的立足點，才去頓悟人生嗎？

　　歌德有句名言，值得我們深思自己的人生：「能把自己生命的終點和起點連接起來的人，是最幸福的人。」遺憾的是，人在青年和中年時期，很少有人把自己生命的起點和終點連接起來思考，往往是等到健康出了問題、威脅到生命或退休尤其是進入老年之後，才想到生命的終點，以至於在中青年時想了很多不該想的事，說了很多不該說的話，做了很多不該做的事，影響了自己的人生狀態和人生績效以及幸福快樂指數。

　　看待人生，不同的人有不同的站位和不同的眼光，導致不同的人生結局。

　　普通人的肉眼，往往用市場的功利的眼光看待人生，很容易把人生問題看得富有功利色彩，世俗的眼光很容易將人生問題看俗氣了，引導人追求世俗意義的成功。

　　看待人生需要用哲人的慧眼，簡單的方法就是站在自己生死臨界點上看待人生的各種問題，這樣才能鑒別做人做事值不值得、有無意義。

　　看待人生的最高眼光是歷史老人的法眼，方法就是站在中國和人類歷史長河制高點上看人生的得失、對錯、是非、美醜，鑒古知今，以史為鑒。

如果說誰是「三隻眼」，那是罵人的話，言外之意是說這個人是勢利小人，但我以為，看待人生應該有「三隻眼」：

普通人的肉眼、哲人的慧眼、歷史老人的法眼。

一個人有了不含功利色彩的普通人的肉眼，就能把自己始終置於普通人之中，即便富貴了也樂於過普通人的生活；一旦有了哲人的慧眼、歷史老人的法眼，他看待人生的站位、視角全變了，他的眼光具有穿透力，能透過表面看內裡，透過現象看本質，透過當前看未來。

一個人的眼光有多遠，他的人生就能走多遠。

聰明不是智慧，小聰明並不聰明。

看待人生的站位不同，反映這個人的人生智力不同。人生智力分為智慧、聰明、糊塗，而古人又將智慧分為小智、大智、睿智。不同的人生智力會給人帶來不同的人生認知和實踐，導致不同的人生。

睿智者成偉人，名垂千古；

大智者成賢人，流芳百世；

小智者成凡人，平凡平安；

聰明者成俗人，俗氣平庸；

愚蠢者成罪人，遺臭萬年。

孟子說孔子「登東山而小魯，登泰山而小天下」。東山即山東鄒城的峰山，582.2 公尺，泰山 1545 公尺。孔子之所以成為聖人，根本原因是由於人生站位的提高。

看待人生三個不同的站位，獲得三種不同人生：

站在自己一時一事得失點上看人生，這個人不是俗人也離俗人不遠了；

站在自己未來生死臨界點上看人生，這個人不是哲人也離哲人不遠了；

站在人類歷史長河制高點上看人生，這個人不是偉人也離偉人不遠了。

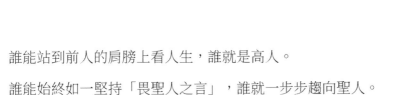

誰能站到前人的肩膀上看人生，誰就是高人。

誰能始終如一堅持「畏聖人之言」，誰就一步步趨向聖人。

十、人生是不斷尋求自己人生價值和意義的過程

人生最大的失望，是到了生死臨界點時突然發現自己苦苦追求的價值竟然沒有價值；人生最大的失敗，是生命終結之前發現自己活得毫無意義。

時間是最大財富，人生是最大幸福。時間總會結束，應把時間過得有價值；人一輩子總會結束，應把人生過得有意義。

人活著不是目的，目的是要實現精神追求和人生價值。

儒家告訴我們，人生的價值和意義在於「平天下」，也就是在於彰顯自己光明品德於天下。有鑒於此，人的渺小，不在於功名的渺小，而在於追求目標的渺小——只想自己或自己的家人。

一個人確認自己生命的存在不會有問題，但有的人並不一定能確認自己人生的存在。

追求自己人生存在的價值和意義，是人的最深遠的內驅力。人有了這樣的內驅力，其人生就會蒸蒸日上，像芝麻開花一樣——節節高。

國學大師季羨林認為：「對世界上絕大多數人來說，人生一沒意義，二沒價值，他們也從來不考慮這樣的哲學問題。」

如果一個人的人生彷彿不存在或存在不存在都一樣，或確認自己人生存在沒有價值和意義，這個人便處在痛苦之中，痛苦之後會變得麻木和無所謂。這種人的人生會消極頹廢，像日落的景像那樣——越來越暗。

如果一個人的一生一世活得有意義，有價值，那就沒有白活，沒有白來世上一回。

歌德告訴人們：「白活等於早死。」

基督的智慧：「人啊，你本是塵土，終將歸於塵土。」我們思考人生的價值和意義，不能忘了我們只是過客。思考短暫的人生追求，務必搞清楚到底什麼值得，什麼不值得。

要正確認清人活著的價值和意義，首先要認清「人」。

人是天地哺育出來的最美麗的生命。孔子認為萬物人為貴。人貴就貴在有夢想、有追求。一個人如果沒有夢想，就像北方冬天裡的樹，雖有生命卻沒有生命力。我們選擇的人生，如果與中國戰國末年著名思想家荀子說的「最為天下貴」不相符，那麼就對不起「人」這個稱謂，對不起自己的人生。

馬克思說：「人的本質並不是單個人所固有的抽象物。在其現實性上，它是一切社會關係的總和。」我們每個人的人生與這個社會息息相關。無論在物質生活方面還是在精神生活方面，人如果離開社會就不可以「獨立為生」。由此可見，人之本質的社會性決定了人生的價值和意義的社會性。誰放棄了人生價值和意義的社會性，就等於否定了自己作為人的本質而存在，否定了自己作為高級動物的社會價值和意義。

人既有自然屬性又有社會屬性。自然屬性是人性存在和發展的物質前提，社會屬性才是人性的根本特徵。可有的人偏偏忘記了自己的社會屬性，只知是個自然人而淡忘了自己也是個社會人。

當利益成為唯一的價值時，很多人就會把信仰、理想、道義都當成交易的籌碼。

有的人把收入的高低看作是價值的體現，我不否認，但不敢苟同。

人生價值的標準，既有個人的標準，又有社會的標準。只選擇個人標準，那這個人只屬於自己，他僅僅停留在自然人的層次上。如果既選擇個人標準，更選擇社會標準，那這個人既屬於自己，又屬於社會；既是自然人，又是社會人，這個人才是完整的，才會具有正能量的氣場。

有的人可能說，人生價值選擇社會標準那是別人的事，我沒那麼高尚。這樣的心態說明，自己在降低自己的層次。人只取自然人而忽視社會人，放棄自己應承擔的責任，這是不文明、不明理的表現。其實，假如大家都只選

擇個人標準，都不顧社會標準，每個人只盯著個人利益，那等於使人回到弱肉強食的動物時代，誰強誰就是老大，到那時恐怕任何人到手的利益也就都沒有保證了！

由於人生在人類時間上的無限久遠和空間上的無限遼闊，使我們個體容易感到自己如滄海一粟般的微不足道，容易忽視人的社會屬性，但是，我們務必要記住英國文藝評論家、散文作家海斯利特的提醒：「一個人小看自己，那麼他人也有理由小看你。」不讓別人小覷自己，這是一個人自立於世的前提。

人們總是想透過幹事業來體現自己的價值，這沒有錯，錯的是把事業理解錯了。孔子在《易經·繫傳》中指出，「舉而措之天下之民，謂之事業。」也就是說，能利民利眾才是事業。相反，如果一個人所作所為的動機不是利人利社會，而是利己利家，那麼他幹的事再大，結果連事業也算不上，這不是價值追求錯位了嗎？

如果一個人在自我劃定的人生圈子裡尋找人生價值，那好比在自己家養花，再好也只是自我欣賞而已。

人生價值，包括個人價值和社會價值。人的社會性決定了人生的社會價值，是人生價值的最基本內容。放棄人生社會價值，等於放棄自己的價值。

從人生價值追求看，人分為三類：不求價值，求個人價值，求社會價值。

中國人經歷了一段價值取向出了問題的年代。

一個社會如果以求社會價值為主導的人不占多數，而是求個人價值和不求價值的人占了多數，這個社會普遍的價值規律就會遭到毀壞，商品經濟、市場經濟的秩序就會受到破壞，道德風尚就會敗壞。

一個人的個子雖高，但他站在了低處，人們只能俯視他；如果一個人站在了高處，哪怕他個子矮小，人們也得仰視他。這就是「人的站位決定形象」定律。

站的人生高度不一樣，看待人生的價值和意義就會不一樣。

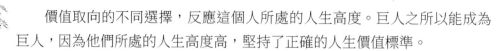

價值取向的不同選擇，反應這個人所處的人生高度。巨人之所以能成為巨人，因為他們所處的人生高度高，堅持了正確的人生價值標準。

集物理學家、思想家和哲學家於一身的愛因斯坦說：「一個人的價值，應當看他貢獻什麼，而不應當看他索取什麼。」歌德說：「你若要喜愛你自己的價值，你就得給世界創造價值。」誰的人生經不起這樣兩條價值坐標的衡量，誰就不懂得人生價值。

亞里士多德說：「人生最終的價值在於覺醒和思考的能力。」一個具備了覺醒和思考能力的人才會明白，人生真正的價值並不在人生的舞臺上，而在自己扮演的角色之中；不在於他得到了多少，而在於他付出了多少；不在於給自己帶來了什麼，而在於為社會和他人帶來了什麼；不在於腰包有多鼓，而在於心靈有多富。

一個人如果不具備對人生價值的覺醒和思考能力，那他還停留在一般動物時代，對這樣的人，需對他大喊一聲：醒醒吧！

「我發現生活是令人激動的事情，尤其是為別人活著時。」美國作家海倫·凱勒是個雙目失明之人，她發現生活的價值和意義，靠的是心靈對人生的感悟，她發現生活之所以令人激動，在於為別人活著，這樣的人生高度，如果我們這些視力好的人看不到，那不成了「睜眼瞎」？

對人生價值的選擇，說到底是人生態度問題。人生態度決定人生高度。有了積極進取的人生態度，就會獲得積極的、正面的人生結果；如果持消極頹廢的人生態度，就會獲得消極的、負面的人生結果。

17 世紀法國古典作家拉羅什富科說：「最大的智慧存在於對事物價值的徹底瞭解之中。」正是由於有的人並未徹底瞭解人生及其人生的價值，才使我們對人生的認知和行為處於盲目狀態。

人生價值評價的基本尺度，是勞動以及透過勞動對社會和他人做出的貢獻。一個人的價值脫離了這個尺度，其人生價值就是泡沫。一個社會對人生的評價尺度失範，法律和道德的天平就會傾斜。

　　《菜根譚》對人生為什麼說得很清楚：「天地有萬古，此身不再得；人生只百年，此日最易過。幸生其間者，不可不知有生之樂，亦不可不懷虛生之憂。」這就提醒我們，天地萬古常新，而人的生命只有一回。即使人能活百歲，每天都一晃而過。有幸來人間一趟，人生就得追求人生價值和意義，不可以沒有生活的快樂，也不可以沒有虛度年華的憂患。

　　人的個人價值，是指在社會生活和社會活動中，社會對個人和自己對自己作為人的存在的一種肯定關係，包括社會對個人的尊重與滿足，個人的自我充實與肯定。一個人所追求的價值只有自我肯定，不具有社會價值，社會怎麼可能給這個人以尊重和滿足？只有自我滿足而無社會尊重，此人價值如何體現？

　　德國社會學家、哲學家馬克斯·韋伯指出：「人是社會性的動物，只有在集體中才能更好地體現出人的價值，脫離了群體的人是沒有任何社會意義的。」可見，人要體現社會價值，就要融入社會，透過自己的實踐活動，為滿足社會和他人物質的、精神的需要做出自己的貢獻並承擔應有的責任。

　　古詩曰：「江山代有人才出，各領風騷數百年。」只有那些活得具有社會價值的人才能「各領風騷」，在人世間留下痕跡。

　　屈原抱石沉江，他這樣的舉動不是為了實現個人價值，所以中國老百姓用賽龍舟、吃粽子來紀念他。

　　人只有做到個人價值和社會價值的統一，一輩子就有了真正的價值，就能做到「不愧先人，不羞後人」。

　　一個人如果只追求個人價值而不追求社會價值的話，終究會失去自己的人生價值；一個年代的人如果普遍追求個人價值而不顧社會價值的話，當這個年代的人需要撐起這個國家時，能不能撐得住也就令人擔憂了。

　　人生的價值，在於創造一個有價值的人生。

　　全球著名投資商華倫·巴菲特在 2008 年的《富比士》財富排行榜上超過比爾·蓋茨，成為世界首富，但他經常對他的兒子說：「只有透過自己的努力才能獲得真正的滿足感，這是父母的財產無法給予的。經濟浪潮起起伏伏，

唯有人的價值是最穩定的貨幣。它永遠不會貶值、破產，也會永遠為我們帶來豐厚的回報。」

一個人的人生價值不是自己說了算，也不是當時說了算，是由眾人說了算，社會說了算，最終由時間老人說了算。

一個人的人生價值大小，不在於自己的認可度，而在於別人和社會的認可度。人生價值的認可度，取決於這個人對待人生價值的認可度範圍和認可程度。

人生價值「五級臺階」：

自己認可度、家庭認可度、單位認可度、國家認可度、世界認可度。

人生價值，如果僅僅只對自己負責，僅僅停留在自己的認可度上，認可度再高，這個人的人生價值也只是屬於自己，所以這是最低的。如果一個人既對自己負責又對家庭負責，人生價值既有自我認可度，又得到家庭成員的認可，這個人的人生價值就提高了一個層次。如果一個人既對自己和家庭負責，還對單位負責；既得到自己和家庭的認可，又得到單位的認可，其人生價值就又上升了一個層次。如果一個人既對自己、家庭和單位負責，還對國家負責；既有自我認可度、家庭認可度、單位認可度，又得到國家的認可度，這個人的人生價值就更上了一個臺階。人生價值的最高層次，是這個人的人生價值在世界範圍內有了廣泛的認可度。

人生價值的「五級臺階」如實行 5 分制的話，一個人得分越高越崇高，遺憾的是，現在得 1 分的人越來越多，上升到 2 分 3 分的人在減少，能得 4 分 5 分的人更少。這種現象對一個社會和國家來說，是非常令人憂慮的。

生命的長短以時間來計算，人生的價值以貢獻來衡量。一個人的人生價值，如果讓主流社會評價為低價值、無價值，甚至是負價值，那他終究會感到人生的失敗，並羞愧一生。

人生價值的標準有兩種：以個人坐標去衡量人生是個人的標準，以社會坐標去衡量人生是社會的標準。

一個人如果只以個人坐標來斷定自己的人生價值，那麼這個坐標很難得到別人和社會的認可；一個常常不被社會理解和接受的人生，必然難以融入這個社會而受到種種社會關係的制約。

柏拉圖說：「人是尋求意義的動物。」

任何個體的人生意義只能建立在一定的社會關係和社會條件基礎之上。

人生本沒有意義，一個人賦予自己什麼樣的人生意義，就獲得什麼樣的人生意義，就擁有什麼樣的人生。

人活著的人生價值和意義，就要像一棵大柏樹，站著，綠蔭為人擋驕陽；使用，堂堂身軀做棟樑。

大學通識教育的核心，是啟迪學生思考生命和人生的意義。

人生的意義取決於個人的選擇。選擇有意義的人生，這個人活得就有價值；選擇沒有意義的人生，這個人活得就沒有價值。

思考人生的價值和意義，不能忘了《小窗幽記》中的提醒：「士君子盡心利濟，使海內少他不得，則天亦少他不得，即此便是立命。」意思是說，一個有道德、有修養的人，能盡自己的心意和能力去幫助接濟他人，使他人不願缺少他，世間不能缺少他，上天自然也會需要他，那麼，這個人活得自然有意義。

追求自己人生的價值和意義，唐宋八大家之一歐陽修的一句名言：「得其大者可以兼其小。」也就是說，一個人遠大的理想實現了，他個人的願望也就兼顧在其中了，而一個人如果只追求個人利益，終將失去人生價值和意義。

人活一輩子的意義，主要體現在兩方面：一是在自己的心靈天空點亮一盞明燈，雖不能照亮眾生，但自己心靈是明亮的；二是化作一顆流星，雖然短暫，但給天空劃出一道明亮而又美麗的弧線，把美留在人間。

「眼前得喪等雲煙，身後是非懸日月。」清初詩人陳恭尹在《贈余鴻客》詩中告訴世人，人生在世，眼前得失像雲煙一樣轉眼消失，但一生所作所為

等死了之後會受到世人的評價。由此可見，看待自己人生價值和意義的眼光要穿越至身後。

　　一個人站在人生的起點和人生旅途之中的任何一個點上看人生的意義和價值，都可能偏離人生坐標。因為人生征程中的有些「成果」，站在當時看是「得」，但站在人生終點或人類歷史長河的制高點上去審視卻是「失」。如果一個人對人生採取「明日愁來明日愁」態度，那必將是憂愁人生、被動人生。

　　年輕力壯的時候，一般人都不會站在自己生死臨界點去看人生，只顧在得失之間來回穿梭；更不會站在人類歷史長河的制高點去思考人生的價值和意義，所以，這個世界上賢人、「大人」少，偉人、聖人更是少見。

　　俄羅斯作家尤·邦達列夫提醒世人：「人找到生活的意義才是幸福的。」

　　站在不同位置思考人生，人生意義視域便不同，人自然分成不同層次。

　　人生意義「五級臺階」：

　　為自己活著、為親人活著、為他人活著、為國家活著、為人類活著。

　　人生的意義在於為誰活著。一個人如果僅僅為自己活著，那他對人生意義的體驗是最低的；如果除了為自己活著，還能為親人活著，有一份家庭責任感，那他對人生意義的體驗就高了一層；如果除了為自己、為親人活著，還能做到為他人活著，心中有了他人，有了對他人的責任感，那他對人生意義的體驗就再上一個層次；如果在此基礎上，心中裝著國家，做到為國家而活著，那這個人對人生意義的體驗就更上了一個層次；人活著意義的最高層次是為了人類而活著，這樣的人生意義視域和人生體驗是至高無上的。

　　一個只為自己活著的人，無論事業是否成功，都會時常感到活著沒意思，因為他活著的動力只來自於他自己，缺乏人生內驅力。

　　「人只有獻身於社會，才能找出那短暫而有風險的生命的意義。」愛因斯坦的人生意義視域達到了至善境界。

「平天下」「利天下」，是中華優秀傳統文化的終極指向、終極追求，使人生意義視域達到了頂峰，這為我們如何獲得人生的最高價值和意義指明了方向。

人活著既在於個人意義，更在於社會意義，而實現了社會意義，個人活著的意義也在其中了。

日本作家加滕嘉一認為，精英必須具備兩個條件：一是潛能，二是公共意識。一個人如果心裡只有自己，只有自我意識，沒有或很少有他人和社會，缺乏公共意識，絕不可能成為社會精英。

印度詩人、文學家、哲學家泰戈爾說：「我們只有貢獻生命，才能得到生命。」

有的人事業上取得了成功，自以為活得有價值，卻失去了人生意義。

世俗意義的成功，其實不是人生真正的成功。

一個人既要追求壽命，更要追求生命的價值；既要追求人生價值，更要追求人生意義。活得有意義的生命才有價值，才是真正的壽比南山。

喬爾丹諾·布魯諾，是義大利思想家、哲學家、文學家、科學家，由於批判經院哲學和神學，反對地心說，勇敢地捍衛和發展了哥白尼的太陽中心說，因此於 1592 年被捕入獄，最後被宗教裁判判定為「異端」，燒死在羅馬鮮花廣場。他死前高呼：「火，不能征服我，未來的世界會瞭解我，會知道我的價值。」隨著科學的不斷發展，1889 年，羅馬宗教法庭為布魯諾平反並恢復名譽，後來又在鮮花廣場豎起他的銅像，這位為科學和真理而獻身的不屈戰士的人生價值和意義不言而喻。

人生就是一個過程，這過程既可以無限小，也可以無限大，既可以擁有身前，也可以擁有身後。因此，人生結局分為三種：第一種是沒有身前沒有身後，這種人，人雖活著，人生已經死亡；第二種是只有身前沒有身後，這種人，生命有多長，人生就多長；第三種是既有身前又有身後，這種人，生命有了延續，人生澤遠流長。

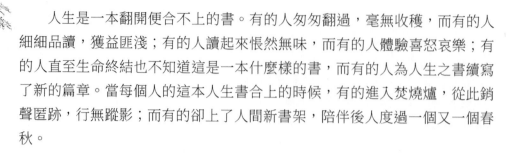

人生之問　　人生是什麼？

　　人生是一本翻開便合不上的書。有的人匆匆翻過，毫無收穫，而有的人細細品讀，獲益匪淺；有的人讀起來悵然無味，而有的人體驗喜怒哀樂；有的人直至生命終結也不知道這是一本什麼樣的書，而有的人為人生之書續寫了新的篇章。當每個人的這本人生書合上的時候，有的進入焚燒爐，從此銷聲匿跡，行無蹤影；而有的卻上了人間新書架，陪伴後人度過一個又一個春秋。

　　短暫人生的最大價值和意義是：

　　人在明德馨香，

　　人走芬芳猶在。

人生為什麼？

▌三 人不要忘了為什麼而出發

儒家的人生智慧是：君子慎其獨，丈夫明其行。

我們每個欲成為君子、大丈夫的人從 18 歲成人尤其是參加工作的那一天起，就應該明白自己真正踏上了人生旅程，從思想上、行動上做到「明其行」，明明白白地知道自己到底為什麼而出發。

黎巴嫩著名詩人紀伯倫散文詩集《先知》是他的「頂峰之作」，這本詩集用詩一般的語言，以智者的口吻回答了涉及人生及社會共 26 個方面的問題，這位飽經滄桑、歷盡人間坎坷之人，向人類發出警告：

「我們已經走得太遠，以至於忘了為什麼而出發。」

到今天，紀伯倫去世已經八十多年了，他現在如在世肯定會發現，當今的世人已經走得更遠了！

人生為什麼而出發？這個問題值得每一個人在出發前好好思考，值得人生路上急匆匆趕路的人們停下腳步好好思考，千萬不要等到走得太遠才驀然回首而嚇自己一跳，更不能等摔跤了才去吃後悔藥。

唐朝詩人羅隱一首寫蜜蜂的詩裡有這麼兩句：

採得百花成蜜後，

為誰辛苦為誰甜？

人一生忙忙碌碌，而處在不知「為誰辛苦為誰甜」的人，大有人在，尤其在中青年人中比較普遍。

人到中年，能醒悟過來，明白自己「為誰辛苦為誰甜」，這個人就非同一般了。比如，中國田園詩人陶淵明 41 歲辭去縣令時，寫了篇抒情小賦《歸去來兮辭》，其中有這麼幾句：「悟已往之不諫，知來者之可追，實迷途其

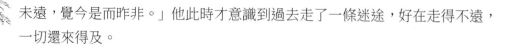

未遠，覺今是而昨非。」他此時才意識到過去走了一條迷途，好在走得不遠，一切還來得及。

　　沒有陶淵明中年時的人生醒悟，怎麼可能出現中國第一位田園詩人和百餘篇田園詩？怎麼可能有《桃花源記》和他的人生澤遠流長？

　　有的人一直要等到遲暮之年甚至到了生死臨界點才醒悟過來。比如，200多年前，德國著名作家裡克特在散文名篇《兩條路》裡，透過夢境生動地表現了一位垂暮之年的老人因荒廢光陰而產生的悔恨之情，藉以喚起人們對時光的珍愛，對人生使命的追求。這位老人在新年的夜晚，佇立窗前，遙望蒼天，仰天長嘆：「青春啊，歸來！仁慈的父親喲，把我重新放回人生的起點，我會選擇一條正路。」一個人如果快到人生終點時才醒悟、才明白人生為什麼而出發，那是多麼的悲哀！

　　人生為什麼而出發？按理講，這個問題應該在人生出征之前或出征之初搞清楚，但實際上我們在教科書上、在老師和父母那兒都沒有找到現成的答案，大多是迷迷瞪瞪上路，「摸著石頭過河」，有的人遇到問題後才去尋找答案，有的摔跤後才突然醒悟，有的人隨著閱歷的增加和人生的歷練，慢慢地悟出一點道道來，有的人可能至死也沒想明白人生到底為什麼而出發。

　　人的活動是自覺的，他能意識到自己的活動及其後果。每個人只有提升人的主體自覺性，才能更好地端正人生出發動機和目的，以便更好地進行人生主體創造。

　　有人說，人生有三大痛苦：得不到想要的東西，得到後覺得不過如此，失去後才覺得應該珍惜。一個人懂得了人為什麼而出發，就不會有這麼多沒必要的人生痛苦。

　　行路怕迷路。人生路上，也應防止宋代女詞人李清照《如夢令·常記溪亭日暮》中說的那樣「沉醉不知歸路」。

　　人生旅途中也常有迷路者。有的人迷失得不知自己身在何處，有的人迷失得不知該與誰結伴同行，有的迷失得不知該往哪條路上走，有的迷失得不知為何而出發……

在中國，為了獲得更低的購房首付和契稅，不少市民排著長隊假離婚。人一旦走出了道德的堅守地和靈魂的歸屬地，能不迷路嗎？

一個時期以來，人生路上迷失了自己的人太多了，多得令人擔憂；迷失自己的程度太出奇了，出奇得盡出奇葩人、奇葩事。

人生正確的追求是雁過留聲，留個好名聲，但有的人定位錯了，追求雁過留影，以至於幹那些「富宅工程」「政績工程」「形象工程」，結果人去影空。更有一些愚蠢的人貪心十足，搞什麼「雁過拔毛」，毛拔得越來越多，富裕成負擔，最終一頭栽到深潭裡。

伏羲先天八卦是讓人覺悟的，周易是告訴人們在現實中如何順應天時做事情。人千萬不能忘了，短暫生命的方向是回歸自然。

現實生活中形形色色迷失自己的人，所作所為令人不可思議。那些貪腐官員被抓後連自己都在發問：這是我嗎？是我干的事嗎？由此可見，一個人的思想、心靈、靈魂迷失了是多麼可怕。

「處世當於熱地思冷，出世當於冷地求熱。」《小窗幽記》的智慧告訴人們，身處塵世，當在熱鬧的地方冷靜思考；出世化外，當於冷清的地方求取熱鬧。人共性的毛病是，年輕熱鬧時缺乏老年冷清時的冷靜思考，老年冷清時缺乏年輕熱鬧時的生活熱情。

行路中迷失了方嚮應該停下來問問路再走。在熱熱鬧鬧的人生路上一旦出現迷失自己的情況，就應該冷靜地停下匆匆的腳步，搞清楚為什麼出發後再繼續上路。因為人生方向錯了，走得越遠越危險。

短暫的睡眠是休息，永久的睡眠是安息。休息了一切權利都還存在，安息了一切的一切都不存在。安息的人想不到休息的人，但休息之人應想到安息之後的事。休息與安息之間，也就多了一口氣，這口氣一斷，也就是永久的休息。一個人有了這口氣才有生命，生命的價值就體現在這一口氣之中，人活著就是為了一口氣，爭一口氣之外的東西毫無意義。

媽媽肚子是人的出發地，墳墓是人的最終目的地。人為什麼「知必死而我往矣」？因為到目的地之前，人可以在世上做很多有益的事，可以使自己成為綠色生活使者。

《大學》提醒我們：「欲誠其意，先致其知。」

人為什麼而出發？這實際上是一個哲人思考的人生問題。可是我們這些凡人不思考這個問題行嗎？而思考這個問題的先決條件是在誠意正心前提下，做到「致知」。

我們每個人來到這個世上真的不容易。如果我們不為人生的意義和價值而出發，豈不浪費了父母給我們體驗人生的一次寶貴機會？豈不辜負了父母的生育和養育之恩？所以，我們每個人都應該珍惜人生的機緣，既然踏上了人生征途，就要活出質量，活出品位，活出價值和意義。

人生總有一些具有普遍性的規律，在不知不覺地支配著每一個人的人生走向，影響著每個人的人生結果。

人出發的動機目的，決定人生的走向。

人生動機分為人生內部動機和人生外部動機。

有這麼一個寓言故事：

一群孩子在一位老人家門前嬉鬧，叫聲連天，幾天過去，老人難以忍受。於是，他出來給了每個孩子 25 美分，對他們說：「你們讓這兒變得很熱鬧，我覺得自己年輕了不少，這點錢表示謝意。」孩子們很高興，第二天仍然來，一如既往地嬉鬧。老人再出來，給了每人 15 美分。他解釋說，自己沒有收入，只能少給一些。孩子們仍然興高采烈地玩。第三天，老人只給了每人 5 美分。孩子們不高興了：「一天才 5 美分，知道不知道我們多辛苦！」他們向老人發誓，再也不為他玩了。

寓言裡的這群孩子「為自己快樂而玩」，便是按照人的內部動機去行動，自己便是自己的主人，而後來「為得到美分而玩」，這就出現了人的外部動機，孩子們的行為受金錢而操縱，受外部因素所左右，成了它的奴隸。

人一旦為了名和利而出發，走的是「常道」，等於放棄了主宰自己人生的權利。

「善不為名而名隨之，名不為祿而祿從之。」五代文學家王定保用兩句話說清了人生為什麼，說清了三者的關係。

世上人們所追求的東西，歸根結底分為三類：利、名、善。

人生動機純潔了，才會有好的心靈和靈魂。要改變世道人心，重在引導糾治世人的人生動機。

利，即利益，好處。

人是追求利益的動物。比如，商人，追求利潤、賺錢；做官的，追求爵祿甚至錢財；等等。荀子說：「隆勢詐，尚功利。」在商品大潮的衝擊下，特別是在浮躁的大環境下，人們的功利之心更加凸顯。總是以功業甚至不透過功業、以不當的方式給自己謀求利益，嚴重影響了社會的公平正義。人們都在感嘆：連人與人之間的關係也變得功利了。

名，即名聲，名譽。

人是有虛榮心的動物。有的人求名心切，走進了誤區：有的人不擇手段追求出名和名氣，反而丟失了自己的名譽；有的人一個勁兒地想當名士、名流，結果反而褻瀆了自己的名節，玷汙了自己的名聲；有的人在求名路上有一些高尚之舉，雖然應該得到社會尊重和人們稱讚，但由於未能做到「誠意正心」，動機不純，當目的達到了或達不到目的時，也就無聲無息了。

人在世上最難踰越的有兩樣東西：名，利。

名韁利鎖，這個詞比喻名和利束縛人就像繩和鎖鏈一樣。此詞出自宋代的柳永《夏雲峰》：「向此免名韁利鎖，虛費光陰。」一個人一旦被名利纏住了，即使獲得名利也如浮雲，在歷史上留不下痕跡，等於「虛費光陰」。故此，古往今來的聖賢反覆告誡人們，沒必要爭名逐利，而應該淡泊名利。

善，會意字，從羊從言，本義是高興、吉祥。作形容詞時意為美好、善良、高明等；作名詞時意為好人。孟子提出性善論，認為人心向善，出於人

的本性、天性，稱其為良知、良能。由此可見，人有了一顆善心，做成了好人，有了良知、良能，便是善，便是人生最大的「得」。名和利都是外在的「得」，唯有善是內在的「得」，是可以源遠流長的「得」。

善，包括一切善念、善意、善良、善心、善言、善德、善舉等。人做到這個程度，便是個善良的人。

「善，德之建也。」（《國語·晉語》）

人有了善，才會心地仁愛、品質醇厚，保持人的本色本然，才會以一顆善心、善意對待自己、對待家人、對待他人、對待社會、對待人類，做出種種善行、善舉、善事，展現人的美好、美麗，使自己的人生走向善終。這樣的人生就是綠色人生、自然人生、高尚人生，經得起時間和歷史的檢驗，經得起李開復老師那樣的質問，因為他可以驕傲而無悔地回答：我的人生「脫去虛名與成就」，還剩下善以及與善相伴相隨的情和愛。一個人的善積累到一定程度，即便離開了人間，一方面，他奉獻給人間的情與愛，仍然會溫暖人間；另一方面，人們也會以各種方式，表達對他的情和愛。

1970 年，時任聯邦德國總理勃蘭特到波蘭猶太人殉難紀念碑前跪地道歉。這一跪，不但沒有人小看勃蘭特和德國，反而將其良心、良知和善意、善舉一同刻在了紀念碑上。

儒家不但倡導善，而且強調「止於至善」。

至善，我認為，就是《左傳》裡講的立德、立功、立言。人做到了「至善」，就可稱為不朽了。

善，是人生的內部動機；利與名，是人生的外部動機。人若追求內在的而不追求外在的，便擁有了人生智慧。

人生現實一再告訴我們，不知道自己是為人生內部動機還是人生外部動機而活著的人，其人生一般都處在盲目、茫然狀態，很難預知自己的未來；不知道自己走向何方的人，一般都是人生路上的匆匆過客，很難找到自己的人生歸宿。

　　羅馬帝國時代的希臘史學家、作家普魯塔克指出：「衡量人生的標準是看其是否有意義，而不是看其有多長。」一個人的人生有沒有意義，取決於他為什麼而出發。

　　我建議每個人尤其是那些迷失自我的人來一次「獨坐觀心」，好好靜思一下，人生到底為什麼？自己為什麼而出發？

　　《菜根譚》裡講：「夜深人靜獨坐觀心，始知妄窮而真獨露，每於此中得大機趣；即覺真現而妄難逃，又於此中得大慚愧。」意思是說，夜深人靜時獨坐觀心，才知道打消妄念看到真實的自我，每當此時覺得很有趣。但有時又覺得雖然看到了真實的自我，妄念依然沒有消除乾淨，每當此時又深覺慚愧。

　　妄念，一般都源於人生的外部動機。所以，人需要經常進行「獨坐觀心」，及時清除各種妄念，確保自己的人生始終處於清醒狀態。

　　從人生目的看，人到底為什麼而出發？縱觀蕓蕓眾生，大概有四種情況。

一、為綠色生活而出發

　　「綠色發展」理念，同樣適用於人生領域。因為綠色經濟、綠色生態、綠色食品等都很重要，但綠色人生更重要。人心的汙染，是其他汙染之禍根。

　　人生有綠色人生，也有沙漠人生。綠色人生，只因他一生為綠色生活而出發。

　　紀伯倫說過：「信仰是心中的綠洲。」一個人只有把善作為人生的理想和追求，心中才會有人生綠洲，才能成為人生綠色生活者。

　　人間是個大花園，每個人都是園藝師，這是上蒼賦予每個人的職責。一個人如果只知道欣賞和享受人間大花園的景色而不綠色生活、不護綠，甚至成為人生大花園的汙染源，破壞風景，那麼他便失去了作為人應具備的「善」。

　　人一旦選擇了自己的人生是為了善，有了追求「止於至善」的境界，人間便多了一個綠色生活的使者。

為人間大花園綠色生活——人一旦有了這樣的信念和使命感，便擁抱綠色人生。人一旦擁有綠色人生，對人生為什麼而出發就不會存在疑慮。

人生花園、人生風景應該提倡綠色發展。每個人的人生，都應該追求綠色發展。

人生不是旅行，因為旅行沒有綠色生活的使命，只是欣賞風景。

如果用天平來衡量人生的價值，綠色生活而奉獻必然是天平上最重的砝碼。

中國現代偉大的文學家、思想家魯迅，就是綠色生活人生。他以筆代戈，奮筆疾書，戰鬥一生，被譽為「民族魂」，民族英雄，現代中國的聖人。「橫眉冷對千夫指，俯首甘為孺子牛」是魯迅一生的真實寫照。魯迅先生的著作、譯作、書信是留給後世珍貴的文學遺產和精神財富，他是一個名副其實的勤奮的綠色生活者。

魯迅先生是如何綠色生活的呢？我們看看他最後一年的生命歷程吧。從一月至十月，臥床 8 個月，寫雜文和其他文章 54 篇，翻譯《死魂靈》第二部殘稿三章並作附記兩則，覆信 270 多封，並給不少青年作者看稿，病中堅持寫日記。魯迅 1936 年 10 月 26 日去世，病逝前三天，還給一部翻譯小說寫序言。在逝世前 6 年的時間裡，魯迅一直住在上海虹口公園附近。從他的住地到公園只有幾分鐘的路程，他卻從沒去過公園。

為綠色生活而來的人，一路綠色生活一路快樂，綠色生活中既使自己沉浸在綠色之中，一路賞綠一路歡歌，同時也為給別人帶來綠色而享受喜悅和快樂。

一個人所追求的活著的動機目的源遠流長，其人生才會源遠流長。

《菜根譚》提醒人們：「面前的田地要放得寬，使人無不平之嘆；身後的惠澤要流得久，使人有不匱之思。」也就是說，一個人待人處事的心胸要寬厚，使你周圍的人不會有牢騷；死後留給子孫與世人的恩澤要源遠流長，使子孫後代有不斷的思念。一個人只要悟透了這段話，確信自己的人生追求是源遠流長，那他就是為永續人生而出發。

　　白求恩，加拿大著名的胸外科醫生。是英國皇家外科醫學會會員，加拿大聯邦和地方政府衛生部門的顧問，美國胸外科學會理事。他的胸外科醫術在加拿大、英國、美國醫學界享有盛名。為了幫助抗日鬥爭，白求恩於1938年初突破重重阻撓，來到延安，後又進入晉察冀根據地，親臨前線，就地施行醫療手術，從而大大減少了傷病員的死亡，挽救了許多人的生命。同時，他幫助八路軍醫護人員提高醫療技術水平。他對工作極端的負責任，對人民極端的熱忱，贏得了根據地軍民的尊敬和愛戴。

　　白求恩沒有國界線，他走到哪裡把愛播撒到哪裡。直至今天，中國的白求恩醫院、白求恩大學、白求恩塑像等，永遠在訴說著、傳承著白求恩精神。

　　白求恩曾經發表過《從醫療事業中清除私利》的文章，明確提出：「讓我們把盈利、私人經濟利益從醫療事業中清除出去，使我們的職業因清除了貪得無厭的個人主義而變得純潔起來。」白求恩從醫的人生動機多麼純潔！他當年倡導的正是今天的人們所深惡痛絕的。和白求恩相比，今天有很多的醫生應該感到汗顏。如果一位醫護人員能把白求恩提出的「讓我們把建築在同胞們苦難之上的致富之道，看作是一種恥辱」作為自己職業道德操守而始終堅守，那他就是一個白衣綠色生活者，肯定會贏得病員和大眾的尊重。

　　「身後有可傳之事，方為此生不虛。」（《圍爐夜話》）白求恩雖然只活了49歲，但「此生不虛」，原因在於「有可傳之事」。

　　國界是人為的，只是一個過程，終有一天，人間只有一個地球村，無論到哪只有地界沒有國界，到那時，才是真正的「環球同此涼熱」；那時的人，才會真正感受到「同一個世界，同一個夢想」。因為人來到地球上同為客人，每個人的短暫人生不應該有爭鬥，人間不需要任何形式的戰爭！白求恩是一個「先行者」，是人生方向的引領者。我們也應該把人的個體生命放在歷史長河中去思考做一個綠色生活之人，做一個真正懂得為什麼而出發的人。

　　盧梭在他的《懺悔錄》中說：「一隻唯利是圖的筆是寫不出任何有份量的偉大的作品的。」他的書之所以「得以風行世界」，是因為他「不僅僅是為了麵包而思想」，是「在為人們的共同利益說話，而沒有其他目的」。盧梭就是綠色生活者，他的文章是不朽的，至今仍在不斷地為人類綠色生活。

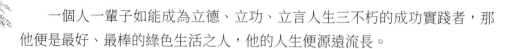

　　一個人一輩子如能成為立德、立功、立言人生三不朽的成功實踐者，那他便是最好、最棒的綠色生活之人，他的人生便源遠流長。

　　人生三不朽「立德」為先。失去「德」，即使「立功」「立言」，也做不到不朽。所以，《圍爐夜話》告訴世人，務必在「道義中立足」。

　　唐代劉駕在《勵志》中說：「及時立功德，身後猶光明。」有人一看身後二字會笑為迂腐之談。其實，有人生眼光之人立身就應該考慮身後之事。因為綠色生活之人會給後代、給他人帶來庇蔭，而腐朽之人只能給家人、給自己蒙羞。

　　王羲之，東晉時期傑出的書法家，官至右軍將軍，人稱「王右軍」。楷、行、草書都很精通，被稱為「書聖」。有一次，王羲之碰到一個老婆婆拎了一籃子六角形的竹扇子在集市上賣，由於扇子沒有什麼裝飾，引不起過路人的興趣。烈日當空，老婆婆腹中空空，本指望把扇子賣了買米回家下鍋，可是她喊叫了半天，一把扇子也沒賣出去，老婆婆顯得十分著急。王羲之看到這情形，很同情那老婆婆，就上前跟她說：「你這扇子上沒畫沒字，當然賣不出去。我給你題上字，怎麼樣？」老婆婆並不認識王羲之，見他這樣熱心，也就把竹扇交給了他。王羲之提起毛筆，在每把扇面上龍飛鳳舞地寫上幾個字，然後還給老婆婆。老婆婆不認識字，覺得他寫得很潦草，很不高興。王羲之安慰她說：「別急，你告訴買扇的人，說上面是王右軍題的字。」王羲之走開後，老婆婆就照他的話做了，集市上的人一看真是王右軍的書法，都搶著買，一籃子竹扇很快就賣完了。

　　王羲之的行為是善行，是綠色生活行為，老婆婆就是一個受蔭者。如果王羲之因自己名氣大沒錢不寫字，也就沒有這樣的綠色故事流傳至今了。如果銅臭味重了，王羲之也就不會被封為「書聖」了。王羲之，在給別人、給社會綠色生活的同時，也成就了自己綠色人生。

　　戰國時期思想家、教育家墨子說：「志不強者智不達，言不信者行不果。」古往今來，凡是智高一等的人，必然立志高遠；凡是人生一路栽樹讓後人乘涼的人，必然篤志守信。

《山海經》是中國先秦重要古籍，也是中國記載神話最多的一部古書。夸父逐日、女媧補天、精衛填海、大禹治水、共工撞天、后羿射日等神話，在這部書裡均有記載。夸父、女媧、精衛、刑天等這些神話人物，之所以世世代代在百姓中久傳不衰，因為他們一個個充滿自信、不怕犧牲、勇於獻身，義無反顧地做了很多為人間造福的事。

在現實生活中也一樣。百姓能世世代代記住的、傳頌的，是那些具有博大胸懷和崇高人生境界，不僅關注個人的命運，更把關愛的目光投向整個人間的人——也就是為人間綠色生活之人。

是善，是綠色生活行為，使德蕾莎修女這位瘦弱的女人，成了頂天立地的巨人。

德蕾莎修女，出生在前南斯拉夫一個天主教家庭，她一生都獻給了窮人、病人、孤兒、孤獨者、垂死臨終者。一生從來不為自己而只為受苦受難的人活著。她真誠地做人做事令人折服。她到印度後脫下修女服，換上印度平民婦女常穿的白色棉紗麗。1979 年獲得諾貝爾和平獎領獎時，當她身穿價值一美元的棉紗麗上臺領獎，臺下的人被其高尚的靈魂震得鴉雀無聲。當她得知諾貝爾獎頒獎大會的宴會要花 7000 美元時，她懇請大會主席取消宴會，她說：「你們用這些錢只宴請 135 人，而這筆錢夠一萬五千人吃一天。」宴會被取消了，修女拿到這筆錢，同時還拿到 40 萬瑞幣捐款，那個獎牌被她賣掉連同獎金獻給了窮人。她說獎牌如果不變成錢為窮人服務就一錢不值。印度窮人不穿鞋子，她就打赤腳。英國戴安娜王妃見她時穿了一雙白色的高跟鞋，後來王妃自己說「真羞愧」。1997 年德蕾莎去世，印度人不知道是給她穿鞋還是不穿鞋，最後決定不穿鞋，讓她和印度窮人一樣，赤腳上天堂。德蕾莎去世時，個人沒有任何財產，就一張耶穌受難像、一雙涼鞋和三件布紗麗。但她很富有，她創建的仁愛傳教會有 4 億多美元的資產，她的組織有幾千名正式成員，還有遍佈 123 個國家無數的義工。印度政府為她舉行國葬，全國哀悼兩天，成千上萬的人冒雨為她送行，印度總理和所有的人為她下跪，有20 多個國家的 400 多位政府要人參加了她的葬禮，其中包括三位女王和三位

總統。她墓牌上刻著「印度聖母德蕾莎修女」，天主教封她為聖人。她被稱為史上最美麗、最慈悲、最傳奇的人間天使。

德蕾莎修女就是聖人級的綠色生活天使。

綠色生活不在職業，而在於有無綠色生活之心。一個人的人生一旦確立為綠色生活而出發，那他的生命就會不斷昇華，他的人生價值就會不斷飆升。

美國微軟公司創始人比爾·蓋茨 1995—2007 年連續 13 年成為《富比士》全球富翁榜的首富。有了錢幹什麼？他說：「我總是在克制自己不要去擁有一架私人飛機，因為人對物質的慾望是無止境的。」這樣的人生綠色理念令人敬佩。2008 年他將 580 億美元個人財產捐贈給慈善基金會，用於研究愛滋病和瘧疾的疫苗，並為世界貧窮國家提供援助。比爾蓋茨和夫人一心做慈善，成了世界級的綠色生活之人。

托爾斯泰說過：「做好事的樂趣乃是人生唯一可靠的幸福」。黃大姐這樣的人得到的幸福人生體驗最多最深。

一粒粒砂土，看起來雖渺小，但堆積起來，就是大山的脊樑；一棵棵小草，看起來不起眼，但彙集起來，就是一片綠的海洋。黃國蓉和她的綠色天使們就是一粒粒綠色的種子，她們用綠色激活更多人蘊藏內心深處的善良本性、道德責任和人文情感，引導世人走向人之本能的綠色精神家園，從而凝聚起城市的價值內核和社會的共同理想。

《菜根譚》中說：「立榮名不如種陰德，尚奇節不如謹庸行。」一個個令人敬佩的「種陰德」「謹庸行」的綠色生活之人。

出於敬意，我給黃總送了幅書法作品：行善如春雨，積德勝遺金。

一個綠色生活之人在給別人播撒綠色的同時，也給自己的心田乃至人生增添綠色，綠色生活之人的人生永遠常青。

一個人心中無綠，內心就會成為荒漠的戈壁，這樣的人即便有錢有勢，也不可能成為綠色生活之人。

一個可笑之人的可笑之事：一次在美國回國的飛機上，一個老闆說：「這次在美國我可給咱們中國人爭光了。因為吐了一口痰，他們要罰我200美元，我又連吐三口，給他800美元，我對他們說：『怎麼了，咱中國人有錢了！』」

真乃「有錢就是任性」！正如英國遺傳學家哥爾頓所說：「由惡德而來的快樂，在快樂之中仍能傷害我們，由美德而來的痛苦，在痛苦之中仍能安慰我們。」

丟人現眼丟到家門外去了！顯然，這樣的有錢老闆心裡只有錢，以為有錢就是老大，其原因是他的心海已經被錢燒成了大沙漠，這樣的人自以為成功、自以為得意，錯把別人的連連「白眼」當成高看三眼，錯把金錢堆起的自尊視為高貴的尊嚴，如此金錢人生，怎麼可能懂得為什麼而出發？怎麼可能懂得綠色生活人生才能得到世人發自內心的尊重？

人從骨子裡有虛榮心，維護虛榮心的不同方式，體現這個人的文明程度。人從內心裡都願維護自己的自尊，用什麼樣的方式方法維護自尊，實現自尊，體現這個人所處層次與對人生的覺解程度。

權力可以讓人羨慕、屈服，不可能讓人發自內心地認可與尊重；財富可以讓人羨慕、嫉妒，甚至彎腰，但不可能讓他人心悅誠服地認可與尊重。即便有人認可與尊重，千萬別誤會了，那是對權力或財富的認可和尊重，而不是對擁有權力與財富之人的認可與尊重。世上有這種錯覺的人還少嗎？

《北史》中有句名言：「營大者，不計小名，圖遠者，弗拘近利。」綠色生活之人的綠色人生是長青藤，能獲得世人發自內心的持久尊重。

晚清第一官商盛宣懷，辦過鐵路、航運、電報、煤礦等企業，創辦了北洋大學、上海交大，他在世時的綠色生活行為，得到萬眾的景仰。1916年他在上海去世時，送葬的隊伍從吳江口路排到了外灘，他的人生源遠流長。

古人認為能源遠流長的是道德文章。綠色生活之人做的是道德大文章，綠色生活越多，其人生就越能源遠流長。

契訶夫是俄國19世紀末最後一位批判現實主義藝術大師，被稱為世界短篇小說之王。他一生創作了七八百篇短篇小說。他的作品雖然寫於一個多世

紀以前，卻都是當代題材，永遠不會過時。契訶夫死後名氣越來越大。對此，契訶夫自己心裡有數，他生前曾預言他的作品將永久地擁有讀者。事實正如他預言的那樣。這其中的原因，是因為契訶夫的作品再現了 19 世紀俄國「小人物的不幸和軟弱，勞動人民的悲慘生活和小市民的庸俗猥瑣」。契訶夫的作品，往往不是寫人與人之間的矛盾，而是從一個個鮮活而又幽默的故事裡，反映一個群體的生活以及他們和社會的關係。諸如《跳來跳去的女人》《掛在脖子上的安娜》等小說，針砭人們追求虛榮、庸俗無聊、鼠目寸光的人生哲學，並對「人變庸俗」的過程進行了藝術化的表現。特別令讀者深思的是，契訶夫作品中的人物，吃得飽、穿得暖，但是仍舊痛苦，這痛苦源於環境對人的壓迫，源於精神追求的缺失。朋友，你感覺到了沒有，契訶夫指出的問題，不正是當今的社會通病嗎？百年前，契訶夫的作品就能夠如此準確地擊中人性中最脆弱的部分，就能不厭其煩地告訴世人，人應該做一個有精神追求的人。可惜，契訶夫的綠色生活對那些不願看書的人無能為力。

明代的陳繼儒告訴人們：「種兩頃附郭田，量晴較雨；尋幾個知心友，弄風嘲月。」也就是說，在城郊種幾塊田地，思索著哪天晴天哪天下雨以及整個季節的變換；交幾個知心朋友，經常在一起賞玩明月清風，欣賞彼此的文章。陳繼儒帶著這樣的願望出發，玩大發了，玩出了《小窗幽記》這樣的儒家通俗讀物。全書始於醒，終於情，雖混跡塵世，卻超然物外；在對渾濁世風的批判中，透露出哲人式的冷雋。其格言警句玲瓏剔透，短小而精美，令人驚醒，強人心智。《小窗幽記》這本書猶如綠色生活的種子，在無數後人的心田生根發芽，給無數的人帶來人生的溫暖和心靈的慰藉。

目前人類深陷「經濟危機」。其實真正的危機不是經濟危機，而是人的道德和信仰的危機，源頭是人生的危機。

現在人類深陷「風險社會」，政治、經濟上的風險雖然可怕，但最可怕的是人生面臨的種種風險，而政治、經濟風險，都源於人的精神風險、人生風險。如果世人都從契訶夫、陳繼儒等人的文學作品中汲取營養，做一個混跡塵中、高視物外而有精神追求的人，做一個綠色生活之人，世上還會出現人生的風險嗎？還會有政治和經濟上的危機嗎？

只為本國本民族利益不惜毀損其他國家和民族利益的人，由於他們不是向人間播撒綠色，所以歷史老人永遠不會承認這些人是真正的政治家、軍事家、戰略家，他們的人生只在一時，與源遠流長無緣！

心若向上向善，必有高論高行；人若向陽生長，哪有人生憂傷？

一個傾情播撒綠色的人，必然懂得他是為何出發，自然擁抱綠色人生；一個不懂得為何出發之人，容易走進人生的沙漠，使其擁有沙漠人生。

帶著善心首先把自己該做的事情竭盡全力做好，這是每一個人綠色生活行為的本分，是獲得綠色人生的前提。

「達則兼濟天下」提倡的就是綠色生活。綠色生活不在大小和多少，而在心有多好，不在方法途徑，而在不離不棄、持續行動。

一個人如果做不到一生源遠流長，起碼要做過源遠流長之事，否則，生前即便混成了大官、大款、大腕，死後也因無「可傳之事」而一無所有。

凡是為綠色生活而出發之人，根據綠色生活的範圍，在一定的範圍內就能做到在世有威望，死後留聲名。北宋著名思想家、政治家、文學家王安石所說的「生有聞於當時，死有傳於後世」，就是綠色生活人生帶來的美好人生風景。

二、為索取而出發

人一旦選擇了為名利而活著，他的人生最大嗜好便是索取。

奧斯勃說過：「我們活在世上不是為自己要向生活索取什麼，而是試圖使別人生活得更幸福。」而有的人恰恰相反，他人生出發的目的就是為自己索取。

《圍爐夜話》是清人王永彬所撰寫的一部勸世之作。文辭淺近明晰，言簡意賅，情真意切，富有哲理，意境深遠，如同在火爐旁，一位德高望重的長者對一群後輩娓娓道來，品味人生。凡願意好好立身做人之人，都應該去讀一讀、悟一悟。其中，這兩句話應當熟記：「身不饑寒，天未曾負我；學無長進，我何以對天。」徐永斌在評註中指出：「一個人來到世上，從小受

到父母的養育之恩、師長的教育、朋友的勸勉、社會大家庭的培養和幫助等，使自己得以長大成人，成家立業。這些無不是家庭和社會對自己的奉獻，自己也要善於回報：孝養父母，勤於學習，努力進取，報答父母和師長的教養之恩；行善積德，助人為樂，以報答朋友和社會的奉獻和幫助。人立於世，不能只講索取卻不講奉獻。」

為什麼不能只講索取？先講一個寓言故事：

有兩個人死後來到了陰曹地府，閻王查看過功德簿後說：「你倆前世未作大惡，準許投胎為人。但只有兩種人可供選擇：付出的人和索取的人。也就是說，一個人必須過不斷付出、給予的人生，另一個則必須過索取、接受的人生。

甲暗想：索取、接受就是坐享其成，太舒服了。於是他搶先道：「我要過索取、接受的人生。」

乙見此情景，別無選擇，就表示甘願過不斷付出、給予的人生。

結果，甲投胎轉世後，成了一個乞丐，每天都在索取和接受。而乙轉世後成為一個富人，每天都在給予和付出。

從精神上講，索取之人便是乞丐，奉獻之人便是富翁。

人生絕沒有索取到的價值；世間絕沒有無付出的回報。

從對待利益的態度上看，人品分三等：上品人講付出，中品人講交換，下品人講索取。

古希臘哲學家、歷史學家色諾芬在《回憶蘇格拉底》中說，蘇格拉底「沒有向那些渴望聽他講學的人索取過報酬」，因為他認為，「不取報酬是保留自己的自由，而那些索取報酬的人是使自己淪為奴隸」。正因為蘇格拉底不求索取，雖很貧窮，卻成為古希臘三大聖賢之首。

中國古典短篇小說代表人物當數馮夢龍和凌濛初。凌濛初在《初刻拍案驚奇》中有這麼一句可謂放之四海皆真理的論斷：「人生榮華富貴，眼前算不得帳。」為索取而出發的人，不要為眼前的獲得而沾沾自喜，高興得太早。

　　法國著名雕塑藝術家羅丹發出感嘆：「如果工作對於人類不是人生強索的代價，而是目的，人類將是多麼幸福。」

　　歷史總是將王永彬、羅丹這一類不講索取只講奉獻的人寫到史冊上。任何人只要講索取，歷史老人都不會用正眼看他。

　　人之所以會選擇索取，因為這種人沒弄明白人為什麼而出發，沒弄明白莊子在《逍遙游》裡為何講「鷦鷯巢於深林，不過一夜；偃鼠飲河，不過滿腹。」沒弄明白唐朝的李延壽為什麼強調「溺私利者則傷名」。

　　索取，字典的解釋是要求得到，或者是討取。索取什麼？無外乎功名利祿。

　　《小窗幽記》中說：「富貴大是能俗人之物。」也就是說，富貴是特別能使人庸俗的東西。世人在走向富貴的同時，容易踏上庸俗之途。有的國人以索取的方式追求富貴，導致庸俗之人遍佈各行各業各個階層，以至於使政治生態、生活生態、人際生態等在一定環境一定程度上漸趨庸俗，有的甚至大有俗不可耐之感。這種狀態是可怕的，改變這種狀態應該從正本清源下功夫。這也是我要寫這部勸世之作的初衷。當今之世，多麼需要繁華落盡、洗盡鉛華呀！

　　人與動物的區別就在於有自我意識和對象意識。

　　自我，作為心理功能既是人生存的必需，同時也是人生的禍根。自我分為兩種，一種是真實的自我，另一種是虛假的自我。人的智慧提升，就是透過自我認識的提高和精神上的修煉，培養自己的理性能力，消除虛假的自我。

　　虛假的自我如一個魔鬼，它能讓人頭腦發脹，利令智昏，人性扭曲，欲壑難填。

　　虛假的自我，能使人忘記為何而出發，索取成了他的最大願望和偏執偏激的追求。

　　「凡事謹守規模，必不大錯；一生但足衣食，便稱小康。」這是王永彬在《圍爐夜話》裡的兩句話。徐永斌在評註中說：「其實人的一生不必大富

大貴，只要達到衣食夠用、家境相對比較寬裕、安然度日的小康人家就應該知足了，如果還能行善濟世、造福社會那就更好了。」這些話我們細想想是多麼正確。

人生沒有如果，只有後果和結果。

劉 × 也有他懊惱的時候。他在審訊後期完全崩潰，幾乎每日一哭。

對個人，富而不貴是種痛；對國家，富而不貴是種殤。

西方那些信奉上帝的所謂的政治家、軍事家、戰略家，你們為了本國利益而損害他國人民的利益，難道不怕「上帝詛咒」嗎？

美國麻省理工學院的彼得·聖吉教授寫的《第五項修煉》中的第一項修煉就是自我超越，這是五項修煉的基礎。他認為，自我超越，以磨煉個人才能為基礎，卻又超乎此項目標，以精神的成長為發展方向，卻又超乎精神層面。劉 × 等人由於不知人生為何而出發，以至於只想著索取而忘了自我精神的超越，只索取物質的富有而忘了追求精神的成長和富有。

索取，就是為了「得」。索取之人的一顆心其實就在得與失之間苦苦奔忙。智者無意於得，也就無所謂失，所以只有智者活得輕輕鬆鬆。這就是自我超越帶來的人生輕鬆瀟灑。

索取的反義詞，是回報、奉獻、給予。

每個人都長了兩隻手。造物主造一雙手，是用來幹活的，是回報人類、奉獻社會、給予他人的，而不是用來索取。所以，人從娘肚子裡剛出來時，兩只小手攥得緊緊的。這就告訴我們，這雙手絕不是用來搶、奪、偷取東西的工具。

《聖經》的智慧告訴世人：「我們到這個世界，沒有帶來什麼，我們又能從世界帶走什麼呢？因此我們有的吃，有的穿，就該知足。那些想發財的人便是掉在誘惑裡，被許多無知和有害的慾望抓住，最終會沉沒毀滅。」

有的人盲目崇拜西方，而西方人崇拜的《聖經》中的智慧，你為什麼不崇拜呢？有的人信基督教，那你按《聖經》去做了嗎？

人踏上人生征程後，每個人身上背著一個行囊，如果這個行囊是用來裝服務於他人、服務於社會的工具，那社會和眾人就會給這個人的行囊裡裝榮譽；如果是用來裝功名利祿的，那社會和他人就會給這個人的行囊裡裝恥辱。

人生猶如一幅油畫，只有站得遠點，才能看到效果，才能發現美。索取心強的人，看人生這幅油畫太近視、太功利了。

世事茫茫如水流，

休將名利掛心頭。

粗茶淡飯隨緣過，

富貴榮華莫強求。

索取心盛的人應好好品品這幾句佛家箴言的味道。

「閒中覓伴書為上，身外無求睡最安。」《小窗幽記》中的這兩句人生箴言極富人生哲理。人怕「閒」字，閒狠了就會閒出事來。閒時不是出去吃喝玩樂，而是以書為伴，這是有人生智慧之人的選擇。有的人有時寢食難安，解決這個問題的靈丹妙藥是「身外無求」，沒有索取之心，心靜自安，睡覺自然就踏實了。

有的人踏上人生征程就是為了索取而來，他們出發後意氣風發，奮勇向前，猛打猛衝，看起來很勇猛，收穫即便豐厚，可一旦醒悟過來，原來是「竹籃打水一場空」。

亞歷山大大帝是古代馬其頓國王，他18歲隨父出征，20歲繼承王位。他在任馬其頓國王的13年中，雄才大略，東征西討，先是確立了在古希臘統治地位，後又滅亡了波斯帝國，在橫跨歐、亞的遼闊土地上，建立了一個西起希臘、馬其頓，東到印度恆河流域，南臨尼羅河第一瀑布，北至藥殺水的以巴比倫為首都的龐大帝國，創下了前無古人的業績。但亞歷山大曾因為沒能實現尋找並抵達「世界的盡頭和大外海」的抱負，沒能實現自己的索取目標而落淚。

公元前 323 年 6 月 11 日，年僅 32 歲的亞歷山大在 10 天原因不明的高燒後身亡。

亞歷山大建立了當時世界上最大的超級大國，擁有無數的財富、土地和子民，但他死後，亞歷山大帝國分崩離析。他在世時所索取到的一切，後人還記得嗎？但有一件事後人記住了。他臨死之前，意識到已經索取到的一切並不屬於他，於是他讓身邊的人把棺材挖了兩個洞，死後把兩隻手露在棺材外面，以此昭示世人他什麼也沒有帶走。

亞歷山大原來是為征服、為索取而出發，臨死前終於醒悟，他錯了。

後人如果能從亞歷山大死後放在棺材外的兩隻手得到啟示，不再為索取而出發，那亞歷山大也算是為後人留下了寶貴的財富。

清心是祿，寡慾則壽，恬淡即福，這是幾千年來被實踐證明千真萬確的人生箴言。

《老殘游記》是劉鶚寫的中篇小說，魯迅先生稱其為晚清四大「譴責小說」之一，後被翻譯成多國文字，被聯合國教科文組織認定為世界文學名著。小說中說，許多小鬼因為懼怕世事艱難都不肯投胎人間，一個個將拳頭握得緊緊的不肯來人世，他們來到人間，是受閻王強迫、用巴掌打到人間而來，所以，每個人出生時屁股上有一塊青印。

小說內容暫且不管，但我們知道，每個人出生時，確實是握著兩個小拳頭哭著來到世上的。遺憾的是，人沒能保持握拳狀態，把手張得越來越大，有的人透過這雙手恨不得什麼都撈，什麼都要，雖然當時滿足了慾望，但後悔的日子甚至是哭的日子在後頭。我們如果能記住亞歷山大放在棺材外面的那雙什麼也沒帶走的手，就會明白人生到底為什麼而出發，就會在各種誘惑面前保持出生時的握拳狀態，使人生少了很多的憂愁和煩惱。

每個人的一生猶如一片片綠葉，差別只是大小、顏色和時間的長短。碧綠的時候要想到枯黃的時候，在樹上風姿颯爽時要想到墜落於地的時候，這樣，在你生命繁華時不會飄飄然，生命枯萎時不會淚流滿面；活一天，就要

把最綠的色彩、最美的形態呈現給人間；飄落時，就要以最優美的舞姿給世人帶來美的享受，即便落到地上，也要「化作春泥更護花」，給大地當肥料。

當然，不可否認，有的人開始對為什麼出發是清楚的，但走著走著就暈了；開始他們人生方向是明確的，慢慢的就迷失了人生方向。那些中高級幹部發生問題被查、被判刑，大部分屬於這類人。他們走到這一級別來之不易，一般都經歷了很多年的艱苦奮鬥和積極打拚，但在索取中得到了自己想要的，丟棄了自己該有的，以致靈魂出竅，行為失範，跌進罪惡深淵。

叔本華告誡人們：「人能做他想做的，但不能要他想要的。」愛因斯坦在《我的世界觀》裡說，叔本華的這句話，使他從小時候起，一直受到特別的啟示。我們也應該從中得到啟示。「想做」指的是事，想做的事越好越多就越有貢獻；而「想要」是慾望，是貪慾，是索取。貪慾和索取是禍根，人不能為「想要」而出發。

明朝文學家、思想家呂坤指出：「人生大罪過，只在『自私自利』四字。」

一個原來心知肚明人生方向的人，只要淡忘為何出發，丟棄了為人本心和人生初心，就意味著對自己、對親人放棄責任心而走向背叛。

人生不是賭博，人不能有賭徒心理。人生賭徒輸的不僅是自己的名譽和本錢，還有多少錢也買不來的愛情、親情和友情。

為索取而出發的人，在財產上追求的是富有。

人們都願意遠離貧窮而擁有財富。其實，就如一個人，肉太多了，純粹是多餘，只能給人帶來肥胖症；人太富有了，也純粹是多餘，只是銀行存款的數字在變化，人在告別人間的時候，個人在銀行裡存有一千萬和一萬，對死者來說沒有任何區別！

《水滸傳》裡有個太師蔡京，被流放時還把自己家的財寶運了好幾大船，他雖富有，但百姓不賣給他東西吃，他被活活餓死。

古羅馬哲學家塞涅卡曾引用伊壁鳩魯的話告誡人們：「自然和諧的貧窮其實是富有的。」現實不正是這樣嗎？財產上的富有不是真富有，精神上的

富有才是真富有；財產上的貧窮不是真貧窮，學識上心靈上的貧窮才是真貧窮。在腐敗嚴重的大環境下，一個有權有勢的人沒富起來才是真正的「富翁」，一個與人的本性本質相一致的「清貧」才是真正的富有。一個追求眾人富有、國家富有、人類富有的人，是頂天立地的富有；一個只追求自己富有、眼前富有的人，是老鼠式的富有。因為老鼠屯積再多，老鼠窩再富有，卻整天過著擔驚受怕的日子，一旦被貓逮住，富有一下子變成了可恥的貧窮。

人生的智慧不在於索取，而在於放下。

為索取而出發之人，缺的就是「放下」這一人生智慧。

非洲有一種動物叫狒狒，土人抓狒狒時，故意讓躲在遠處的狒狒看見，將其愛吃的食物放在一個口小的洞裡，等人走遠，狒狒歡蹦亂跳地來了，它將爪子伸進洞裡，緊緊抓住了食物，但由於洞口太小，它的爪子握成拳頭後就無法從洞中抽出來了，這時人只管不慌不忙地收穫獵物，根本不必擔心它會跑掉。因為狒狒捨不得放下那些可口的食物，越是驚慌，就越是將食物抓得更緊。

人不能像狒狒那樣，抵抗不了誘惑，不懂得「放下」。

人間到底什麼難以放下？名利和生死是兩道關。「透得名利關，方是小休歇；透得生死關，方是大休歇。」《小窗幽記》告訴人們，一個人若能過名利關，便一下子變得輕鬆，這算是小休息；若能看透生與死，明白生死是人生必然的過程，這樣的放下，才是真正的大休息。一個人若過不了名利與生死這兩關，說放下那只是自欺欺人的說說而已。

人無所捨，必無所成。

「放下」是一種徹悟，它悟透了人生的得失，悟透了人生的價值所在，悟透了人生的昨天、今天和明天；放下是一種豁達，一切人生的糾結在豁達面前都不再糾結，一切計較顯得微不足道；放下是一種坦然，人生遇到的坎坷、災難、不如意都能坦然面對，把痛苦拋向太平洋；放下是一種境界，放下的是物質世界，得到的是精神世界，放下的是低層次思維，得到的是一天天趨向聖賢；放下是一種架子，去掉的是罩在人身上的道道光環，恢復的是

人的本能本性，獲得的是平民心理，失去的是枷鎖人生；放下是一種昇華，一路行走一路放下，放下愚蠢，放下聰明，放下私慾，放下仇恨，放下嫉妒，放下虛榮，放下傲氣，放下自卑，放下懶惰，放下一切該放下的東西，一心瞄準人生的靶心，一次次沉穩地扣動扳機，這樣才能在人生打靶場上打出好成績。

人生只是上了一輛永無終點的公共汽車，每個人只是一定路程中的乘客，千萬不要反客為主，以為自己永不下車；人生只是一次暫住旅館的旅客，無論旅館好壞，千萬不要把臨時的棲息之地當成自己永久的家園；人生只是參加一次人生盛宴，除了吃喝與日用，沒必要索取多餘的身外之物。

浮躁的社會環境給人帶來的危害之一，就是淡化了奉獻意識，強化了索取心理。對不知為何而出發的人來說，面對付出與索取的選擇，他不會感到兩難，因為在誘惑面前，利益就成了他人生出發的目的，索取猶如魔鬼，一步步將其引入歧途。

縱觀歷史上所有為索取而出發之人，沒一個能得到正直之人的高看，沒有一個能在歷史上留下美名。

管子說，「節慾之道，萬物不害。」一個人有了滿足私慾的條件，而知節制私慾，一切禍害都能避免，否則，私慾洞開，就會在淡忘為什麼而出發的道路上越滑越遠。

司馬遷在《史記》中寫道：「天下熙熙，皆為利來，天下攘攘，皆為利往。」縱觀歷史，司馬遷認為，王、侯、君、貧、夫，都很難擺脫「利」的誘惑。

利，人之所好；利己，人之常情，但必須做到見利思義，取之有道。

一個人從損人利己，到利己不損人，再到捨己利人，這是一個生命的自我超越、精神成長的過程。

一個人要想守住人生底線，絕不能做損人利己包括損公肥私的事，這樣的事做多了，終有一天會由小到大，壞了一生名聲。

托爾斯泰在《呆子伊凡》中講了個故事：老魔鬼為了擾亂一個農夫的幸福生活，連派了兩個小魔鬼都無功而返，而第三個小魔鬼成功了。老魔鬼見了高興地問小魔鬼：「哎！你太了不起了！你是怎麼辦到的？」小魔鬼說：「我只不過是讓他擁有比他需要的更多而已，這樣就可引發他人性中的貪婪。」

貧窮往往不能改變人的品性，富裕卻能改變人的本性。人貧窮時一般不會貪婪，富裕了往往變得貪婪。

人一旦鑽進貪婪的牛角尖，就很難自拔，遲早會為自己的貪婪付出代價。

「寧可清貧自樂，不可濁富多憂。」這是中國佛教文化帶給人的智慧。可是只有懂得為什麼而出發的人，才會有這樣的智慧。

《後漢書》裡總結歷史經驗告訴世人：「天下皆知取之為取，而莫知與之為取。」也就是說，人們都認為只有獲取別人的東西才是收穫，卻不知道給予別人也是一種收穫。人生現實一再證明，懂得「與之為取」，就懂得人為什麼而出發。

「能予而無取者，天地之配也。」管子說這話的意思是說，能給予人家的好處而不講回報的人，一定是個頂天立地的偉大人物。我們這些凡人即便不想成為偉大人物，但應該懂得這種道理，應該具有這樣的境界和情懷，使自己的兩隻手用來「給予」而不是用來「索取」，在「給予」中使自己的人生得到昇華。

高爾基說過：「『給』永遠比『拿』快樂。」應該再加兩句：「給」永遠比「拿」高尚，比「拿」有意義。

給予，是一種境界，是一種覺悟，是一種心態。人生為什麼而出發？在於給予而不在索取。

索取得到的是利益，給予得到的是道義。《圍爐夜話》告訴我們：「義之中有利，而尚義之君子，初非計及於利也；利之中有害，而趨利之小人，並不顧其為害也。」意思是說，道義之中包含著利益，崇尚道義的君子，起初並沒有考慮圖謀利益，但利益會隨之而來；利益之中也包含著禍害的因素，而那些追逐利益的小人，起初並沒有顧及利益的害處。智慧之人由於認清了

道義和利益二者之間的這種特殊關係，所以能做到重義輕利，而小人則見利忘義。

一個人如果他的人生目的就是為索取，就是為了得到滿足，那他一輩子也得不到真正的滿足，正所謂「人生待足何時足」。

人一旦知道為什麼而出發，就會盡其所能去做「給予」的事。給予不在大小，都能體現人生的價值和意義。

如果你是一棵大樹，就撒下一片陰涼；

如果你是一泓清泉，就滋潤一方土地；

如果你是一只小鳥，就高唱一首甜歌；

如果你是一棵小草，就增添一分綠意；

如果你是一朵小花，就裝點一分春色；

如果你是一顆星星，就點綴一方夜空；

如果你是一朵雲彩，就化作一陣春雨；

如果你是一只蜜蜂，就釀造一份甜蜜；

如果你是一支蠟燭，就照亮一處光明。

三、為活著而出發

一個人沒有人生目標，生活只不過是重複日昇日落、吃飯睡覺，生命就成了有呼有吸的「活著」。

一個人的人生既不為了善，也不追求什麼名和利，一切都無所謂，這樣的人只能稱其為活著。

有種人的生存狀態，既不想活得光彩，也不想活得腐朽，僅為活著而活著，以至虛度了一生年華。

有一次我打電話給一個朋友，因好久沒有聯繫，我上來便問他最近過得怎麼樣？對方平靜地說：「還活著！」我進一步地問道：「活得怎麼樣？」

對方情緒不高地說：「活得能怎麼樣？活著就是活著！」後來聊清楚了，他活得很不如意。因為是真誠的朋友，我跟他說：「你人生不如意的原因，在於你的人生不在狀態，你說『活著就是活著』是不對的。因為人生在世，活著不是目的，只是一種形式，人只為一種形式而活著，毫無意義，這樣生活不會如意的。活著的目的在於追求，活著就要承擔起自己應該承擔的責任。一個人活著有了責任和追求，他才知道自己為什麼出發，怎麼樣去活著。」

人為什麼而出發？藝術家們也透過文學藝術來探討這個涉及每個人的人生問題。

著名印象派畫家梵谷有一句發人深省的人生之問：「我們從哪裡來，我們往哪裡去？」人不搞清這些人生問題，不可能有正確的人生實踐。

「有的人活著卻已經死了，有的人死了卻還活著」。詩人臧克家深刻地告訴我們，有的人雖然肉體一直存在著，但是他們內心骯髒而侵蝕了靈魂，喪失了人性，剩下的只是一副軀殼。喪失靈魂的人與死人沒有什麼區別，這樣的人不可能懂得為什麼而出發。相反，有的人雖然死了，肉體不存在了，可他們的思想、美德、精神卻被世人默默地記在心裡，傳承在人間，深深影響著其他人，他們做到了源遠流長，流芳百世。比如方志敏、雷鋒、包文拯、白求恩、高爾基，等等，他們為我們弄清為什麼而出發樹立了人生榜樣。

中國現代作家余華聽了美國民歌《老黑奴》後，產生了創作的慾望。因為歌中那位老黑奴經歷了一生的苦難，家人都先他而去，而他依然友好地對待世界，沒有一句抱怨的話。於是，余華寫出了長篇小說《活著》。這本小說名字就是一個哲學命題，是這個世界上每一個人都苦苦思索的問題，而該書就是以一種滲透的表現手法對生命意義提出的哲學追問，是對人生為什麼而出發的有力回答。

《活著》講了這麼一個故事：主人翁福貴是民國國初年的一個地主家的少爺，年輕時由於嗜賭放蕩，輸盡家財。父親被氣死後，福貴一家成為佃農，並很快被抓壯丁捲入內戰，隨著社會變革，他的人生和家庭也不斷經受著苦難，親人都先後離他而去，僅剩下年邁的他和一頭老牛相依為命。

福貴的人生很不如意。他自己的不如意，給自己的親人和家庭都帶來了悲哀的命運。之所以出現這樣的人生結局，是因為福貴只想到自己活著，而放棄了活著的使命追求和責任擔當。由於福貴僅僅為自己的活著而出發，結果自己越活越窩囊，連累自己的親人跟著一塊兒窩囊。

現實生活中，像福貴這樣「活著」的人比比皆是。

有的人到一個單位一個部門後，很快成為業務能手，企劃高手，辦事強手，有的甚至很快升任主管職位，或者獲得晉升的機會，而有人無論幹多少事，能力素質都沒有什麼大長進，有了晉升的機會，也無法與別人競爭，以至熬成了元老級人物。細細分析這類人出現這種局面的原因，自己主觀上努力不夠是重要原因。之所以主觀上努力不夠，就是由於自己人生狀態是「活著」，缺乏對自己、對家庭、對單位、對社會的使命感、責任感，對工作只求過得去，不求過得硬。其實，這種人活著的狀態雖然當時看起來比其他人舒服點，瀟灑點，悠哉游哉，但他的舒服沒有質量，瀟灑沒有風度，悠哉沒有悠長，活著總比人矮三分。如此活著，人生怎麼可能找到感覺？怎麼可能不連帶家人一起窩囊？

林肯出身卑微，是個木匠的兒子，青年時代當過售貨員、鄉郵員、測量員和木工等，但他從不自卑，沒有小看自己作為一個平民的活著的價值。他經常掛在嘴邊的一句話是：「上帝一定很喜歡平民，不然他怎麼會造就出這麼多平民來。」林肯樂觀面對自己的平民生活，積極追求有意義、有價值的美好生活，最終走出了一條總統之路。

曾國藩在《治心經》中的「誠心篇」裡有這麼一句名言：「以苟活為羞，以避事為恥。」人不怕平凡，平凡中可以創造偉大；人可以平凡地活著，但不可以苟活，苟活只會如日暮西山。避事，就是不作為、不擔當，其結果使自己無法立身做人。

現在有的年輕人是怎麼樣對待自己的平民生活呢？下面是從網上摘錄的幾句牛人語錄，從這裡感受一下他們是為什麼而出發？

人生真木有意思，活著活著就死了。

我這一生一共做了兩件錯事，其一是生出來，其二是活下去。

「我愛你」那又能怎麼樣？三個字的首字母加起來，還不是個「玩」字嗎？

他們說網絡很假，我笑了，好像現實很真一樣。

人生嘛，就是笑笑別人，順便再讓別人笑笑。

別扯那麼遠，誰確定你能活到哪一天！

互聯網上一度出現的亞文化現象，比如什麼「公知」與「五毛」對戰，什麼「蚊族」「草泥馬」大戰「河蟹」，什麼「傷不起」的「咆哮體」，等等，來自草根階層的創意概念，一波波湧現。

「屌絲」這個詞是「苦 B 青年」的代稱。其實，這個「屌」字粗俗不堪，以至於被 Google 的安全搜索功能所屏蔽。有些大眾媒體在報導這一文化現象時，遮遮掩掩地迴避「屌」字，以「屌絲」代替。可是，參與者們熱衷於追捧的正是這個粗俗字，有的人的心理就是在這戲謔式的狂捧中找到了快感。和「草泥馬」故事一樣，有的人追捧的是從眾心理的輕率行為。當然有的人並沒有那麼複雜，他們的性格和心理上的叛逆在網絡文化上表現出來，有的人是出於對正統文化、正規秩序的反抗，是對那些「正經人」「崇高人」發出的「假正經」「假崇高」的嗆聲。

「屌絲」們自嘲是「矮窮醜」，是一個自怨自憐的群體。他們一邊用近乎自賤的方式自嘲，自我保護可憐的自尊，同時用牴觸心理和物質眼光去看待自己周圍的世界。遺憾的是，無數白領、媒體記者甚至中產階級都紛紛以「屌絲」來自我定位，爭相「比慘」。

不正常的文化現象折射出令人憂慮的社會群體和人生狀態。網絡亞文化現象之後的現象更值得人們去反思。

羅曼·羅蘭說過：「庸庸碌碌、心安理得地過下去是不道德的。而自動從戰鬥中退縮的人則是一個懦夫。」我們即便是草民，也不該成為羅曼·羅蘭所說的不道德的人和懦夫。

社會擔負起文化化人、以德育人的責任，是最實惠最關心人的生存和發展，是最有遠見的民生工程。

矮窮醜怎麼了，經過努力即便成不了高富帥，但可以逆襲變成「高大上」。

拉丁美洲第一個獲諾貝爾文學獎的智利女詩人米斯特拉爾在《玫瑰樹根》中專門讚揚「卑賤的樹根」：「到處是一派明媚的春光，樹根紮下去的地方，一株玫瑰把土壤裝點得分外美麗。沉甸甸的花朵掛在枝條上，在空氣中散發著甜香。流水流過鮮花盛開的草地，沉思著：『天啊！想不到醜陋的樹根竟然延伸著美麗……』」

人無論什麼學歷、什麼職業、什麼民族，都是平等的，即便似「卑賤的樹根」，照樣可綻放出人生美麗之花，就看我們自己是不是願意自立自強地去綻放。

人不怕平凡但怕平庸。一個人年輕時認識不到一輩子平庸是多麼可怕、多麼可憐，那麼，等待他的必然是一生平庸。一個平庸的人年老後意識不到平庸的可憐，那這個人比平庸更可悲。

人不怕平凡，怕的是安於平凡。平凡的人只要不甘於平凡，敢於突破自我，即便不能化平凡為偉大，也能使自己展示平凡中的偉大。

一個人歧視弱者，說明他修養不夠；一個社會歧視弱者，說明這個社會缺乏社會修養。而一個人如果自己歧視自己，別人即便不歧視他，他又能怎樣呢？

據史料記載，毛澤東於 1918 年 12 月和 1919 年一二月間，在北京大學圖書館當助理員，領著每月 8 個大洋的工資。他每天的工作除打掃衛生外，便是整理上架新到的報刊和登記前來閱覽者的姓名。毛澤東說：「我的職位低微，大家都不理我。我的工作中有一項是登記來圖書館讀報的人的姓名，可是對於大多數人來說，我這個人是不存在的。在那些來閱讀的人當中，我認出了一些有名的新文化運動頭面人物的名字，如傅斯年、羅家倫，等等。

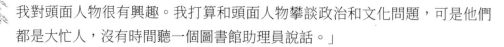

我對頭面人物很有興趣。我打算和頭面人物攀談政治和文化問題，可是他們都是大忙人，沒有時間聽一個圖書館助理員說話。」

毛澤東這個農家子弟進城，學歷低、收入低，但是，毛澤東沒有自怨自憐，而是在圖書館主任李大釗的推薦下，閱讀了《共產黨宣言》等書籍，業餘時間聽取北大的課程。從此，毛澤東從一個「打工仔」出發，一步步地走上了大官之路。

有人可能說，毛澤東是名人，怎麼能和他比。那好，我們看看「屌絲」群體裡的人吧。一個人只要明白為什麼而出發，只要有了夢想，並以堅定的信念去實現自己的夢想，也照樣能在「屌絲」階層上打造出5A級的人生風景。

斷臂鋼琴師劉偉寫了本自傳《活著已值得慶祝》。有的人一旦殘疾就悲觀厭世，甚至走上輕生之路，而劉偉面對殘疾樂觀地認為，活著已值得慶祝。他這個殘疾人知道了人生為什麼而出發，斷臂了也照樣成為藝術家。

有這麼一個鄉村郵差，名叫希瓦勒，每天徒步奔走在各個鄉村之間。有一天，他在崎嶇的山路上被一塊石頭絆倒了。他發現，絆倒他的那塊石頭樣子十分奇特，他拾起來左看右看，有點愛不釋手了。於是，他把那塊石頭放進自己的郵包裡。

回到村裡，他取出那塊石頭，炫耀地說：「你們看，有誰見過這麼美麗的石頭？」

人們都笑了：「這樣的石頭山上到處都是，夠你撿一輩子。」

回到家裡，他突然產生了一個美麗的夢想，如果用這些美麗的石頭建造一座城堡，那將是多麼的美麗啊！

於是，他每天在送信的途中都會找好幾塊好看的石頭。不久，他便收集了一大堆，但離建造城堡的數量還差得很遠。

於是，他開始推著獨輪車送信，只要發現中意的石頭，就會裝上獨輪車。

　　此後，他再也沒有過上一天安閒的日子，白天他是一個鄉村郵差和一個運輸石頭的苦力，晚上他又是一個建築師。他按照自己天馬行空的想像來構造自己的城堡。

　　20多年過去以後，在他偏僻的住處，出現了許多錯落有致的城堡，有清真寺式的，有印度神教式的，有基督教式的。當地人都知道有這樣一個性格偏執、沉默不語的郵差，在玩一些如同小孩建築沙堡的遊戲。

　　1905年，美國一家波士頓報社記者偶然發現了這群城堡，這裡的風景和城堡的建造格局令他驚嘆不已，為此寫了一篇介紹希瓦勒的文章。從此，希瓦勒成為新聞人物，許多人都慕名前來參觀，連當時最有聲望的大師級人物畢卡索也專程參觀了他的建築。

　　這個城堡已經成為法國最著名的風景旅遊點。

　　在城堡的石頭上，希瓦勒當年刻下的一些話還清晰可見，有一句話刻在入口處的一塊石頭上，據說，這就是當年那塊絆倒過希瓦勒的石頭：

　　「我想知道一塊有了願望的石頭能走多遠。」

　　希瓦勒的人生實踐告訴我們，如果因為是「屌絲」放棄自己為人生價值和意義而出發，那人生不可能走遠；相反，只要我們為夢想而出發，夢想有多遠就能走多遠。

　　人既不能小看別人，也不要小看自己。因為翱翔天空的雄鷹，曾經只是一顆卵；參天大樹，曾經只是一粒種子；名垂青史的巨人，曾經只是一個頑童。

　　對一個人尤其是年輕人來說，時間怎麼過都是過，如果時間是在自怨自憐或無聊發泄中度過，無異於是浪費自己生命；如果賦予人生意義而卯足勁與時間賽跑，生命的價值就會不斷飆升；如果能為自己的夢想而出發，不斷驅散心中陰暗的烏雲，心靈就會陽光普照，人生就會與陽光同在。

　　人既然來到人間就不能窩囊地活著，活就要活出人樣。

四、為腐朽而出發

一個人如果不選擇善，而是成了善的叛逆，或者不擇手段地瘋狂追求名與利，這樣的人生只能走向腐朽。

奧斯特洛夫斯基說過：「人的一生可能燃燒也可能腐朽，我不能腐朽，我願意燃燒起來。」而有的人恰恰相反，不是讓人生燃燒而是任憑人生一天天滑向腐朽。

有不朽人生，就會有腐朽人生。人因為不同的選擇造就不同的人生。

人活著的時候軀體不朽，人死了之後軀體就要腐爛。但人生不一樣，人即便死了，他的人生也可以不朽。

人透過火葬避免了軀體的腐爛，人更要想辦法避免人生的腐爛。

對活著的死人，人們感到可怕；對死了的「活人」，人們感到可敬。

腐朽人生必有腐朽生活，包括政治生活的腐朽和物質生活的腐朽及精神生活的腐朽。

政治生活的腐朽，表現在違背歷史規律、違背人類的正義和良知，這些人終究會被歷史老人踩在腳下，而那些不朽之人，歷史老人把他高高抬起。

戰爭是對人的生存權的殘酷踐踏，是人扭曲人性放任獸性的野蠻行為。以戰爭達到政治目的和發橫財的人，是最可怕、最可惡的為腐朽而出發之人。

美國從 1789 年建國喬治·華盛頓任總統至今，已經歷了 45 位總統。作為美國總統，是不是都搞清楚了「為什麼而出發」？是不是都屬於綠色生活之人？自己說了不算，也不以在臺上時牛不牛為標準，裁判是美國和世界人民。美國人民評出歷史上最偉大的總統是四位：華盛頓、林肯、威爾遜、羅斯福。美國人民每年都有專門的紀念日來紀念的總統是兩位：華盛頓、林肯。從這幾位總統看，其威信不是透過戰爭打出來的，而是透過政治家的高瞻遠矚的智慧和人格魅力塑造出來的，即使無法避免戰爭也總是控制戰爭規模，減少人員傷亡。尤其是華盛頓，甚至拒絕一些同僚慫恿他領導軍事政權的建議，在 1783 年卸任總統回到了他在維農山的莊園，高興地過起了平民生活。

美國首位女性國會議員珍妮特·蘭金力排眾議，反對美國參加兩次世界大戰，雖然因反對對德宣戰而失去了議員候選人提名，因獨自一人反對參加第二次世界大戰而結束了政治生涯，但她的雕塑像矗立在國會大廈中，她的名字將和中國古代墨子主張的「非攻」一樣，世世代代刻在美國人們心中。

第二次世界大戰中那些製造或參與製造了人類史上空前浩劫的罪大惡極的戰爭罪犯們，就是《聖經》裡講的邪惡的人，就是為腐朽而出發的人。因為他們已經被依法釘在歷史的恥辱柱上。而想篡改歷史的人，只會讓人認清他挑戰人類文明的醜惡嘴臉，使其跨入腐朽之人的行列。

遠東國際軍事法庭與紐倫堡法庭一道，歷時兩年半的審判，實際上是對戰爭罪犯的心靈和靈魂的審判。遠東國際軍事法庭共開庭 818 次，有 419 名證人出庭作證，779 人書面作證，受理證據 4 336 份，英文審判記錄 48 412 頁。雖然遠東國際軍事法庭只對 28 名甲級戰犯進行了審判，而對已經逮捕的其他數十名重要戰犯陸續釋放，還有不少人逃脫了法律制裁，但他們的靈魂不會安寧，他們被釘在恥辱柱上的歷史事實不會改變。如果什麼時候對戰爭瘋子和殺人魔王的人生不認為是腐朽，那就等於邪惡戰勝了正義，國際秩序就會面臨混亂，又會有很多人的生命將在戰爭鐵蹄的踐踏下成為冤鬼，又有一個個戰爭瘋子忘記為什麼而出發，以至於走得很遠很遠，一步步爬到歷史的恥辱柱上。

古羅馬哲學家賽涅卡在《道德書簡》中認為：「誰也不該為根本不屬於他自己的東西感到驕傲。讚美人身上的那些拿不走也奪不走的東西吧。那就是精神，以及體現在精神之中的完美的理性。」人是有理性的動物，應該過有理性的生活，追求有理性的人生。一切背離人之本能的非理性之人，都不可能成為不朽的人物；一切背離人之本能的非理性的行為和成果，都不值得炫耀，他們在歷史老人面前終究會成為跳樑小醜。

搞暴力恐怖活動而濫殺無辜是非理性的，當然屬於為腐朽而出發的人。

恐怖攻擊從 20 世紀 90 年代以來，在全球範圍內呈現迅速蔓延的趨勢。實施暴力恐怖攻擊是可怕可恨的。平民百姓正常上街、出行、上班，突然遭

到恐怖攻擊，原本活得好好的，卻突然消失了，給多少家庭帶來意想不到的災難。

危害他人危害社會的故意犯罪分子，也是屬於為腐朽而出發的人。

物質生活的腐朽和精神生活的腐朽是一個問題的兩個方面。

塞涅卡還告誡人們：「獲得生活必需的一切，本來並不困難；只有豪華奢侈之物，才要用辛勤的付出來換取。」而那些為腐朽而出發的人，不願用辛勤的付出換取，而是用不道德的、犯罪的手段獲取。

生活奢侈是違背自然的，違背人的身體之需和人生之需。塞涅卡說：「自然的意志就是要我們不為這些東西而勞神」，可是現實生活中有的人總是「人心不足蛇吞象」，獅子大張口，恨不能吞下人間所有財寶，享盡人間所有歡樂。

中國古代聖哲強調的「大道至簡」，揭示了萬事萬物包括人生規律。

蘇東坡在《超然臺賦敘》中提出的「超然不累於物」的思想，令人警醒。再好的、再稀奇的財物都是身外之物，人一旦受財物所累，這個人就不會超然，其人生智力就會降低。

做到「超然不累於物」談何容易！人最大的失敗，是由一個活生生的自由人，變成被名利捆住手腳和心靈的囚徒。

亞歷山大不費吹灰之力征服波斯人之後，他發現波斯人的生活十分腐朽，他們厭惡辛苦的勞動，只想舒適地享受一切。亞歷山大不禁感慨道：「沒有什麼東西比懶惰和貪圖享受更容易使一個民族奴顏婢膝了，也沒有什麼比辛勤勞動的人們更高尚了。」

波斯人的昨天，千萬不要成為中華民族的今天或明天。

一個人如果懶惰成性，貪圖享樂，為了享受就會不顧人格，不惜奴顏婢膝。日軍侵略中國時出現的那些漢奸，就是貪圖享樂之人，就是不講人格、不講國格的小人。

我們都知道，死水一潭的臭水溝裡容易滋生爬爬蟲，爬爬蟲在這腐臭的水溝裡會瘋狂長大長肥，直至死亡。一個社會如果太腐朽了，就會形同臭水溝，導致萬眾成為腐朽的人並長大長肥，直至滅亡。

國家高舉法律的利劍，社會上就不會出現這樣那樣的臭水溝，就不容易滋生大量的肥肥的「爬爬蟲」，這是國家對人民最高尚的人文關愛。

那些不擇手段追求財物的犯罪分子，尤其是那些涉及醫藥安全、食品安全的犯罪分子，喪失了良知、良心，喪失了做人的資格，這些人以其良心的腐爛而導致人生的腐朽。

這起案件多麼可怕，可怕得讓人發問：餐桌上的東西還有放心的嗎？一切偽劣假冒商品的泛濫，破壞的是社會的信任機制。人與人之間、人與社會之間如果出現信任危機，人的生存環境必然惡化，給每個人包括搞假冒偽劣商品的人帶來的是生存危機。

一個社會如果管理失範，對利潤失控，對產品質量失察，假冒偽劣的東西就會大搖大擺登場，社會上那些沒死亡就腐朽的人就會越來越多，社會風氣中所含的腐臭和朽爛之氣就會越來越濃。

腐朽之人則為腐朽人生，包括拜金主義腐朽人生、享樂主義腐朽人生、極端個人主義腐朽人生等。人性是脆弱的。一個人如果不能拒絕奢侈享樂、有效地抵制各種誘惑，就會滑向腐朽人生的泥坑。

腐朽的人生，讓活著的人成為死人；綠色生活的人生，讓死了的人仍見綠色。

「人生不是一種享樂，而是一樁十分沉重的工作。」托爾斯泰的教導言猶在耳，而有的人追求的就是享樂，享樂人生的結局必然是腐朽人生。

行屍走肉地活著，就是腐朽人生。

海洋中生活著一種很小且殘疾的動物——盲鰻。它的體型只有鰻魚的一半大小，而且眼睛是盲的，但它是海中霸王——鯊魚的天敵。盲鰻的口像個橢圓形的吸盤，裡面長著鋒利的牙齒。當盲鰻用吸盤似的嘴吸附在鯊魚身上

時，鯊魚並沒有意識到自身的危險。盲鰻一點一點地向鯊魚的腮邊滑動，不知不覺中盲鰻已進入了鯊魚的體內。之後，便開始大肆吞食鯊魚的內臟和肌肉。盲鰻的食量很大，每小時吞吃的東西相當於自己體重的兩倍。在海底世界所向披靡、不可一世的鯊魚，這時卻無法抵制體內盲鰻那兩排長長的利齒。就這樣，鯊魚葬送在盲鰻之口。

這種小魚吃大魚的現象，在我們人類的身上也同樣發生。一個人道德品質上有了缺點，彷彿人生有了「盲鰻」，如不發現它、改變它，就會出現「小洞不補、大洞吃苦」而不可收拾的人生局面。所以，古人講：「一趾之疾，喪七尺之軀；螻蟻之穴，潰千里之堤。」

人生本不易，尤其是那些成功人士更不易，千萬要防止靈魂深處潛藏的「人生盲鰻」，千萬不要讓自己成了被又小又醜的人生盲鰻吃掉的大鯊魚。

一個人即便做不到為正義而生，也絕不能成為腐朽的陪葬品。

人的腐朽一般不是持有的「原始股」，不是從一開始就腐朽，而是經過了一個由量變到質變的變化過程，但人生腐朽不分先後，早腐晚腐終究是一樣的腐，一樣的給人生帶來悲哀結局。

「物必自腐，而後蟲生」。一再警示人們，拒腐防變，防微杜漸，是每個人不可忽視的人生課題。

在國家和百姓面前，任何人也只是一盤菜，無論你是「小菜」還是「硬菜」，只有保持新鮮才受歡迎，只要腐爛變質，遲早會被倒進垃圾桶，所以「人生保鮮」是每個人的終身任務。

人生征程就像一條河流，只有杜絕了源頭上的「汙染源」，防止中途出現「汙染點」，才能確保綠水長流，身心綠色環保，一生潔身自好。

人到底為什麼而出發？每個人對這一重大人生問題，不能迴避，不能躲躲閃閃，只要這個人沒有什麼見不得人的，可以見陽光、曬太陽，那他的人生就是光明的、通透的，一生將是平安的。平平安安，善始善終，是人生的最大成功、最大的幸福。

　　一個人從出發地到目的地就是一個爬坡的過程，雖然勞累，要付出汗水，但爬山之人的人生視野會越來越寬闊，看到的人生風景會越來越多。相反，如果一個人從出發地到目的地是一個下坡過程，雖然有點快，有點爽，但路途充滿危機，弄不好就會滑向人生底谷，甚至跌落萬丈深淵。

　　俄國哲學家、文學評論家別林斯基告誡後人：「世界上有兩種人，一種人，虛度年華；另一種人，過著有意義的生活。」

　　人要過有意義的生活，就要明白為什麼而出發。人只有做到頭腦冷靜、心靈寧靜、靈魂純淨，做到了腦靜、心靜、魂靜，才能找到淡泊明志、寧靜致遠的人生感覺，才不會眼熱有權有勢，不奢望腰纏萬貫，不企盼聲名鵲起，不羨慕美宅華第，不加重生命負擔，人到了淡泊寧靜而一切順其自然的時候，會找到一種撥雲見日的豁然開朗的感覺，讓你心明眼亮地看清自己的人生方向。

　　任何時候任何情況下，人都不能忘了人生為什麼而出發的「初心」。因為它是人生出發或再出發時的追求和內驅力，是人生旅途中面對各種困難和曲折的恪守與堅持，是肩上擔負的使命和責任。

　　人生苦短義何在，善存千年德馨香。人的追求既是有限的，又是無限的。人應確立正確的得失觀，不追求極限、無限，而追求有限，在踏踏實實的有限追求中，完成自己人生的使命，釋放人生無限的光輝。

　　人生就是一湖水，不求流入大海，但求純靜可飲；

　　人生就是一朵花，不求四季不敗，但求寒冬綻放；

　　人生就是一棵樹，不求挺拔參天，但求四季常綠；

　　人生就是一座山，不求巍峨高大，但求脊樑不斷；

　　人生就是一隻鳥，不求搏擊長空，但求自由翱翔；

　　人生就是一束光，不求穿透一切，但求能驅黑暗；

　　人生就是一盞燈，不求永不熄滅，但求給人光明；

人生就是一顆星，不求最大最亮，但求永不隕落；

人生就是一場戲，不求主角大腕，但求不可或缺；

人生就是一本書，不求流傳萬年，但求愛不釋手；

人生就是一道菜，不求人人愛吃，但求很有味道；

人生就是一壺茶，不求香飄千里，但求沁人心脾。

人要想明白為什麼而出發，《聖經》的智慧啟示人們，有兩樣東西不能少：智慧、知識。一個人有了智慧和知識，就有了播撒綠色的資本，就有了抵禦腐朽的「防腐劑」。

「身與草木俱朽，聲與日月並彰。」漢代的王充在《論衡·自紀》中這兩句話給人以啟示：我們在選擇人生為什麼而出發時，不要選擇「與草木俱朽」，而應選擇「與日月並彰」，這樣才能使自己短暫的生命與日月同輝，活出人生的快樂和尊嚴。

人生怎麼辦——人生目標

▌四 做「大人」，貧窮也高貴

　　有人生目標的人在奔跑，沒人生目標的人在漂泊，因為他不知道去向何方；有人生目標的人睡不著，沒人生目標的人睡不醒，因為他不知道醒來該幹什麼。

　　人生的走向，決定未來；人生的目標，決定人生的方向。

　　有這樣一個真實的故事。

　　1952 年 7 月 4 日清晨，加州的海岸籠罩在濃霧之中。在海岸以西 21 英里的卡塔林納島上，34 歲的費羅倫斯·查德威克進入太平洋，開始向加州海岸游去，要是成功了，她就是世界上第一個游過這個海峽的婦女。在此之前，她是游過英吉利海峽的第一個婦女。這天早晨，霧很大，她連護送她的船都看不到。時間一個鐘頭一個鐘頭的過去，千千萬萬人在電視上注視著她。15 個小時後，她被冰冷的海水凍得渾身發麻，她的母親和教練在另一條船上，他們告訴她海岸很近了，叫她不要放棄。但她朝著加州海岸望去，除了濃霧什麼也看不到。她覺得自己不能再游了，就叫人把她拉上船。上船後，她漸漸感到暖和了，當她發現離加州海岸只有半英里時，突然感到了失敗的打擊。她對記者說：「說實在的，我不是為自己找藉口，如果當時我能看見陸地，也許我能堅持下來。」她認為，真正令她半途而廢的不是疲勞，也不是寒冷，而是因為在濃霧中看不到目標。

　　查德威克這次橫渡加州海峽的目標本來是明確的，是大霧籠罩了彼岸的目標，由於失去追求目標的動力，導致她信念坍塌，放棄了堅持，使她一世英名留下了一次遺憾。

　　美國法學家波得斯說：「人生應該樹立目標，否則你的精力會白白浪費。」同時，人生有了目標就要堅持，否則便會前功盡棄。

　　有作為，十年勝百年；無目標，百歲猶一歲。

　　葡萄藤如果沒有支架，只能匍匐在地，亂長一氣，很難結出大串葡萄，即便長出葡萄，也是貼著地面腐爛。一個人有了正確、正當的人生目標，就等於給這個人搭起了理想的支架，以便結出更多、更好的人生之果。

　　人只有走完平凡的路程，才可能達到崇高的目標，才有更多的時間展現更多的人生風采。

　　蘇聯偉大作家、詩人高爾基說過：「一個人追求的目標越高，他的才能就發展得越快，對社會就越有益，我確信這也是一個真理。」相反，如果一個人沒有正當的人生目標，那他就像一個斷了線的風箏，自己也不知道飄向何方，只能稀里糊塗、渾渾噩噩地活著。

　　人最不好的人生狀態、最難以把握的未來是：腳踩西瓜皮——滑到哪裡是哪裡。

　　人有了錯誤的人生目標猶如進入「人生地雷區」，因為這樣的人犯了方向性錯誤，人生旅途充滿著險情。

　　沒有目標哪有理想？正如蘇聯教育家蘇霍姆林斯基所說：「如果一個人的頭上缺少一顆指路明星——理想，那他的生活將會是醉生夢死的。」

　　《菜根譚》給人的智慧：「石火光中，爭長競短，幾何光陰？蝸牛角上，較雌論雄，許大世界？」也就是說，在電光石火般短暫的人生中較量長短，又能爭到多少光陰？在蝸牛觸角般狹小的空間裡你爭我奪，又能奪到多大的世界呢？這段話告訴我們，確立人生目標應有長遠的眼光。

　　眼界高時無礙物，心源開處有波濤。人生有什麼樣的眼界，就會有什麼樣的人生目標。

　　投資未來的人，是忠於現實的人。

　　哈佛大學曾對即將畢業的大學生在跨出校門前進行過一次關於人生目標的調查，結果是這樣的：

　　27% 的人沒有目標；

　　60% 的人目標模糊；

10% 的人有清晰但比較短期的目標；

3% 的人有清晰而長遠的目標。

25 年後，哈佛大學再對這群學生進行跟蹤調查，結果如下：

3% 的人，始終朝一個方向不懈努力，幾乎都成為社會各界的成功人士，其中還有行業領袖、社會精英。

10% 的人，他們的短期目標不斷實現，成為各個領域中的專業人士，大都生活在社會的中上層。

60% 的人，他們安穩地生活與工作，但沒有什麼特別的成績，他們都生活在社會的中下層。

27% 的人，他們的生活沒有目標，過得很不如意，生活中常常抱怨他人，抱怨單位，抱怨社會不給他機會。

同樣是哈佛大學的畢業生，同在一片陽光下，25 年後他們的人生狀態差距之所以這麼大，在於 25 年前對人生目標的不同選擇。

從哈佛大學對人生目標的跟蹤調查可以看出，人生目標分為四類：長遠目標、短期目標、模糊目標、毫無目標。

不同的人生目標導致不同的人生結局：上層、中上層、中下層、下層。他們所占的比例分別是 3%、10%、60%、27%。

人生目標的選擇不同，獲得的人生就不同。一個人選擇長遠目標，就會獲得長遠人生；選擇短期目標，就會獲得短期人生；選擇模糊目標，就會獲得模糊人生；人生毫無目標，結果只能是浪費人生。

選擇不同的人生目標，導致不同的人生層次。

人都生活在一定的層次之中。導致不同人生結局的原因多種多樣，但根本的原因不要怪命運，而要怪我們自己，在於我們對人生目標的選擇和實踐。

對人生結局基本確定的人來說，看看自己所處的人生結局是四個層次之中的哪個層次，分析自己一路走來所選擇的人生目標，就會發現人生成功或失敗的原因在哪裡。

對正在行進中的人來說，如已經選擇了長遠目標那就堅持到底吧！如不是這樣，就應該重新思考，把人生的眼光放遠，確立起自己的人生長遠目標。

對剛剛踏上或正要踏上人生之途的人來說，應該選準人生長遠目標，使自己的人生不要輸在起跑線上。

選擇人生目標，走好人生長途，應該符合人生五項基本原則：

不要盯著一時一事，而要關注一生一世；

不要偏聽外界雜音，而要傾聽內心聲音；

不要追求身外之物，而要追求內聖外王；

不要懼怕路途艱難，而要堅定理想信念；

不要忘了為何出發，而要把住人生方向。

愛因斯坦的智商據說高達 278。我覺得他智商高不僅體現在成為物理學家，成為相對論的奠基者，更重要的是體現在他對人生的認知感悟和對人生目標、人生方向、人生價值的把握上。他不僅是 20 世紀最有影響的自然科學家，也是最有影響的社會學家。憑他的實力，完全可以把追求「財產、虛榮、奢侈的生活」作為人生目標，但他認為這是「可鄙的」，從而顯示出他人生理念的超凡脫俗，使他成了真正的不朽人物。

《愛因斯坦談人生》和他的一系列的人生箴言，為世人指明了人生方向。愛因斯坦是一個很了不起的人生大師。

愛因斯坦說：「試著不去做一個成功的人，而去做一個有價值的人。」這個觀點很深刻，不懂得這話的人生「科技含量」，就不可能懂得人生的真正價值。現在有很多的人一個勁兒地追求成功，有的為了成功不擇手段，不惜出賣自己的靈魂。其實，我們細想想，愛因斯坦講的「成功」和「價值」能在一個天平上相平衡嗎？一個成功的人，不一定是有價值的人，但一個有

價值的人，必然是一個成功的人。所以，我們不能忽視做一個有價值的人而去追求一個成功的人。

愛因斯坦是這麼說的，他自己也是這麼做的。

1952 年 11 月 9 日，愛因斯坦的老朋友、以色列首任總統魏茨曼逝世。以色列政府寫信請愛因斯坦當總統，他作為猶太人雖然被同胞們的好意感動了，但他還是謝絕了。用愛因斯坦的話說：「方程式對於我更重要些，因為政治是為當前，而方程式卻是一種永恆的東西。」事實證明，愛因斯坦不改變自己追求的人生目標是對的。

愛因斯坦認為「當總統可不是一件容易的事」。雖然當上總統是事業的成功，但不是人生的最終成功，真正成功是要在這個舞臺上為國家、為人民、為人類作出貢獻。我們看看世界政壇上，那些總統、總理下臺就銷聲匿跡甚至被起訴、被判刑的還算成功人士嗎？只有像曼德拉這樣的總統才是有價值的成功人生。

人生，彷彿是一次走進果園的採摘經歷，真正的樂趣是採摘的過程，而不是吃，更不是採摘的多少。人就一個肚子，吃是有限的，吃多了搞壞了腸胃，採摘多了，就得付出更多的代價，回到家吃不完也會爛掉，純屬多餘。

真正的人生成功只是過程的成功，而不是結果的成功。人不應該不問價值盲目追求成功。我們居高臨下看看人生舞臺上，為了成功，有的人累死累活的折壽折福，有的人心理變態，人性扭曲。

人生主要分三大階段，不同階段的人生任務和目標是不一樣的：學習階段，人生任務是好好學習，目標是博學篤志，自強不息；工作階段，人生任務是好好工作，目標是積德行善，厚德載物；退休階段，人生任務是好好生活，目標是盡其所能，頤養天年。這樣的人生過程，才會贏得有價值的成功。

一個有人生價值的人，不在於他實現了多少個人價值，而在於他的人生目標和人生實踐是否體現了社會價值。

莊子說，「小人以身殉利，聖人則以身殉天下。」我們選擇人生目標如果以身殉利，豈不成了小人？

　　于右任贈給蔣經國一副對聯，告訴他應確立這樣的人生目標：計利當計天下利，求名應求萬世名。

　　沒有人生目標，就沒有人生方向；沒有人生方向，人生就是盲目的；盲目的人生，不可能實現自我價值和社會價值的統一。

　　沒有崇高的理想，沒有崇高的人生目標，就沒有崇高的人生。一個人的人生目標做不到莊子說的無己、無功、無名，就不可能進入「自由之鄉」。

　　人生目標，不是成為什麼大官、大款、大師，而是成為一個什麼樣的人。

　　中國人的傳統文化是把精神生命、精神追求放在個體的物質生命之上，把精神生命的追求放在第一位。在中國人眼裡，一個真正的人，就要有一定的精神品質。所以，中國人的人生目標，就是儒家經典《大學》所要培養的人──大人。

　　一個社會的環境不適宜「大人」生長，小人就會成群結隊，猖狂得意。習近平主席強調「做人要實」，這是對一些人不做大人做小人的有力鞭撻。

　　宋朝偉大的思想家、教育家朱熹指出，「大學者，大人之學也。」由此可見，有志於做「一個有價值的人」的人生目標，應該是做人，做「大人」。

　　孔子作為教育家，他的教育理念和實踐，首先是要把學生培養「成人」，成「大人」，成「君子」。

　　《菜根譚》指出：「君子之心事，天青日白，不可使人不知。」也就是說，君子的事業光明正大，不可使人不知道。一個人的人生目標是堂堂正正地做人、做大人，也就不怕別人知道了。

　　看戲的不怕臺高，演戲的爭當主角。人生舞臺上也一樣，每個人都爭先恐後地當大腕，做大人，觀眾才會有好戲看。

　　一個連人都做不好的人，怎麼可能成為一個好公民、好黨員、好幹部呢？從根本上講，人的好壞就一條標準：做人。一切假大空的標準，只能把人引向兩面人。一個人做人成功了，有助於事業的成功，做人成功的本身就是人生成功；做人不成功，即便事業成功，最終人生也算不上成功。

做「大人」，貧窮也高貴；做小人，富貴了也成不了貴族。

一個人選擇做人、做「大人」為人生目標，才符合人生規律，才稱得上是有道人生、大美人生。

做人、做大人，才是我們自立於世、經世濟民的理想。人有了這樣的理想，心中也就有了自己的信仰。

當人們普遍不是為自己的理想而奮鬥，而是為了自己的地位和名利而奮鬥時，這個社會和這些人已經失去了應有的精神高度。

一個人乃至一個民族，只有從精神上站立起來、強大起來，才永不頹謝，永無奴性。

什麼是「大人」？「大人」一詞出自群經之首的《易經》。據易經專家統計，「大人」在《易經》中共出現 29 處，比如，乾卦中的「利見大人」，升卦中的「用見大人」，革卦中的「大人虎變」，等等。《乾卦文言》對「大人」有一種詮釋：「夫大人者，與天地和其德，與日月合其明，與四時合其序，與鬼神合其吉凶。」

王陽明在《大學問》裡指出：「大人者，以天地萬物為一體者也。」

所謂大人，用今天的話說，就是有心志學、有心向善的人，是活得堂堂正正、追求人生意義的人。

人生人生，首在做人。人做好了，這個人的生命力就強。做人不好，何談成功？何談人生價值？一個人做人做成了「大人」，其生命力就會超強，成為超強人生。

「取法乎上，僅得其中；取法乎中，僅得其下。」《易經》的智慧告訴我們，一個人有了上等的人生目標，最終才能達到中等水平的人生結果。

歐陽修所說的「得其大者可以兼其小」，是人生目標選擇的重要原則。以做「大人」為人生目標，符合這一原則。

巴菲特，不但當過世界首富，他還是個慈善家，2006 年決定向 5 個慈善基金會捐出其財富的 85%，約合 375 億美元，這是當時美國和世界歷史上最

大的一筆慈善捐款，後面他又陸續捐款。2011年2月15日，巴菲特獲得像徵美國最高平民榮譽的自由勳章。在一般人眼裡，巴菲特理所當然是世界級的頂尖成功人士，當他在一所美國大學演講時，一個學生問：「你認為什麼樣的人生才是真正的成功？」他說：「其實，你們到了我這個年紀的時候就會發現，衡量自己成功的標準就是有多少人在真正關心你、愛你。」

一個人只有誠心盡力地去關心別人、幫助別人，別人才會真正地關心你、愛你，這就是做人帶來的人生效果。那些以為當了官發了財就獲得人生成功的人，在巴菲特面前應該感到慚愧。

人作為人類歷史的匆匆過客，最大的悔恨，是到了生死臨界點時發現一輩子苦苦追求的東西並不屬於自己，一生的人生坐標定錯了！而以做「大人」為人生目標情況就不一樣了，人生就會脫俗超然。因為《菜根譚》裡講：「立身不高一步立，如塵裡振衣，泥中濯足，如何超達？」

做人，做「大人」，是中華文化倡導的上至皇帝下至庶民都應確立的人生目標。有了這樣的人生目標，就猶如一葉飄零大海的孤舟發現了燈塔，有了人生前進的方向，也彷彿給自己人生之舟撐起了風帆，從此劈波斬浪，不再偏航，使短暫的生命得到昇華。

做「大人」從做人開始；做大人，是更高層次的做人。

做人，這是最低、最起碼、任何人都可以做到的人生目標；做「大人」，這是崇高的人生目標，是做人的最高形態。做人、做「大人」，只是一個人立身做人、為人處事的質量差異，沒有本質的區別，同屬於社會好人。

人最怕的是在茫茫黑夜中漫無目的地孤獨前行。一個人有了做大人的人生目標，他在精神上就不會感到孤獨了。

孟子的學生問他：同樣是人，為什麼會有好人與壞人之分？

孟子回答說：人有「大體」和「小體」之分。大體就是人心，小體就是耳、目、四肢。「從大體者為大人，從小體者為小人。」

學生又問：同樣是人，為何有人從其大體，有人從其小體？

孟子解釋道：耳、目、四肢是人的感覺器官，與外物接觸，容易被外物引去。所以，孟子說，「心之官則思，思則得之，不思則不得」。

在物質極大豐富、物慾橫流的大環境下，學學孟子的智慧很有必要。任何人不該任憑自己的耳、目、四肢的感覺好壞來確定自己的人生追求和人生目標，否則就容易把自己劃到「小人」行列裡去了。相反，如果我們以心思考，發揮心的主宰作用，從而確立正確的人生目標，這樣便可將自己鑄就成「大人」。

人被俗念誤一生，是窩囊的一生。誰能超凡脫俗，誰才有可能具有君子人格，成為一個不愧為人之驕子的人——大人。

歷史上的伍奢、伍子胥父子皆因直諫而死，因他們是「大人」，史書記下了他們父子的名字。

「大人」是《大學》所要培養的人，我們應好好汲取《大學》的智慧。

《大學》雖然只有1751個字，但字字珠璣，蘊含了儒家思想的核心內容，是儒家認識論和方法論的集中體現。一個人掌握了正確的認識論和方法論，對人生的認知、對於如何認識人生的意義、如何確立人生目標等有重要的人生指導意義。

《大學》之所以排在「四書」之首，是因為《大學》是大人的學問，是立人之學、大人之道。宋代之後，中國進入了「四書」時代；明朝之後，又成為國家科舉考試的重要內容，成了讀書人的必讀之書。《大學》作為當時人們的基本信仰和信念，成為人們安身立命之道，家傳戶誦之學，哪怕是鄉間識字不多甚至不識字的人，也能透過口耳相傳、蒙學讀物與民間文藝，接受並自覺實踐其中立身做人的道理。「四書」透過教書先生、私塾鄉校，透過民間說書的、唱戲的以及各種渠道，流向社會，傳播人間，從而影響世道人心。

遺憾的是，中華優秀傳統文化各種傳播渠道在不知不覺中慢慢堵塞，世道人心慢慢地在發生裂變甚至是霉變。

　　一個人沒有精神生活的柱石就難有自己的精神家園；一個民族失去精神生活的基礎柱石就難以巍然屹立於世界民族之林。

　　「四書」是影響中華文化幾千年的孔孟重要哲學思想，是中國傳統文化的重要組成部分，是儒家思想的重要載體，是古代中國人為官從政之道、為人處事之道，在社會規範、人際交流、社會文化等方面產生不可估量的影響，其影響不僅福蔭華夏子孫萬代，而且跨出國門走向世界，中華文化遠播於海外，尤其是東南亞各國。

　　雖然「四書五經」有其糟粕，但只有棄之糟粕、取之精華，才可能有中華文化的傳承。非要以糟粕而否定精華，就如以酒糟否定酒一樣可笑；非要以糟粕而否定對優秀傳統文化的傳承，就如拒絕父母基因遺傳那樣愚蠢。

　　朱熹認為，先讀《大學》，以定其規模；其次讀《論語》，以定其根本；然後讀《孟子》，以觀其發越；最後讀《中庸》，以求古人之微妙處。古代聖哲的高明之處，為如何全面培養和鍛造一個人指明了方向。一個人的「規模」「根本」「發越」「微妙」都形成了，這個人的人生格局必然形成。尤其是透過《大學》《論語》教育，把人的規模、好壞、大小以及根本確定了，這個人就能成為好人、大人。而人生目標做「大人」確立起來了，這個人的人生規模和未來也就確定了。

　　做人、做「大人」，是宏觀人生目標、長期人生目標，而不是微觀人生目標、短期人生目標。

　　宏觀人生目標管長遠，管一生一世；微觀人生目標管短期，管一時一事。長遠人生目標制約短期人生目標，短期人生目標服從長遠人生目標。

　　對一個人來說，有些事情從短期人生目標看需要做，但從長期人生目標看不能做，那這樣的事情堅決不能做，否則就會因小失大，影響自己長遠人生目標的實現，給人生帶來隱患隱憂，給自己在人生路上埋下地雷。

　　以犧牲環保為代價的事，雖然對當時當權者來說，能給他們帶來一時「政績」，但對社會長遠發展來說是破壞性政績。這樣的管理者，從政之所以處理不好長遠目標與短期目標關係，其根源在於他做人也處理不好長遠人生目

標與短期人生目標的關係，在他們的眼裡，注重的是一時一事的得失，而不是一生一世的得失。這裡反映的是一個人的人生觀、人生價值觀的根本問題，這樣的人從政，官有多大，其危害就有多大。

一個人做人都做不好，怎麼能做得好事，做得好官呢？

一個人都做不成「大人」，怎麼可能做得成大事呢？

「人無遠慮，必有近憂。」我們思謀自己的人生，應該首先把長遠人生目標確立起來，使它成為一面旗幟，始終召喚自己不斷前進！

一個人確立了做人、做「大人」的人生目標，體現了這個人的精神世界，構建起這個人的精神家園，綻放出這個人生命的天然綠色。

中國自古以來鍛造了一代代的「大人」，做人、做「大人」成了人們的「普世價值」、普遍追求。

在「大人」吃香的年代或環境裡，「君子」成為社會脊樑，「小人」寸步難行，社會公信度、公正度、公平度就高；相反，在「小人」吃香的年代或環境裡，「大人」立身做人難，道德風氣差，社會問題多。

「養天地正氣，法古今完人」，這是蘇州大學的校訓。可以看出，蘇大要培養的就是「大人」。其實，所有高校，尤其是重點大學，不是職業培訓所，更不能培養國家的掘墓人，而應該是為國家培養「大人」的場所。

「大人」，不是指自然人的長大成人。

「大人」，不是指功勳卓著、地位顯赫、聲名遠颺和腰纏萬貫之人，因為這些人中有的是「大人」，有的並不是「大人」。

杭州有個岳王廟，廟裡秦檜跪在那裡被世人唾罵。秦檜可是宋朝的宰相，那是個一人之下萬人之上的職位，儘管他讓其子擔任史官，銷毀了對其不利的歷史痕跡，儘管當時那些拍馬屁的小人稱其為「聖相」「元聖」，但最終還是被釘在歷史恥辱柱上，成了千古小人。

相反，在湖北的蘄春（歷史上稱為蘄州）有個秦鉅的廟。當秦檜謀害岳飛 75 年之後，金兵再度大舉南侵，宋寧宇皇上提拔秦鉅為蘄州通判，秦鉅

面對 10 萬金兵強敵親自登城督戰，堅守城池。終因寡不敵眾，蘄州城被金兵攻破，秦鉅誓與蘄州共存亡，帶著兒子秦光及一家七口跳進熊熊烈火，壯烈就義。死後，百姓在蘄州城建廟，皇上封他為「烈侯」，親自賜額，御題「褒忠」二字。

秦檜官大但不是「大人」，秦鉅只是個相當於現在的縣市副局長，但卻是「大人」。

從法律上講，人人平等。佛經中講，「眾生平等，天有高下。」所以一般官員、文人、百姓都可成為「大人」。舉案齊眉的故事裡，梁鴻與妻子孟光過著隱居躬耕的生活，梁鴻也只是個受到人們稱讚的具有高尚節操的文人，他照樣被記載到後漢書裡，成為名副其實的「大人」。

《大學》告訴人們，按照「三綱領」的要求去做，就能把自己鑄造成「大人」。

「三綱領」是國學裡的一個詞。《大學》開宗明義指出：「大學之道，在明明德，在親民，在止於至善。」用通俗的話說：一個人的大人之道，在於彰顯自身光明的品德，在於保持嶄新的面貌，在於達到至善的境界。這就是「大人」的三條標準，是培養自己成為「大人」的三條途徑，也是儒家指出的具體的人生奮鬥目標。一個人若始終以此為具體目標，人生必然成功而有意義。

「人」字就兩筆三頭。上面的一個頭，代表的是人的頭，即是「三綱領」要求的保持嶄新的精神面貌；下面的兩個頭，代表人的兩只腳，即是「三綱領」要求的彰顯自身光明品德和達到至善的境界。

「大人」的特點和成為「大人」的途徑，主要體現在以下兩方面：

一、抬頭挺胸，積極向上

「人」的「頭」，必須要抬起來。

儒家文化是「入世」的文化，它提倡積極的人生態度，倡導人們面對現實生活中的艱難和坎坷，始終保持樂觀向上的心態，做到向上、向善。諸如

屈原的上下求索，李白的自信人生，蘇軾的豪邁奔放，諸葛亮的死而後已，等等，都是儒家思想的典型代表。儒家的積極人生觀、樂觀向上的人生態度，不僅是一種心態，也是一種人生智慧。一個人如果有了這種人生智慧和積極心態，便會成為自主人生、自強自立人生，這樣的人生自然會得到命運之神的青睞。

一個人活得抬頭挺胸、積極向上了，任何情況下都能始終保持嶄新的精神面貌，那他的人生所具備的氣象就是一個「新」字，這樣的人，才符合「大人」的特徵。

人應該把保持嶄新的精神面貌作為自己的人生追求。

精神面貌，指人的意識、思維活動和一般心理狀態，是一個人對待事物、對待人生的態度。

人與人的精神面貌是不一樣的。有的人一天到晚笑容滿面，有的人愁眉苦臉；有的始終精神振奮、意氣風發，有的萎靡不振、無精打采；有的神采奕奕、滿面春風，有的愁容滿面，垂頭喪氣……人生的差異，往往源於人的精神面貌的差異。

一個人始終保持嶄新的精神面貌，他的人生必然具有「精氣神」。

「精氣神」，蘊含了中華傳統養生文化的真諦。精是生命的起源，氣是生命的動力，神是生命的體現。一個人如果整天耷拉著腦袋，人就沒有精氣神；一個人的人生如果不能抬頭挺胸、積極向上，人生就沒有「精氣神」。

人最好的精神面貌，就是抬頭挺胸，積極向上。

1972 年，美國總統尼克森到中國，尼克森問周恩來，中國人為什麼走路總愛彎著腰，而歐洲人和美國人走路都挺著腰。

周恩來機敏而詼諧地說：「中國人正在走上坡路，歐洲和美國人正在走下坡路。」

這僅僅是走路習慣的問題嗎？ NO ！即便是種習慣，也折射出一定的意識、思維活動和一般心理、精神狀態。

　　一個人走路的精神面貌，往往體現兩種人生狀態：一種人走路時抬頭挺胸、目視遠方，這種人往往只注重人生的遠處風景，性格比較外向，為人處世比較大方。另一種人走路時耷拉著腦袋，目視腳前的地面，給人感覺此人總在思索什麼事。這種人往往只關注人生眼前的得失，性格比較內向，為人處事顧慮重重。

　　走人生路如果不抬頭挺胸，路就會越走越窄。如果抬頭挺胸積極向上、向善，路就會越走越寬。即便人生路上遇到「塌方」，也能再辟新路，創造不一樣的輝煌。

　　抬頭挺胸，積極向上，體現的是人生信念。有了這樣的信念，即便歷盡坎坷跌進低谷，人生也會挺拔而不萎縮。

　　唐宋八大家之一的蘇軾，21 歲時考中進士，做了 40 年的官。公元 1080 年，蘇軾因「烏臺詩案」而坐牢 103 天，淪落到幾次被砍頭的境地，幸得王安石等人上書神宗皇帝而未殺。被降職貶官來到黃州，由於薪俸減少了許多，他窮得連過日子都很艱難。後來在朋友的幫助下，整了一塊地自己種菜。為了不亂花一文錢，他實行計劃開支：先把所有的錢計算出來，然後分成 12 份，每月一份。每份中又平均分成 30 小份，每天只用一小份。錢全部分好後，按份掛在房樑上，每天清晨取下一包，作為全天的生活開支，開支中只準剩餘不準超支，積攢下來的錢，存到一個竹筒裡，以備意外之需。在困境、逆境中，蘇軾以勤儉節約來維持生活，絕不改節，並創作出《赤壁賦》《後赤壁賦》《念奴嬌·赤壁懷古》等千古名作，以此來寄託他謫居時的思想感情。從此時起，「東坡居士」之號為其人生增添美譽。

　　在困厄時如不抬頭挺胸，積極向上，哪有名垂千古的蘇軾！

　　做人的最佳姿態，不是一味低調，也不是一味張揚，而是始終如一的不卑不亢、堂堂正正。

　　抬頭挺胸的人才有人格。仕途上的人從人格看分為兩類，一類是重人格的人，另一類是輕人格的人。重人格的人即便在上司等權貴面前也能站直挺胸，在權力面前不會低三下四，人顯得很挺拔；而輕人格的人在上司等權貴

面前唯唯諾諾，放棄自己人格尊嚴，人顯得很萎縮；重人格的人既對上負責更對下負責，輕人格的人只對上負責不對下負責。其實，對下不負責的人最終對上也負不了責；重人格的人會尊重所有人的人格，輕視自己人格的人也會輕視別人尤其是下級的人格；出賣自己人格的人也會出賣他人的人格。

抬頭挺胸，積極向上、向善，體現的是一種人生態度。有了積極向上、向善的人生態度，他就會像爬牆虎那樣，以頑強的生命力攀爬牆壁，一天天向上生長。相反，沒有樂觀向上的人生態度，就像被蟲咬斷根的瓜秧，一天比一天蔫，直至枯死。

人生狀態不一樣，呈現出來的精神世界也會不一樣。

曾有這麼兩個孩子，一個叫悲觀，一個叫樂觀。他倆的父親希望能夠改變一下他倆的狀態，所以，給悲觀這個孩子送了一屋子玩具，給樂觀這個孩子送了一屋子馬糞。

第二天，父親去檢查他的試驗結果時發現，悲觀這個孩子依舊愁眉苦臉，所有的玩具連碰都沒碰過，因為他害怕把它們弄壞了。而樂觀這個孩子呢，則在馬糞堆裡玩得不亦樂乎，看見父親就樂呵呵地問：「爸爸，您一定在馬糞裡面藏了什麼寶貝吧？」

這個故事啟示我們，人生狀態在很大程度上取決於我們對生活的態度，取決於我們看問題的角度和方式。悲觀者總是躺在悲觀的褥子上睡覺，不可能做出樂觀的美夢；而樂觀者總是躺在快樂的床墊上睡覺，他的夢永遠充滿希望，永遠釋放出亮麗的光彩。

悲觀和樂觀是我們對待生活所表現出來的不同情緒。生活中遇到的任何一件事，都可以從不同的角度去認識。現實是客觀存在，是一張臉，而人對待這種現實會表現出兩張臉，無論你樂觀面對還是悲觀面對，它都已成為事實，我們何不樂觀面對，去享受那些不盡如人意中的快樂？

樂觀面對一切，就應該保持嶄新的精神面貌。

樂觀面對一切，不等於樂觀接受一切。

流行音樂源於西方。20世紀的前幾十年，爵士樂、搖滾樂、節奏布魯斯、索爾音樂等音樂風格作為美國的產物，引領著世界各國的流行音樂形態。在中國，流行音樂從一個被批判的對象，逐漸發展成為被大眾廣泛接受的娛樂。由於流行歌曲在情感價值取向方向迎合了青年人的心理，由於這一類的歌曲使用的音域不寬，接近口語化起伏平緩的旋律，再加上借助麥克風擴音調音設施的修飾，能使每個人毫不費勁地演唱，富有個性的流行唱法，受到很多青少年喜歡。

文化化人。好的文化把人越化越好，不好的文化把人越化越差。有些流行歌曲的文化由於不接地氣、不積極向上，對青少年的成長進步是起不到好作用的。

有首流行歌曲叫《活著就是折騰》，這裡面的歌詞從勵志的角度講，不是積極向上的，不可能引導人在人生路上做一個昂首挺胸之人，至多只能娛樂一下，消磨消磨時光。但對青年人來說，一寸光陰一寸金，寸金難買寸光陰，時間一天天消磨掉了，寶貴青春也會被消磨掉。一個立志做大人的人，年輕時是不會打發、消磨時光的。

一個人把自己的時間和精力用在什麼地方，他就將得到什麼樣的人生。

流行歌曲應該接上地氣，才能對涉世不深的年輕人負責；年輕人只有有了正確的價值取向，才可能對自己的人生負責。作為個人，要選擇勵志的、健康的、積極向上的歌曲，絕不讓一些消極的流行歌曲成了消磨人意志、改變人品行的「隱形殺手」；作為社會，不要讓那些辨別能力差的青少年，在不知不覺中成了種種消極頹廢文化的犧牲品。

一個國家的年青一代，如果普遍積極向上，這個國家的未來就會充滿希望；如果普遍消極頹廢，這個國家就會走下坡路，衰敗中一旦遭遇內憂外患，國家大廈就會因缺乏脊樑、棟樑、大梁而風雨飄搖。

易經的乾卦給人的智慧是：天行健，君子以自強不息。自強不息，是最嶄新的精神面貌，是一個人精神面貌的核心支柱。

人一旦有了自強不息的精神面貌，就會立志成才成人，不甘落後。

唐朝著名學者陸羽是個孤兒，被智積禪師撫養長大。陸羽雖身在廟中，卻不願終日誦經唸佛，而是喜歡吟讀詩書。陸羽執意下山求學，遭到了禪師的反對。禪師為了給陸羽出難題，同時也是為更好的教育他，便叫他學習沖茶。在鑽研茶藝過程中，陸羽碰到了一位好心的老婆婆，他不僅學會了複雜的沖茶技巧，更學會了不少讀書和做人的道理。當陸羽最終將一杯熱氣騰騰的苦丁茶端到禪師的面前時，禪師終於答應了他下山讀書的要求。後來，陸羽撰寫了廣為流傳的《茶經》，把茶藝文化發揚光大。

清朝初期參與編撰重要史書《二十四史》的史學家萬斯同，小時候非常頑皮，厭惡讀書，當他看了陸羽的《茶經》後深受啟發，開始用心讀書，終成一位通曉歷史、博覽群書的著名學者。

人一旦有了自強不息的精神面貌，就會樂觀向上，活得灑脫。

劉禹錫，是中唐傑出的文學家、政治家、哲學家、詩人和散文家，官至節度使、監察御史，文學上也名氣沖天，他與白居易並稱「劉白」，與柳宗元並稱「劉柳」，被譽為中唐的「詩豪」。劉禹錫一生之所以在多方面都取得重大成就，與其精神狀態和人生狀態有重要關係。

自古逢秋悲寂寥，

我言秋日勝春朝。

晴空一鶴排雲上，

便引詩情到碧霄。

這是劉禹錫《秋詞二首（其一）》。秋天裡感受到春潮的湧動，我們不能不被劉禹錫的樂觀向上的精神所感染。

一個人即便碰上惡劣的工作和生活環境，都不能破壞他的心境和情緒，始終樂觀向上，這個人欲實現他的人生目標，肯定是無法阻擋的。

人一旦有了自強不息的精神面貌，就會不斷突破自我，提升人生境界。

魯迅先生出身於封建家庭，青年時候受進化論、尼采超人哲學和托爾斯泰的博愛思想的影響，立志做一名醫生，曾在仙臺醫學院學醫。那時魯迅想

的是：「我的夢很美滿，預備卒業回來，救治像我父親似的被誤的病人的疾苦，戰爭時候便去當軍醫。」後來，「我便覺得醫學並非一件緊要的事，凡是愚弱的國民……病死多少是不必以為不幸的。所以我們的第一要著，是在改變他們的精神，而善於改變精神的是，我那時以為當然要推文藝。」於是魯迅棄醫從文，他給自己畫像：「寄意寒星荃不察，我以我血薦軒轅。」在20世紀初中國「救亡圖存」的大背景下，他大聲喚呼「精神界之戰士」，提出「立人」主張。他「忍看朋輩成新鬼，怒向刀叢覓小詩」，他的散文詩集《野草》，真實諷刺了當時社會的黑暗面。他登上五四文壇後，寫出《阿Q正傳》等不朽著作，從反面批判人性的殘缺，後期則以雜文為武器，全力抨擊封建專制主義扭曲人性的社會和傳統。他畢生所致力的，就是對中國人精神的反思，啟悟國人「悟已亡為奴」，改造自己的國民性，從奴性狀態上升到悟性境界。而他所做一切的目標，就是為了國人能夠「幸福的度日，合理的做人」。

一個人不能「從奴性狀態上升到悟性境界」，這個人就難有自己的獨立人格；一個國家不能「從奴性狀態上升到悟性境界」，這個國家就難有自己獨立的國格。

「幸福的度日，合理的做人」這是魯迅為普通百姓指出的人生目的。我們每個人都應把這10個字貫穿自己的一生。

魯迅先生的棄醫從文，是人生職業目標的重大調整，從而使他的人生價值得到飛躍性提升，社會價值得到歷史的尊重，使他深刻影響五四後的中國文學，成為中國現代文學的奠基人，成了世界十大文豪之一。

法國戴高樂將軍說過：「目標已經在望，為了這個目標，我們遭受一些痛苦是值得的。在這之後我們將會飛得更高、更遠、更有力。」

人生如行舟，不進則退。人生似百舸爭流，大家都在往前走，你不前進就等於後退，如走錯方向，就會越行越遠。正所謂「不日新者必日退」。一個人如果自強不息，就能日見「新」，月見「新」，每天見到的太陽都是新的，那就可以做到「苟日新，日日新，又日新」，就能使自己的人生氣象日新月異，一天一天向著人生目標靠近。

　　每個人的生命，都是從父母那得到的一粒種子，我們只有珍惜生命、熱愛生命的義務，沒有糟蹋生命、糊弄生命的權力。這粒種子能不能發芽、開花、結果，全看我們自己有無積極向上的生命觀和生命力。

　　有了強烈的做人意識，才能保持人格的獨立和尊嚴，關鍵時刻敢於亮出「不」字，用一身浩然正氣驅散雲翳，守住那輪永遠照耀自己心靈的明月。

　　貝多芬，18 世紀末德國著名的作曲家、音樂家。1792 年，22 歲的貝多芬定居維也納，很快贏得了維也納最卓越的演奏家的稱謂。一次，在利西諾夫斯基公爵的莊園裡，來了幾位侵占維也納的拿破崙軍官。公爵為了取悅這幾位來賓，便非常客氣地請貝多芬為客人們演奏一曲，但貝多芬斷然拒絕。當公爵由請求轉為要求的時候，貝多芬憤怒了，他一聲不響，猛地推開客廳的門，在傾盆大雨中憤然離去。回到住處，貝多芬把公爵給他的胸像摔得粉碎，並寫了一封信：

　　「公爵，你之所以成為一個公爵，只是由於偶然的出身，而我之所以成為貝多芬，完全是靠我自己。公爵現在有得是，將來也有得是，而貝多芬只有我一個。」

　　正如貝多芬所說，由於偶然的出身，這個世界上的確有過無數的公爵，然而，歷史最公正，時間最無情，當這些顯赫一時的公爵一個個都灰飛煙滅，在歷史長河中消失得無影無蹤時，貝多芬卻永遠留存在人們的記憶之中。貝多芬沒有高貴的出身，但他卻珍惜自己這粒生命的種子，用自己的生命力去發芽、開花、結果，以不朽的作品創造不朽的命運交響曲。

　　1801 年，31 歲的貝多芬愛上了一個女人——朱列塔·圭恰迪爾，他把《月光奏鳴曲》獻給她，但是這位不解風情的女子不理解貝多芬崇高的靈魂。1803 年，該女子與一個伯爵結婚，失戀使貝多芬感到了絕望，甚至曾留下遺書，但是貝多芬沒有拋棄自己這粒並不高貴的生命種子，從痛苦的失戀中堅強地走出來，寫出了明朗樂觀的《第二交響曲》。之後，更多的好作品源源不斷地展現他的精神風采。

「一個朝著自己目標永遠前進的人，整個世界都給他讓路。」貝多芬的人生旅程證明愛默生的這句名言是多麼正確。

一個人面對生活的磨難，能否保持積極樂觀的精神面貌，決定了這個人能否兩腳自立於世。貝多芬在這方面為世人樹立了榜樣。

人生，活的就是一種心情，一種精神。心情快樂了，精神就愉悅，即便重度霧霾，也依然笑靨如花；心情受傷了，精神就落淚，縱然陽光普照，彷彿置身於大霧之中。

一個社會，人們的精神面貌如果普遍積極向上占主流、占主導，這個社會整體上就積極向上，就在走上坡路；如果人們的精神狀態積極向上不占主流，不占主導，這個社會就會消極頹廢、在走下坡路。

二、兩腳踏地，深接地氣

義大利詩人但丁說：「人應當像『人』一樣，永遠向上而雙腳踏地。」

諾貝爾文學獎獲得者蕭伯納指出：「一個人的腳跟沒有實實在在地站穩，掃帚柄掉在身上，也會驚慌失措。」

一個人的兩只腳叉開站在地上站穩了，這個人就安全了。

一個人的人生兩只腳腳踏實地接地氣了，這個人的人生也就安全了。

人生的兩只腳，彷彿是「三綱領」中講的彰顯自己光明的品德和達到至善的境界，也就是「德」與「善」兩個字。一個人的兩只人生的腳如果能踏踏實實地站在「德」與「善」這兩片肥沃的大地上，就一定能從中汲取豐厚的滋養，接上地氣，把自己不斷鑄造成「大人」。

《小窗幽記》告誡人們：「立業建功，事事要以實地著腳；若少慕聲聞，便成偽果。」意思是說，創立事業，建立功績，任何一件事情都要腳踏實地去做，如果有任何一點追求虛名的念頭，都會造成華而不實的後果。這話振聾發聵呀！

　　一些官員為追求政績和虛名，沒能在履職中做到誠意正心，沒能和百姓打成一片深接地氣，成了頭重腳輕根底淺的蘆葦人。

　　腳踏實地做人做事，是人生職場第一哲理。

　　沒有腳踏實地，哪能實事求是？沒有實事求是，哪能深接地氣？

　　《小窗幽記》告訴人們，「風狂雨急立得定，方見腳跟。」人生不會像雪松那樣，終年常綠，不會始終處在繁花似錦、柳密如織的美麗景色中，有時也會面臨狂風驟雨，每當此時，若能站穩腳跟，不被吹倒，不隨波逐流，才見腳跟的功夫，才知接地氣的好處。

　　李大釗深有體會地說：「凡事都要腳踏實地去做，不馳於空想，不騖於虛聲，而唯以求真的態度作踏實的功夫。以此態度求學，則真理可明；以此態度作事，則功業可就。」

　　接地氣很重要，事關做什麼樣的人，事關人生發展方向。

（一）把彰顯自身光明品德作為自己的人生追求

　　在一個原始部落，酋長召集族人開會，他給大家講了個故事：我們每個人都會有優點和缺點，而這些優缺點不是能夠和平相處，經常會有鬥爭，就像兩匹狼，一匹是好狼，代表著人的優點，比如仁慈、勤奮、孝順、友愛、認真、正直等；另一隻是壞狼，代表著人的缺點，比如冷漠、懶惰、無情、草率、奢侈等，說到這裡，有人問道：那哪隻狼會勝利呢？酋長答道：「你給哪隻狼餵食，那隻狼就會勝利。」

　　我們每個人只能給自己心中那匹代表優點的狼餵食，一定要餓死那只代表缺點的狼。這只代表優點的狼就是品德。

　　人人都願得到他人的尊重。獲得尊重的不同方式途徑，折射出這個人是在餵自己心中的哪匹狼。

　　尊重的純度是不一樣的。同樣是尊重，有短暫尊重和長期尊重之別；有內在尊重和外在尊重之差。有的尊重發自內心深處，有的僅僅停留在表面，

摻雜著很強的功利色彩。獲得尊重，主要源於四個方面：權力、財富、才華、美德。依次顯示尊重的純度越來越高，尊重的時間越來越長。

最不純潔、最短暫的尊重是對權力的尊重。最純潔、最持久的尊重是對美德的尊重。

「德不孤，必有鄰」。一個人有了美德，就可獲得他人和社會的尊重，就意味著人生的成功。如果在此基礎上，再具備另三項中（權力、財富、才華）的任意一項，這個人就意味著很成功；如果一個人在具備美德的基礎上，再具備權力、才華，或財富、才華，這個人就意味著特別成功。

「功高後毀易，德薄人存難。」王安石告訴我們，功勞高大後再把它毀掉很容易，道德修養淺薄的人則很難在世上立足。因此，一個人想在人世間安身立命，道德修養淺薄了不行。

道德是人類行為和關係的一種最廣泛有效的調節方式和規範系統。一個國家的人如果普遍缺失道德感，政令和法規的貫徹執行就會缺乏根基，社會文明的大廈就會缺失基石。所以，《左傳》指出：「德，國家之基也。」

一個人接受了崇高的道德文化，這個人將走向崇高；一個地方的政府對腐朽文化抵制不力、對道德文化推行不力，這個政府是失職的。

德，乃仁道的體現，本色天然，不假修飾。今天的一些人把德作為一件外衣，當作自己的修飾品，完全失去了德的天然本色。

「德者，得也。」意思是有德者才有得。這是《禮記》中的一句話，言簡意賅，發人深省，被世人奉為至理名言。

德文化、善文化，有深厚的群眾基礎，是中國傳統文化中永不過時的地氣。

德文化，是代表道德文化最高形態的伏羲易道文化、黃帝法道文化和老子的德道文化等。這是中華文化和精神文明的基因文化、地氣之源。失去這個 DNA，中國文化就會失「根」，中國人就會失「魂」。

　　中華民族的生生不息、發展壯大，離不開中華傳統文化的基因文化，什麼時候中華民族的基因文化出現「斷根」，那麼華夏文明將意味著結束。

　　「萬物有所生，而獨知守其根。」《淮南子·原道訓》告訴人們，無源之水再多，無本之木再粗，都難以持久。

　　北宋史學家司馬光有句名言：「才是德之資，德是才之帥。」對一個人來說，良好的道德品質居於統帥地位，支配決定著這個人的發展方向，影響、左右著這個人的行為。

　　《易經》六十四卦中，坤卦世人都應該瞭解掌握。《大象》中說：「地勢坤，君子以厚德載物。」這就告訴我們，天地間所有有形的東西，沒有不是承載在大地上，沒有比大地更厚道的了。所以，君子處世要傚法大地，以厚德對待他人。厚德載物，是我們修德潤身的目標，也是成為「大人」的必備條件。

　　道德潤身，還得要記住《道德經》裡的四個字：上善若水。人若像水一樣，善利萬物而不爭，達到了至善的境界，這個人就具備了大地和水的德性，就有了「大人」的氣象。

　　道德是一種巨大而無形的力量。自古以來的一個個「大人」，都是透過施德而獲得人的尊重，得到社會的信賴，因此而成為中華德文化的一個個符號。

　　儒家認為仁義之心是人之生命的根本，失去仁義之心就等於喪失生命之根本。因此，儒家強調做事要從仁義出發，不仁之事不做，不義之財不取，哪怕人與人相交也要有所選擇，要與有道德的人相交相處。

　　儒家注重道德教育。道德是文化教育的中心內容。這種教育不是知識教育，更注重的是倫理教育，是如何做人的教育，儒家的教育目標是透過道德教化以造就志士仁人的理想人格。今天的家庭教育尤其是學校教育在這方面亟須加強。

《貞觀政要》在「教誡太子」時有這樣一句話：「人之立身，所貴者唯在德行，何必要論富貴？」這是總結歷史得出的箴言。為人父母、老師、領導，都應該率先垂範地做到以德立身，莫以富貴論英雄，莫教他人爭權貴。

在當今一些人的字典裡，成功的定義在於權力、財富和出名。

儒家強調一個人的成功在於內聖外王。內聖有賴於「立德」，即注重人的自我身心修養，以挺立道德人格；外王有賴「立功」，即在社會上成就一番大事業，挺立政治人格。一個不注重做人、做「大人」的人，怎麼可能想到要去挺立道德人格和政治人格？怎麼可能成為內聖外王之人？一個政治家、科學家、藝術家、作家等重量級人物，如果做不到內聖外王，歷史老人能把他記錄到歷史的畫捲上嗎？那樣的話，重量級人物又能重到哪裡去？

重德者昌，失德者亡。古今中外，概莫能外。

《大學》的首要任務、修身的第一綱領是：「明明德。」即彰顯自身光明品德。

《周易·象傳》裡也強調：「自昭明德。」即自己彰顯光明品德。

漢代陸賈在《新語·術事》中說：「立事者不離道德。」

如何求德？亞里士多德指出：「德可以分為兩種：一是智慧的德，另一種是行為的德。前者從學習中得來，後者從實踐中得來。」

古時候，有一位太子的聲望已經很高了，準備去周遊列國，培養自己的聲望。這時候來了一位鄉下老頭，腋下夾一把破雨傘，自稱是王者之師，說可以做皇帝的老師，幫助平天下，要求見太子。太子見他後，老頭說，聽說你要周遊列國，這樣去不行，你要稱我為老師，處處要敬我，在各國宴請你的時候，讓我坐上座，這樣你才能實現你提高聲望的目的。太子問為什麼？老頭說：你生下來就是太子，絕對是坐上座之位的，而你在公開場合將主位讓給一個貌不驚人的老師，處處恭敬於我，大家對你的看法就不一樣了。你禮賢下士，非常謙虛，人家佩服你。我肚子裡到底有多大學問，人家不清楚，對你也就畏懼了。太子一聽有道理，照辦，結果達到了預期目的。

這個老人肯定是個智者。他高就高在讓太子用行為彰顯品德，以此提高聲望。這個太子也是智者，因為他懂得「聽人勸，吃飽飯」。

一個人做人、做「大人」的首要任務，就是要彰顯自身光明品德。因為德是一個人的立身之本，處事之本，治世之本。「本」立才能「道生」。

品格決定人生，它比天資更重要。有的家長只注重培養孩子的才能而忽視培養品德。有的成年人也不懂得品格比天資重要，天資天賦若好一點，便飄飄然，就像孔雀一樣見人就展示羽毛，陶醉於自我炫耀。

被稱為「文藝復興之父」的彼特拉克告訴世人：「只有美德是永恆的名聲。」那些以各種方式追求名聲的人弄不懂這句人生箴言，所得到的名聲只能是曇花一現。

德行正者以公心用人才，德行不正者以私心用奴才。因為對德行不正的人來說，人才那是國家的事，對國家忠誠與否彷彿與他無關，而奴才聽話，他要的是對他的忠誠。

社會如果缺失道德擎天柱，中國夢就難以實現；人生大廈如果缺失道德這根支柱，要不建不起來，就算建起來了遲早也會坍塌。

現在世上不少的人建的人生大廈是海市蜃樓，在霧濛濛狀態下看起來是奇觀，很壯觀，但見不得陽光。所以有的人富了不敢露富，像谷俊山這樣的人在家鄉建「侯府」，公開露富，成了「傻子瓜子」。有的人忍不住要露，但不敢讓人到家裡去參觀。實際上貪官露與不露，都是欲蓋彌彰的事，都是自欺欺人的事。凡是貪官不是一天兩天的貪官，不是在一個人兩個人面前的貪官，群眾的眼睛是雪亮的。清者自清，濁者自濁。一個官員的清濁在群眾心裡自明，只不過說與不說、舉報不舉報罷了。特別是那些給人送了禮而沒辦成事的人，心裡極不平衡，雖不敢公開去說，但與個別親近的人還是流露出怨言，接著這個人又和他親近的人說，傳來傳去還是神神秘秘地傳出去了，只不過當事人及關係親近的人聽不到罷了。

人生大廈的坍塌分為真實坍塌與隱性坍塌。當事人出事了，被查被抓了，這時人生大廈建得再好也不復存在，這是真實坍塌。還有一種人，雖然在位

或不在位時都沒被曝光，但群眾心裡都很清楚、很明白這個人是什麼德行，他自己也如驚弓之鳥，心有餘悸，在群眾眼裡，這類人的人生大廈早已坍塌，這叫隱性坍塌。

有容德乃大，無欺心自安。這幅對聯給我們帶來的人生智慧不是十個字能表達的。

《冬夜雜詠·幽蘭》中有這麼兩句：「只為馨香重，求者遍山隅。」幽蘭花香，趨之若鶩。其實，人也是這樣，人的德行不好，太臭了，沒人願黏他，但德行好的人，身上彷彿散發一股香味，大家都願接近他。所以，古代有「明德馨香」這個成語，告訴人們，完美的德行才芳香醇真。

一個人如果稱得上「明德馨香」，那他就具有「逆天」的芳香了。

一個人品德好了，他的人生就會光明。即便這個人身有殘疾，也照樣能彰顯自己光明的品德。

張雲成，1980 年 5 月出生在中國黑龍江的一個農村家庭，從小患有進行性肌肉營養不良症。他從懂事的那一天起，就知道自己只能活到 28 歲。他只能天天在炕上坐著，眼中唯一的風景是自家院子。他肌肉萎縮到不能自己穿衣洗臉，手臂舉不過頭頂，手拿不起一本書、一杯水，生活完全不能自理。但就這樣的一個苦命可憐之人，卻不服命運的安排，他以堅強的毅力自學了小學、初中、高中的課程和大學的語文，學習寫毛筆字，堅持觀察生活和寫作。2003 年，他出版了一本《假如我能行走三天》的近 20 萬字的自述書，這本書獲得了一系列獎項，張雲成和楊利偉、姚明等被評為 2003 年度「中國青年年度勵志人物」。

張雲成在《假如我能行走三天》裡，有這麼一段話：

假如我能行走三天，我將萬分珍惜這三天中的每分每秒；我將自己穿衣洗臉，即使晚上整夜不睡，也要替媽媽給三哥翻身，為她減輕負擔，讓她睡一個完整的覺；我將從媽媽那單薄的肩膀上，接過沉重的擔子，放在自己的肩上，讓媽媽不再受累；我將替媽媽去幹活，接過她手中的鐮刀，讓她坐到樹蔭下乘涼，不讓她嬌小的身軀在一望無垠的田地裡忙碌；我將在媽媽受欺

負的時候挺身而出，讓媽媽站在我魁梧的身後，由我面對惡人，若惡人蠻不講理地羞辱我們，我將給他一記重拳，讓他知道人格不容侵犯，讓媽媽不再流淚；我會拚命幹活，賺錢給媽媽買她最愛吃、卻捨不得買的香蕉，讓媽媽過上幸福生活；我將彌補這些年對父母、家人欠下的一切……

張雲成金子般的心，令人感動，令人動容。天下所有的父母看了這段話都會感動得潸然淚下，天下所有做兒女的看了這段話都會對自己過去的不孝言行感到羞恥而慚愧得無地自容。

張雲成這樣的人能堅強地活下來，就是生命的奇蹟，竟然還能自學成才，彰顯自己美好的品德，更是不可思議的奇蹟。這是一個生命遇到的天大災難，這是一曲用毅力和心靈譜寫的人生讚歌！

張雲成為什麼能做到這樣？他說：「我終於證明了一點，在這個世界我存在過，奮爭過。」與張雲成相比，難道我們每個健康狀態很好的人，不更應該去證明自己在這個世界上存在過、奮爭過嗎？難道不更有條件、更有理由去彰顯自己光明品德嗎？

美國作家斯蒂勞斯說：「每場悲劇都會在平凡的人生中造就出英雄來。」張雲成就是悲劇造就出來的「炕上英雄」。

人猶如燈泡，雖然亮度不一樣，但只要在所安裝的位置上和使用壽命時間內發光發亮，就體現了它應有的價值和意義。正是這一個個亮度不一樣、色調不一樣的「人生燈泡」，照亮了人間黑夜，使人生夜晚變得五彩繽紛，流光異彩。

一個人的機遇有好壞，能力有大小，雖然有的人放射出的光明品德的光芒小一點，亮度暗一點，而有的人大一點、亮一點，但只要他盡心盡力地展現自己的光明品德，他就體現了他應有的價值和意義，展示了他應有的人生風采。

不同的人有不同的展現自己光明品德的方式和舞臺。

一個人展現自身光明品德不在於社會給予的舞臺大小，而在於自己心靈搭建的舞臺的大小。當社會應該給予而沒能給你應有的舞臺時，不要抱怨組

織和國家，因為有權決定你政治生命的人，他代表不了正義，代表不了組織和國家，只要你有本事、有德行，完全可以自搭舞臺去展示自己的美德和人生風采。

如果一個人的品德不好，社會給予他的舞臺再大，他也展現不出自身的光明品德，他的人生必然黯淡無光。

《菜根譚》告誡從政之人：「德者事業之基。」一個人道德坍塌了，事業大廈豈有不坍塌之理？

《朱子治家格言》正告世人：「德不配位，必有災殃。」一個人沒有好的德行，哪來好的福報？即便得到好的地位或享受，如果德薄了也承載不住，遲早必有「災殃」。這樣的人生法則人人都要記在心裡。

「富貴不淫貧賤樂，男兒到此是豪雄。」宋代的程顥指出，一個人富貴不迷惑其心，貧賤不消磨意志，這樣的人可稱為英雄豪杰，可算為「大人」了。

（二）把達到至善的境界作為自己的人生追求

善，是中華傳統文化中最重要的特質和核心價值，是與人為善、懲惡揚善、以和為貴、以善為美的善文化的內在基因和歷史積澱。

儒家思想是立足於人世間，以人性人情為出發點的倫理化哲學。

孟子的性善論，為儒家文化在倫常關係之外增添了濃厚的人情味──以人為本，成為今天與明天，中國與世界永久的「普世價值觀」。

積德行善之家，恩澤能及於子孫；不積德行善，禍患必然殃及子孫。這樣的人生辯證法，我們應該信服才是。

「人不善，則天地之心病。」王陽明告訴人們，不善是一種心病，心理上有病容易導致百病。

公務員是父母官，心地不善之人，不宜為官。

禍福不是上天賜予的，而是自找的。正所謂「禍福無門，唯人自召，善惡之報，如影隨形。」人死了，金銀財富、名望地位都帶不走，唯有善惡如

影隨形地跟著一起去。所以，人生所作所為務必要把住善惡界限，不作惡，不損人，多惜福，多行善。

有人看不到行善的好處，這是功利心所致。「人而好善，福雖未至，禍其遠矣。」曾子的智慧告訴我們，行善即便看不見福來臨，但必然會遠禍，遠禍即福！

香港知名實業家霍英東，為富施惠，熱心公益，為社會捐款 200 億元，曾獲「中華慈善獎」。他說：「有錢，是上天賜給你做善事的機會。」他雖然於 2006 年去世了，但他的生命在他的慈善事業中延續，在他資助的 2000 多名青年教師身上延續……

不僅中華文化崇善，其他國家的文化也一樣崇善。善文化是人類的共同文化。

莎士比亞說：「善良的心地就是黃金。」「沒有慈悲之心的是禽獸，是野人，是魔鬼。」

羅曼·羅蘭說：「靈魂最美的音樂是善良。」

盧梭說：「善良的行為使人的靈魂變得高尚。」

馬克·吐溫講過：「善良，是一種世界通用的語言，且盲人可感之，聾人可聞之。」

猶太教在《塔木德伊迪約特》中指出：「善行帶來朋友，惡行招致敵手。」人與人、國與國的關係都不會違背這樣的規律。

儒家不但強調「善」，而且要求達到至善。至，即最、極，也就是要達到最完善的境界。這種境界，是追求以卓越為核心要義的至高境界。上升到人性的層面來說，是大真、大愛、大誠、大智的體現。是一個人從自我到忘我的一種人生境界的昇華。

人生最完美的願景，從理論上講，就是十全十美，完美無缺，但從人生實踐來看，誰也做不到。因為人無完人，金無足赤。一個大活人總會出現無奈、無力、無成的時候和想不周全、做不到位之處，這是正常的。但作為一

個積極向上、向善的人來說，就應該去追求「止於至善」的境界，有了這樣的追求和境界，做人做事就會「高端大氣高級別」，就會減少人生的缺憾。所以，我們應懷有這樣的人生信念：做人雖不能十全十美，但可以問心無愧。

人生至善的境界不是一個標準，不能一把尺子量到底，不同的人，至善是有不同內涵和要求的。

學識淵博了，不是為了征服別人，而是為了看清自己的渺小；財富豐厚了，不是為了炫耀奢華，而是為了增強行善的實力；地位顯赫了，不是為了滿足個人私慾，而是為了履行自己的使命。

孫中山先生領導辛亥革命的目的，不是為了自己當總統，而是以大局和民族利益為重，體現出作為一代偉人的忘我的至善人生境界。

我們普通百姓有百姓的「至善」標準。只要我們能結合自己的實際，力所能及地展示自己的大真、大愛、大誠、大智、大善，就能達到自己人生的最完美境界。

心無塵，自清靜。為人一世，雖不能修煉成佛，但要心懷善念，修養成人。

公元 6 世紀初，印度佛教的禪宗達摩祖師決定要到中國傳法，別人問他為什麼，他說：「震旦有大乘氣象。」在達摩祖師眼裡，「婆娑」世界中的中國，具有慈悲的精神。

四川省內江市的隆昌縣內有個風景區叫石坊群。共有 17 座保存完整的清代牌坊群，據說是中國石坊最多的地方。其中，被譽為極品的「郭王氏功德坊」上，刻了清代道光皇帝賜的四個字：「樂善好施。」有意思的是這個善字寫得有講究，中間少了兩點。以此告訴世人，人生不要總想得到，不要怕失去，一個人如果總怕吃虧，怕失去，那是做不到樂善好施的。

追求「至善」，就不要做點事便急於表白，唯恐他人不知道，甚至事還沒有做就廣為宣傳。我們要記住《菜根譚》的告誡：「為善而急人知，善處即是惡根。」現在有的人做事，剛剛佈置任務即蒐集材料，急於向上報功，導致上面看到的、公開報導的事與事實相差甚遠。對照古人的教導，真應該杜絕這類「惡根」，真不該追求電視有影、報上有名、廣播有聲。

曾國藩的日記裡記著這樣一件事：一次，他看到朋友家眷的美貌後怦然心動。他立即「覺得殊為可恥，嚴加反省」。心動後迅即反省，不失為大丈夫、偉男子。曾國藩的「至善」就是這樣煉成的。

人失去善良，人性就會往動物的野蠻、殘忍方面退化；社會失去善良，人和一切生命的生存環境就會惡化；世界上的政治家、軍事家、戰略家失去善良，百姓就會付出血的代價。

2015 年 3 月 14 日，英國施洛普郡發生一起令人匪夷所思的事件。一名男子爬上高樓，企圖輕生。當警方派出救助人員，勸說這名男子時，一旁觀看的人不但不予同情勸阻，竟然起鬨，出言譏嘲諷刺，不是要這名男子快跳，就是笑這名男子不敢跳，最後這名男子被激而跳樓身亡。

本應善良的人如變得冷漠、冷酷、冷血，比野獸還可怕；人生環境如變得冷漠、冷酷、冷血，將人人受害，個個遭殃。

一個人的大真、大愛、大誠、大智，離不開善心。一個人要達到最完美的境界，必須要有一顆「至善」的心。

《圍爐夜話》告訴世人：「存為善之心，不必邀為善之名。」發自內心、只為做人的善是真善，行善濟世沽名釣譽、達到個人目的之善是偽善。

愛因斯坦說：「有些理想曾為我們引領過道路，並不斷給我新的勇氣以欣然面對人生，那些理想就是——真、善、美。」一個追求至善境界的人，就是一個追求真、善、美的人。

善良是人性的本能。「人之初，性本善。」只可惜在當今物慾橫流的社會裡，一些人本能的善良被滾滾紅塵所淹沒，被財富、權力、私慾一層一層地疊壓在心底。

上善若水，從善如流。一個人追求善、行善，就像往銀行裡存錢，越攢越多，積少成多，遲早會帶來豐厚的回報。

人有了一顆善良的心，就會注重積德行善。要知道，人每行一次善，就彷彿接受一次春雨的洗禮，使心田變得滋潤而寧靜。

人心是塊田，想要什麼自己種。種善因收穫善果，種惡因收穫惡果。

「至善」的心會給人帶來健康長壽。

據美國趣味科學網站報導，一項涉及 10 萬名女性、長達 8 年跟蹤調查顯示，不善良的人壽命短。善良的女性心臟病發病率低於 9%，因各種原因死亡的概率低於 14%。

據醫學調查報告顯示，善惡會影響人壽命的長短，一個樂於助人、廣為行善的人預期壽命顯著延長。相反，心懷惡意、損人利己的人，死亡率比正常人高出 1.5 倍。

「至善」的心，是人際關係的潤滑劑，是事業成功率的倍增器。

有這麼一個真實故事：在一個風雨交加的夜晚，一對年邁的夫婦走進一家旅館投宿，可旅店已經客滿。一個小夥子服務生熱心地將這對老人領到自己的房間住下，自己在前臺值了一個通宵的班。令服務生沒有想到的是，他接待的這對老人是有著億萬資產的富翁希爾頓和他的妻子。幾天後，希爾頓為這名服務生買下了一座金碧輝煌的大酒店，放心地交給他管理。這名年輕的服務生靠自己的一個善念善舉，贏得了人生事業的一次寶貴機遇。他，就是全球赫赫有名的希爾頓飯店的首任老總喬治·波特。

善良的人終有善報。

第二次世界大戰中的一天，歐洲盟軍最高統帥艾森豪威爾在法國某地乘車返回總部，參加緊急軍事會議。那天大雪紛飛，天氣奇寒。汽車一路疾馳的途中，突然發現有一對老年夫婦在大雪之中凍得瑟瑟發抖。艾森豪威爾讓立即停車，原來這對老年夫婦是去巴黎看望他們的兒子，車拋錨了，不能前行。艾森豪威爾要請這兩位老人上車，作戰參謀說：「不行，時間來不及了，這事還是交給當地警察去管吧。」艾森豪威爾還是堅持把兩位老人請上車，並先將他們送到他兒子的家，然後才趕回總部參加會議。然而，事後得到的情報卻讓人震撼不已。原來，那天德國納粹派狙擊手早已預先埋伏在艾森豪威爾必經之路上，希特勒認為盟軍最高統帥死定了，是艾森豪威爾的一個善

念善行躲讓他過了一次暗殺，避過了一劫，否則，第二次世界大戰的歷史可能改寫。

為什麼中國人堅信善有善報，惡有惡報？《小窗幽記》做了這樣的回答：「一念之善，吉神隨之；一念之惡，厲鬼隨之。知此可以役使鬼神。」即是說，一個善良的念頭，可以讓自己內心充滿喜悅，彷彿讓降福的吉神伴隨左右；而一個邪惡的念頭，能讓自己神情緊張，招來惡鬼為禍作災。一個人明白了這個道理，彷彿就可以差使鬼神了。

佛教主張隨緣濟眾，行善積德。

善心善性是人身上最為寶貴的東西，是人與野獸的區別。善心善性，儒家認為靠後天的修養，主張按照仁、義、禮、智、信的道德標準進行日積月累的修養。

一個人失去良心良知，便會走進魔道；丟棄善心善性，便易失守道德底線。

如何行善？明代的《了凡四訓》提出了「十大行善」：與人為善；愛敬存心；成人之美；勸人為善；救人危急；興建大利；舍財作福；護持正法；敬重尊長；愛惜物命。

一個人如果能按照這十條行善內容去做，總有一天會達到止於至善的境界；社會上的人如果普遍行善，形成風尚，這個社會就會上善若水，愛滿人間。

擇善志而立，立身做人；擇善人而交，受益終生；擇善書而讀，增智添德；擇善處而居，心靜人安；擇善言而聽，明心亮眼；擇善行而從，積德修身；擇善事而為，福緣深厚；擇善財而取，心安理得；擇善樂而樂，陶冶性情；擇善福而享，頤養天年。

「遷善懼其不及，改惡恐其有餘。」漢代徐干的告誡值得銘記。

人非聖賢，孰能無過。人有了過錯一定要悔過改惡。猶太教把悔過的形式分為兩種，一種是悔過而不再作惡，此為低級形式的悔過；另一種是悔過而追求行善，此為高級形式的悔過。

君子施真善，小人施偽善。偽善之人比惡人更可惡。因為惡人臉上有標籤，暴露在明處，而偽善之人總是戴著假面具，在陰暗處，臉上貼的卻是「善」字標籤。善良的人在偽善之人面前總是吃虧、上當。

一個人能把「止於至善」作為座右銘銘刻在自己心中，就一定能走出平庸，使平凡的人生變得不平凡。正如愛默生所說：「一個擁有正向心態朝著自己目標永遠前進的人，整個世界都會給他讓路。」

樂善好施之人不做虧心事，忍讓恭謙處事理當大度人。追求「至善」，是人生積極向上向善的生命旅程。我們不要把「止於至善」看成高不可攀，也不要被最完美的境界而擊倒，而應以「世上無難事，只要肯攀登」的氣概，不斷去攀登人生的高峰，以「一覽眾山小」的王者風範，去感受一騎絕塵的傲然！

向人生目標飛奔的人，才是美好生活的播種者，美好人生的耕耘者、綠色生活者。

縱觀歷史老人鐫刻芳名的那些歷史人物，都是保持嶄新精神面貌而彰顯自己光明品德、追求至善人生境界之人。

一個人如果始終保持做人乃至做「大人」的人生目標不變，他一定會擁有高尚的事業和高尚的人生。

做人要實，實在何處？首先要有做人、做大人的實實在在的人生目標，要有符合「三綱領」而實實在在的人生不懈追求。

莎士比亞有這樣的名言：「人的一生是短的，但如果卑劣地過這一生，那就太長了。」人可以卑微，但不可以卑劣、卑鄙。一個人只要做人做好了，就告別了卑劣的人生；如做人做成了「大人」，就享有崇高人生。

《菜根譚》把人生的富貴與功名比喻為三類花：山林花、盆中花、瓶中花。從道德里得來的就像山林花，自然會繁茂；從事功上得來的就像盆中花，也會繁茂，但經不起遷徙；如果從權力中得來，就像瓶中花，沒有根，很快就會枯萎。由此可見，富貴與功名來自三條道，唯有立志做人、做「大人」的人，才會選擇道德這條道，才會迎來人生一路開滿山林花。

　　「但得路可上，更高人也行。」這是宋代龔琳登太行山時所作詩裡的兩句，意思是有志不怕目標高。我們如果把自己的人生目標確定為做人、做「大人」，說它高它真高，做人不易，做「大人」更不易，而且永無止境；說它不高它確實不高，最容易做到，不管什麼樣的人都能做到，就看你願不願意去做。

　　做「大人」千古不悔，當小人萬眾不屑。朋友，你的人生目標是什麼呢？選擇做人、做「大人」吧！做人做好了，人生大廈才有牢靠的基礎，即便沒能取得大的成功，但做人的成功本身就是人生的榮耀。在此基礎上如果能成為「大人」，做到了「明明德、親民、止於至善，」那就是人生的莫大榮耀。

人生怎麼辦——人生路徑

▌五 成功人生必有成功路徑

真正值得人高興的不是地位一天天高升，而是所走的人生軌跡線在一天天升高。

《弟子規》告訴我們：「行高者，名自高。」

雖然人生有多種多樣的路，但人只有兩條腿，只能行走在一條路上，選擇什麼樣的人生之路，就選擇了什麼樣的人生。

人為了達到自己的目的，實現自己的目標，不能不擇道路，不擇手段。否則，要不贏了事業輸了人品，要不得而復失，墜入深淵。這兩種人還算人生成功嗎？

林肯說過：「如果一個目的是正當而必須做的，則達到這個目的的必要手段也是正當必須採取的。」同樣，一個人所選擇的人生目標如果是正當的，則達到這個目標的人生路徑也應當是正當的。

一個人不是有了人生目標這根支柱，人生大廈就撐起來了，還必須要考慮第二根支柱——人生路徑。

走人生的長途，選擇了正當的人生目標只是萬里長征邁出的第一步，還必須選擇一條正確的、通向人生目標的人生路徑。

科學家們做過這麼一個試驗：將 5 隻猴子放在一只籠子裡，並在籠子中間吊上一串香蕉，只要有猴子伸手去拿香蕉，就用高壓水槍教訓所有的猴子，直到沒有一隻猴子再敢動手。然後用一隻新猴子替換籠子裡的一隻猴子，新來的猴子不知這裡的「規矩」，竟又伸出上肢去拿香蕉，結果觸怒了原來籠子裡的 4 隻猴子，於是它們代替人執行懲罰任務，把新來的猴子暴打一頓，直到它老實了不再去拿取香蕉為止。試驗人員如此不斷地將最初被高壓水懲罰的猴子換出來，最後籠子裡的猴子全是新的，但沒有一隻猴子再去碰香蕉。

起初，猴子怕受到連累，不允許其他猴子去碰香蕉，這是合理的。但後來在人和高壓水都不介入的情況下，新進籠子的猴子雖然沒有挨過高壓水的懲罰卻也固守著不拿香蕉的「規矩」不變，這就是路徑依賴的自我強化效應。

「路徑依賴」，又譯為路徑依賴性，它的特定含義是指人類社會中的技術演進或制度變遷均有類似於物理學中的慣性，即一旦進入某一路徑，就可能對這種路徑產生依賴。一旦人們做了某種選擇，就好比走上了一條不歸之路，慣性的力量會使這一選擇不斷自我強化，並讓你輕易走不出來。美國的道格拉斯·諾思教授用「路徑依賴」理論成功地闡釋了經濟制度的演進，於1993 年獲得了諾貝爾經濟學獎。

其實，「路徑依賴」也同樣適用於人生領域。人，與其相信命運，不如相信人生路徑依賴。

不同的人生路徑，會帶來不同的人生速度、效益和結果。

路徑，字典上的解釋就是道路，指如何達到目的地。人生路徑，就是從人生起跑線直至終點的人生道路以及如何到達人生目的地。

氣象學裡有「颱風路徑」專用名詞。研究颱風路徑，有助於提前準備、防災減災，減少人員傷亡和經濟損失。

研究人生路徑，有助於澄懷觀道，看清人生之道，慎用人生大環境這個大調色板，把好自己的人生軌跡，防止選錯了道，走錯了路，給寶貴的人生帶來無法挽回的損失。

颱風有颱風路徑，人生有人生路徑。一個人選擇了正確的人生路徑，人生之道上一般就不會出現「颱風」等人生災難。

人生路徑各不相同，歸根結底分為正確與不正確兩條路徑。

從茫茫人海的人生軌跡我們澄懷觀道就會發現，誰選擇了正確的人生路徑，誰就能順利平安達到人生目的地；誰選擇了不同尋常的人生路徑，誰的人生就會不同尋常。

人生路徑依賴，也類似於物理學中的「慣性」，一旦進入某一路徑，無論是好是壞，都可能對這一路徑產生依賴，要想突破這種依賴，除非出現強大的推動或外力。要想不發生路徑依賴的負面效應，我們就要認清自己原來的那些不良習慣危害，擺脫不良習慣的慣習思維，重新建立新的習慣，形成新的人生路徑依賴。

如何選擇人生路徑？應該選擇什麼樣的人生路徑？不同的人會有不同的回答，不同的選擇。但在作選擇時，絕對不可忽視兩樣東西：一是尊嚴，二是平安。這是保證人生不吃後悔藥的兩粒最有效的預防藥。選擇人生路徑應該把尊嚴和平安作為前提條件。

「不可行惡人的路，不要走壞人的道」。《箴言》告訴人們，惡人、壞人所走的路，丟失的是人最珍貴的兩樣寶貝：尊嚴和平安。

古往今來那些不擇手段不擇道路達到目的人，有幾個不前功盡棄、毀於一旦？有幾個堂堂正正、於心無愧？

《菜根譚》指出：「天理路上甚寬，稍游心胸中，便覺廣大宏朗；人欲路上甚窄，才寄跡眼前，但是荊棘泥塗。」意思是說，天理路寬廣，人心也就寬廣；慾望之路狹窄，稍一插足便會踏上荊棘叢生而又泥濘不堪之道。從這裡我們可以看出，按洪應明的觀點，人生是兩條路：天理路，人欲路。天理昭昭，人欲滔滔。人總是活在兩重世界裡：欲的世界，理的世界。人為「理」而活，就會活得越來越輕鬆，最終的人生感覺是理當如此，理智當家，理直氣壯；人為「欲」而活，就會活得越來越累，最終的人生感覺是欲罷不能，欲蓋彌彰，慾海深淵。

《大學》在提出明德、親民、止於至善這一具體的人生奮鬥目標的同時，為人們指出了實現這一人生目標所要經歷的奠基過程和人生路徑，這就是「八條目」：格物、致知、誠意、正心、修身、齊家、治國、平天下。這樣的奠基過程和人生路徑，不是儒家老祖宗在房子裡冥思苦想後隨便杜撰出來的，而是對人生實踐的總結，是一條天理路。

古往今來的人生實踐告訴我們，「八條目」這條人生路徑，是一條化渺小為偉大、化平庸為神奇的人生之路。

儒家總結歸納出來的「八條目」之所以說它是一條「天理路」，是因為「八條目」之間有嚴密的邏輯關係：「格物而後知至，知至而後意誠，意誠而後心正，心正而後身修，身修而後家齊，家齊而後國治，國治而後天下平。」人只要長期堅持這樣的奠基過程和人生路徑，就會形成人生路徑依賴，自然而然地會成為成功而有意義的人。這也可以說是巴特勒所說的「從不充分的前提推斷出充分的結論」的一項重要依據。

孔子在兩千多年前，已對人生路徑依賴有精闢概述：「少若成天性，習慣成自然。」

心理學家也為人生路徑依賴提供了論據：人每天高達 93% 的行為源自於習慣。

一個人一旦選擇「八條目」為其人生的奠基過程和人生路徑，堅持下來，就會慢慢變成人生習慣，產生一種慣性的力量，不斷自我強化，自我積累，以至對這種人生路徑產生依賴，讓你輕易走不出來，並引導、推著你習慣成自然地往前走，一直走向人生高地。這就是人生路徑依賴帶來的人生成果。

儒家指出的人生價值和意義在於彰顯自己光明品德於天下。

「平天下」的路徑，就是《大學》裡所講的：「古之欲明明德於天下者，先治其國；欲治其國者，先齊其家；欲齊其家者，先修其身；欲修其身者，先正其心；欲正其心者，先誠其意；欲誠其意者，先致其知。」

事實證明，我們中華民族的老祖宗在春秋時期，已經在人生科學中，成功地運用了「路徑依賴」理論，距今已有兩千多年之久。

格物、致知、誠意、正心、修身、齊家、治國、平天下，這條人生路徑看起來很枯澀、很深奧，但只要我們按照《易經》「三易原則」即變易、不易、簡易，在多種多樣的人生道路中，從變易中找到不易變化的，然後再從不易中找出簡易的，最後會發現，實現人生目標的奠基過程和人生路徑，實際上就是三句話：由低到高，由內到外，由家到國。

一、「八條目」告訴我們的是一條由低到高的人生路徑

每棵參天大樹，都是由低到高地長成的。每個人的身高，都是由低到高地長大的。每個人的學習，都是由低到高地一天天進步的。

每個人的前方都有屬於自己的人生高地。但很多的人只在那裡羨慕別人走上了人生高地，卻沒發現自己前方也有人生高地而遺憾地停留、停滯在路途之中。

成功的人生都是走的一條爬山的路，一天天地由低到高地往上爬。

歌德與但丁、莎士比亞被稱為世界詩壇三大巨匠。歌德一生活了 82 歲，在他 75 歲時總結他所走過的人生道路時說：「我好比推著一塊石頭上山，石頭不停地滾下來，我又把它推上去。」人生只要有了這種推著石頭上山的精神，就一定是一個成功的人生登山運動員，就能到達屬於自己的人生高地。

一個人沒有走到自己人生高地的原因，要麼是缺乏自信，不相信自己也能像他人一樣，最終也能站到人生高地上領略大好人生風景；要麼自己的路走錯了，選擇了一條根本就到不了人生高地的路。「八條目」，就是儒家為人們指出的一條可以通往人生高地的成功的人生路徑。

成功而有意義的人生，就是這個人踏上了「八條目」這條向上、向善的人生路徑並長期堅持形成依賴的結果。

（一）由低到高的人生，才是成功人生

每個人一生走下來，都會形成一條人生軌跡線。人生軌跡線分為三種：一是上行線，這類人如同爬山，越走越高；二是平行線，這類人如同行走在平地，無論怎麼走，都在一個高度上；三是下行線，這類人如同走下坡路，越走越低，有的甚至跌到了人生低谷。

人生軌跡線，就是一個人從踏上人生征程，到人生終點的過程。格物致知、誠意正心、修身齊家的過程，就是由低到高，步步提升，這樣的人生軌跡便是上行線；如果沒有向上、向善的人生目標，隨波逐流，不思進取，得過且過，其人生軌跡便是平行線；如果不學好而學壞，不走正道而走歪門斜

道，其人生軌跡便是下行線。人生軌跡體現人生意義。上行線雖艱難曲折費勁，但正如爬山一樣，人生的樂趣是在爬山的過程和爬上山之後「一覽眾山小」的感覺。

物以類聚、人以群分，近朱者赤、近墨者黑，是人生不變的法則。我們從一個人交往的「朋友」也能從一個側面看出這個人所走的人生軌跡線屬於哪條線。一個人始終與比他道德品行高的人在一起，那麼他走的就是上行線；與道德品行差不多的人常在一起，那麼他走的就是平行線；與比他道德品行差的人常在一起，那麼他走的就是下行線。所以古代聖賢強調要慎重擇友。

馮友蘭先生是中國當代著名的哲學家、教育家，被譽為「現代新儒家」。他 1895 年出生於河南唐河，7 歲上學，先讀《詩經》，然後讀《論語》《孟子》，再讀《大學》《中庸》，後來又讀完了《書經》《易經》《左傳》。12 歲時，馮家專門聘請了老師負責馮友蘭的教育，比較正規地開設了古文、算術、寫字、作文等功課。他利用閒暇時間閱讀他父親所藏的書籍、刊物，初步接觸一些世界知識。後考入縣立高等小學、開封第五中學。1912 年考入上海第二中學的高中預科班。因所有課程都採用英文原著作教材，其中有位老師還將一本耶芳斯的《邏輯學綱要》當作英文課本，從此，馮友蘭對形式邏輯產生了濃厚的興趣，並由此而引起了對哲學的興趣。1915 年，馮友蘭考入北京大學，開始接受較為系統的哲學訓練。大學畢業回到開封，第一件事是結婚成家，邁出了人生的第一步。並同幾位好友創辦《心聲》刊物，立足當地宣傳新文化運動。1919 年，馮友蘭赴美國學習考察，在此期間拜會了蒞美訪問、講學的印度學者泰戈爾，共同探討了東西方文化的若干問題，並寫成了《東西文明之比較》。1923 年，馮友蘭回國後，講授和研究中國哲學史，出版了《人生哲學》《中國哲學史》，1937 年至 1946 年，是馮友蘭學術生涯的關鍵十年，其新理學體系即在此間創製而成。在戰亂的年代裡，始終有一種不可動搖的信念在一直支撐著他，他堅信：有著五千年文明之深厚基礎的中華民族絕不會滅亡，困厄只是暫時的，抗日戰爭勝利之日，就是中華民族及其文化復興之時。正是憑著這種「誠意正心」，他勤奮地「格物致知」，鑽研學問，埋首著述，潛心整理中國傳統文化。馮友蘭畢生以復興中華傳統文化、宏揚儒家哲學思想為己任，實現他「平天下」的志向。

從馮友蘭先生的人生經歷可以看出，他是扎紮實實按照「八條目」這條人生路徑走過來的，古代先哲聖賢、耶芳斯、泰戈爾等都成了他的人生導師和好友，使他走出的人生軌跡是一條由低到高的上行線。儘管路途之中也有「風吹浪打」，但他所達到的人生高度是誰也不能撼動的。

（二）由低到高地做事，才可能成就大事

只有由低到高由小到大地去做事，才能一天天把事情做大。現在那些一心想把事業做大做強的人，恰恰忽視了這一點。

猶太人善於經商，其經商聖經《塔木德》告訴人們要「從頭做起」「別想一下子就造出大海，必須先由小河開始。」

西漢文學家、思想家陸賈說：「垂大名於萬世者，必先行於纖微之事。」纖維之事就是瑣碎小事。而現在有些年輕人甚至中年人，只想幹大事，一心幹大事，不屑於做那些「纖微之事」。其實，**轟轟烈烈**的大事業，都是從「纖微小事」幹起的，眼裡看不起瑣碎小事的人，終究是建不起人生大廈的。

德蕾莎修女說過：「我們當中極少數人能做偉大的事情，但是每個人都可以用崇高的愛去做平凡的事。」這位修女一輩子為窮人做平凡的小事而做成了全世界知名的「窮人的聖母」。

美國福特公司的福特，並不是一步飛到人生高地上的。當年他走出學校去一家汽車公司應聘時，和他同去的幾個人都比他學歷高。當前面幾個人面試之後，他覺得自己肯定沒希望了，但還是硬著頭皮敲門走進董事長的辦公室。一進門，他發現門口的地上有一張紙，就習慣性地彎腰撿起來，一看是張廢紙，便順手把它扔到了廢紙簍裡，然後才走到董事長的辦公桌前，說：「我是來應聘的福特。」董事長高興地說：「很好！很好！福特先生，你已經被我們錄用了。」福特驚訝地說：「董事長，前幾位都比我條件好，您怎麼錄用了我呢？」董事長說：「福特先生，前幾位的確比你學歷高，但是他們眼裡只看見大事，而看不見小事。而你的眼裡能看見小事。我認為，一個能看見小事的人，將來一定能看見大事。可一個人眼裡只有大事，他會忽略很多小事，這樣的人是不會成功的，所以，才錄用你。」

原來，放在門口地上的漬紙，是這次招聘的考試題。

福特進公司後從小職員幹起，一步步成長為這家公司的老闆，並將公司改名為福特公司。

魯迅先生指出：「巨大的建築，總是由一木一石疊起來的，我們何妨做這一木一石呢？我時常做些零碎事，就是為此。」

數學家華羅庚說過：「我們走過的道路，就是一條循序漸進的道路。」

做事業必須從零開始，從一點一滴做起。

如果有這麼兩個人，一個人一下子得到一千萬的資金後去創業；而另一個由低到高地幹，賺到了一千萬，這兩個人擁有同樣的一千萬資金，誰更有把握把事做好做大呢？當然是由低到高自己賺到了一千萬的那個人。因為由低到高的經歷過程本身就是資本，就是財富。

「君子之道，辟如遠行必自邇，辟如登高必自卑。」由《禮記·中庸》這句話而有了「登高必自卑，行遠必自邇」的成語。爬山，必須保持身體前傾，遇到陡坡，還要彎下腰，有時兩手還得扒著山石往上爬；走遠路必須始於足下，由近到遠地往前走，這便是人生的成功之道。

攀登珠穆朗瑪峰，必須從山腳下開始，一步一步地往上攀登。

做學問，必須從弄清最基礎、最基本的問題，從扎紮實實打基礎開始。

做官，必須從基層幹起，正所謂「州縣起於末吏，宰相起於州縣」，一個個臺階，從政的經歷就是財富。

做事，從一點一滴幹起。正如《荀子·勸學》中所說：「積土成山，風雨興焉；積水成淵，蛟龍生焉。」

人生道理說起來容易，但做起來很難，就看誰在人生旅途之中日復一日地堅持這麼去做。馬克思為了寫《資本論》花了 40 年心血；歌德創作《浮世德》熬盡了 50 年時光；中國古代醫藥學家李時珍為了寫出《本草綱目》爬山涉水 30 年；著名科學家、氣象學家竺可楨堅持每天記錄天氣情況，從不間斷，共 38 年零 37 天，直到去世的前一天……一個人只有堅持從一點一

滴做起，用一生的時間去堅持，就一定能形成成功的人生路徑依賴，從而使這個人有所作為，有所成就，走出一條由低到高的人生之路。

（三）由低到高地奠基，才能抬高成功的基石

「八條目」是一個不斷循環往復、不斷提高人生奠基的過程。縱觀古往今來成功人士，都有強烈的人生奠基意識，都有一個從小到大、從弱到強、從無知到有知的扎紮實實奠基過程。而現在還有多少父母願意讓自己的子女，或青年人自己願意經歷孟子所說的「苦其心志，勞其筋骨，餓其體膚，空乏其身」這樣的勵志過程呢？還有多少年輕人在那裡埋下頭來撲下身子而為自己人生奠基呢？相反，現在有的人走出校門只想置身於大公司、高職位，領高薪，好高騖遠，心有旁騖，結果有的人心比天高，命比紙薄；有的人好大喜功，急功近利，急於得到「第一桶金」，功利色彩極為嚴重；有的人尋找捷徑，恨不得一口吃成胖子。其實，一個人無論是成熟、成才或是事業成功，都是一個日積月累的過程，都有一個積澱和積累的過程，都有一個瓜熟蒂落的過程，否則在人生瓜地裡摘下的只能是一個生瓜蛋子。

有這麼一個故事：一個屢屢失意的年輕人千里迢迢來到普陀寺，慕名向釋圓大師求教，他沮喪地對釋圓大師說：「我的人生總是不如意，活著也是苟且，人生有什麼意思呢？」

釋圓大師靜靜地聽著年輕人的嘆息和絮叨，等年輕人叨叨完了，他吩咐小和尚送來了一壺溫水。釋圓將茶葉放進杯子裡，然後用溫水沏茶，微笑著請年輕人喝茶。年輕人端起杯子喝了一口，品了品，搖搖頭說：「一點茶味也沒有。」釋圓認真地說：「這茶可是閩地名茶鐵觀音啊！」年輕人又品了一口，肯定地說：「真的沒有一絲茶香。」

釋圓又叫小和尚提壺沸水進來。釋圓重新取一個杯子，放上茶葉，分五次注入開水，杯子裡水滿了，那綠綠的一杯茶水，清香撲鼻。年輕人品了一口感到沁人心脾，把滿意的神情寫在臉上。

釋圓笑著問道：「施主可知道，同樣是鐵觀音，為什麼茶的味道不一樣呢？」年輕人思忖後說：「一杯用的是溫水，一杯用的是沸水，沏茶的水溫

度不同。」釋圓大師點點頭，說：「如果水的溫度不夠，要想沏出散發誘人香味的茶水是不可能的。同樣道理，一個人的能力素質不夠，要想擺脫失意，去實現自己的理想，自然難以如願。」

年輕人茅塞頓開，高興地辭別釋圓大師打道回府。

（四）由低到高地勵志，才能引人奮發圖強

「志不強者智不達」。戰國時期思想教育家墨子告訴我們，人與人之間，從表面上看，智力好像有差距，其實是立志的強弱造成的。所以，諸葛亮告誡他的外甥「志當存高遠」。一個人的立志，應該經過由弱到強、不斷強化的過程，一直達到朱熹所說的「命為志存」的境界。

為奮發志氣，應把自己的精力集中在學習上，把學習當作勵志的磨刀石。

學習，是每個人一生的任務，就是要活到老學到老，用現代人的話說，要樹立終生學習意識。

學習，是一個人打開成功大門的鑰匙，是走進快樂大本營的通行證。

人生最大的捷徑便是讀一流的書。不讀書不學習，得到的只能是一生的卑微和底層。

古代的大家哪個不是勤奮學習的結果。陸游以書為伴，將書齋取名「書巢」，並自題聯：萬卷古今消永日，一窗昏曉送流年。可是，現在我們居家，名副其實的書房還有多少？有的即便有也是擺設。

生命離不開吃飯，人生離不開學習。著名作家王蒙說：「一個人的實力絕大部分來自學習。學習可以增智，可以解惑，可以辨是非，可以滋養身心。」

莊子說：「井蛙不可以語於海，拘於虛也。」「井蛙」之所以認為天地只有井那麼大，歸咎於「視野」的原因，因為它受井所侷限，看不見天之廣、地之大。人不學習，就會成為人生中的「井蛙」。

科學家牛頓說：「如果說我比別人看得遠些，那是因為我站在了巨人的肩上。」我們只有刻苦學習，才可能站到巨人的肩上；我們只有站到巨人肩上，才可能體會到巨人的人生樂處。

孔子說:「吾嘗終日不食,終夜不寢,以思,無益,不如學也。」也就是說,即便整天不吃不睡地去思考也沒用,不如去學習。連聖人都需要透過耳目感覺從外界獲得知識,更何況我們這些普通人。

老子在《道德經》中告訴我們:「合抱之木,生於毫末;九層之臺,起於累土;千里之行,始於足下。」學習也一樣,再有名的學者,也是由低到高一步一步走過來的。一個人養成了學習的習慣,就會形成學習上的路徑依賴。

荀子在《勸學》中告誡世人:「騏驥一躍,不能十步;駑馬十駕,功在不捨;鍥而舍之,朽木不折;鍥而不捨,金石可鏤。」童第周這個大科學家如果當初屈服於學習基礎差,沒有鍥而不捨的精神,那麼他連中學都畢業不了。不同的學習和科學研究態度,體現不同的志氣,帶來不同的人生結果。

愛迪生說得好:「天才是百分之一的靈感加百分之九十九的汗水。」現在還有多少人願意揮灑這百分之九十九的汗水呢?可是不願意揮灑汗水的人怎麼可能一步步成為社會大學裡品學兼優的學生?

貴有恆何必三更眠五更起,最無益只怕一日曝十日寒。

這副對聯應該成為所有愛好學習、有志於格物致知人士的座右銘。

古代仕途上為什麼有很多的人成了文學家、書畫家、詩人,成了執政愛民、很講人格、很有品位、深受百姓愛戴的人?其中一個重要原因,是他們始終堅持讀書勵志。這個現象很值得今天官場上的人去反思。

二、「八條目」告訴我們的是一條由內到外的人生路徑

洋蔥,是由內而外一層層地長大。

一棵樹一年年經歷春夏秋冬,重複著葉生葉落,重複著不變的顏色,人們看到的外在變化是樹越來越粗,越來越大,看不到其內在變化是樹根一年年在延伸、樹身的年輪在一年年增加。人亦如樹,一年 365 天,每年重複著春夏秋冬,重複著起床、吃飯、睡覺。人應像樹,不僅讓他人看到在長大、

在變老，更要讓人感覺到人生的根在不斷延伸，人生的年輪在一年年地增加，不僅呈現外在的美，更要展現豐富的內涵和內在的力量。

每個人的人生都要如樹一樣，走出一條由內而外之路，深深紮根於大地，向著自己渴望的天空，張開自己的懷抱，隨風舞動枝葉，看冬去春來，看雲卷雲舒，無論歲月的風雨冰霜如何侵襲，無論滾滾塵埃如何遮蔽翠葉青枝，自己總能默默地矗立在那裡，平淡地接受世人的各種眼光，既不倨傲，也不卑微，既不張揚，也不寂寞，始終由內而外地展現人生四季風景。

一個人心理不成熟，言行無法成熟；言行不成熟，人便尚未成熟。人總是由內而外一年年地變得成熟。

女人的美麗心經：美是由內而外散發出來的味道，真正的美麗來自由內而外的調養、修養，養心、養性。

男人魅力秘訣，是一個人由內而外迸發出來的力量，是來自由內而外的吸引力。

院 93 歲高齡的陳彤雲教授在名醫大講堂上講課時，精神矍鑠，聲音洪亮，思路清晰，耳聰目明。她說，健康應該由內而外。要保持健康，第一要務就是要養心。只有心態健康，外達於表，才有健康的氣色和神態。陳教授的座右銘是古代一句格言：「仁之所以多壽者，外無貪而內清靜，心平和而不失中正，取天地之美而養其身。」這句話應該成為所有人健康管理的座右銘。因為人健康長壽的路徑是由內而外，重在養心。

人的氣質，是一個人由內而外相當穩定的個性特點，是高級神經活動在人的行動上的表現，所以古人云：「腹有詩書氣自華。」

每個人都是一本書。有的人注重的是封面設計，印刷出來雖然很漂亮，但翻開來令人索然無味。有的人生這本書雖然封面設計一般，但一旦翻開閱讀，便讓人愛不釋手。人生這本書的好與壞，關鍵是看內在的內容質量和是否能散發由內而外的吸引力。

一個人的人生生命力，來自由內而外的力量。

人生的氣場，就是由內而外不斷拓展的過程，拓展力越強，氣場越大。

「八條目」是儒家為人指出的人格修煉過程，講究的是一個由小到大、由內到外的逐漸張揚、逐漸成熟的過程。遺憾的是，在浮躁的歲月裡，有的人只注重外在，不注重內在，既不能靜下心來刻苦學習，格物致知，提高能力素質，又不能誠意正心，做到既不自欺，也不欺人，這樣怎麼可能把自己由內而外的修煉成為一個成熟的人，成為一個「大人」呢？

（一）走由內而外之路，重在苦練內功，做到內聖外王

汽車的配置和裝修分為四個級別：旗艦版、豪華版、行政版、標準版。一輛汽車的配置和裝修達到旗艦版，那就跨入高級車行列了。

作為代步工具沒必要追求汽車內在配置和裝修高級別，但一個人的「內在配置和裝修」，應該追求高級別，從而提高這個人的內功和軟實力。一個人的內在素質、內在裝修成了「高大上」，人方能達到「高大上」。

按「八條目」這條路走下來，透過人的「內在配置和裝修」，變成內聖外王之人，這個人就可以做到內足以資修養，外足以經世。

內聖，就是透過自我道德修養，達到聖賢的道德境界。外王，就是利用自己的力量，努力為社會做事情，積極參與治國、平天下。一個人既立德、又立功，才是真正的立身做人。而缺德人做缺德事，缺的就是立德。

內聖外王，是中國哲學史上一個比較厚重的話題。幾千年來一直被儒家奉為修身立命的重要原則，也是理想人格所要達到的精神境界。一個人透過追求內聖而實現外王，這樣的人生之路就符合人生自然規律，就能達到止於至善的目標。

「雞蛋從外面打破是食物，從裡面打破一定是新生。」西方的這條諺語啟示我們，一個人的成功必須從自身求得突破，走內聖外王之路。

據說，有種竹子生長的前四年的時間，只長 3 釐米，從第五年開始，以每天 30 釐米的速度瘋狂地生長，僅用六週的時間就能長 15 米。其實，在前面的四年裡，竹子將根深深地紮在土壤裡不斷地延伸、延伸，沒有前面的根

深，哪有後來的竹子瘋長？成功的人生路徑也一樣，不要擔心由內而外過程之中的一段時期的付出看不到明顯的成果、見不到明顯的回報，因為前期的過程就是人生之樹的紮根過程，根扎深了到時自然會枝繁葉茂。

蔣介石更是把曾國藩奉為終生學習的楷模，認為「足為吾人之師資」「其著作為任何政治家所必讀」。他把《曾胡治兵語錄》當作教導高級將領的教科書，親自從《曾國藩家書》中摘錄出許多語錄，拜讀不輟，然誦參語。

毛澤東公開說佩服的有幾人？但他青年時期說過：「愚於近人，獨服曾文正。」曾文正，就是曾國藩。毛澤東即使到了晚年，仍然佩服曾國藩。他認為，曾國藩是地主階級最厲害的人物。是一個「辦事兼傳教之人」。

梁啟超對曾國藩傾心推崇，稱「吾謂曾文正集，不可不日三復也」。

中國人過去有這麼兩名話：「從政要學曾國藩，經商要學胡雪巖。」曾國藩在歷史上的地位和影響可見一斑。

其實，曾國藩的個人天賦並不算高。據曾國藩回憶，他曾遭遇這樣一件尷尬事：有一天晚上，夜深人靜之時，萬籟俱寂，少年曾國藩在家讀書，有一篇文章重複朗讀很多遍，一直背不下來，他下決心不背會不睡覺，誰知家裡的屋簷下潛伏了一個小偷，打算等他讀完書睡覺之後偷點東西，可是曾國藩一直背不會，他就等啊等啊，正在曾國藩翻來覆去一遍又一遍背書時，小偷實在忍不住了，跳出來對曾國藩大聲說：「這種水平讀什麼書？」只聽小偷將那篇文章很流暢地背誦了一遍，然後輕蔑地瞪了曾國藩一眼，揚長而去。

這件事對曾國藩觸動很大。他覺得這個小偷的天賦比自己好，但由於他荒廢了天賦使自己淪落為「樑上君子」，而曾國藩知恥而後勇，刻苦治學，奮發圖強。當然，他在考取功名的路上並不平坦。1835 年進京參加會試未中，寓居京師長沙會館又苦讀一年，第二年仍然落第，於是返回長沙居於湘鄉會館備考，直至 1838 年參加會試終於中試，從此踏上仕途。

一個天賦並不很高的人，為何能成為晚清中興第一名臣、中國最後一位儒家大師？我們看看曾國藩的課程十二條就清楚了。包括主敬、靜坐、早起、

讀史、謹言、養氣、保身等十二條，條條都是和自己過不去。一個人只要始終如一地和自己過不去，別人就休想和他過不去。

曾國藩的課程十二條，就是他修心養性的主要方法，就是格物致知、誠意正心、修身齊家的具體措施，就是由內聖實現外王的過程，最終使他走出一條由內而外的人生成功之路。在這條路上，他給自己定的規矩是：「與人不爭利益之短長，專與己爭品行之長短。」

曾國藩當初也和平常人一樣，有著自己的「短處」和缺點，但他與平常人不同的地方，他既有「以澄清天下為己任」的高遠志向，更有克制自己、戰勝自我實現內聖外王的實實在在的舉措。我們平常人缺的不正是這兩點嗎？

道光二十四年四月，曾國藩透過考試留在翰林院後，自己的願望是要繼續用功，展示抱負，可實際上做的是每天迎來送往，吃吃喝喝，閒聊調侃，為此他每天都進行檢討，可每天還是故伎重演。他意識到，這種品行和生活如不能自察自改，是做不成什麼事的。為此他採取兩條人生目標管理措施，一是給弟弟們去信，向朋友們打招呼，請他們時常指出自己的缺點；二是記日記，藉以每天對自己的言行進行反省。曾國藩自 1839 年正月初一起寫日記，至 1872 年二月初二止，從未間斷，數十年如一日。他在日記中寫道：「凡事須逐日檢點，一日姑待後來補救，則難矣！況進德修業之事乎？」同時，針對自己的不良習慣，給自己提出了三戒：戒吃煙，戒妄語，戒房闈不敬。

從曾國藩的人生軌跡可以看出，由內而外之路，是一個人由低到高的必走之路，不堅持由內而外，就不可能實現內聖外王和自己的人生目標，就不可能使自己事業做大做強。

從曾國藩的人生路徑可以看出，正是由於他長期堅持人生的奠基和勵志過程，以至於使這種過程形成習慣並產生人生路徑依賴，從而帶來豐碩的人生回報。

一個人從人生出發地出發後，堅持走由內而外之路是可貴的，功成名就後仍堅持走由內而外之路更是可貴的。曾國藩的一生都堅持走這條路，所以

使他最終不但成為名臣，而且成為儒家大師。而今天有的人一旦事業稍有成績，便放棄了格物致知和誠意正心，淡化了修身進德、內在修煉，以至出現只幹不學、只出不進、內外不一、表裡不一、事業與道德分離等現象，未能做到善始善終。

　　人生路上最容易犯的錯誤，是先走上坡路後走下坡路。避免這種錯誤的途徑，就是始終保持積極向上、向善的人生追求，任何時候都不降低由內而外修德進業的標準。

（二）走由內而外之路，重在戰勝自我，做到內心強大

　　一個人真正的強大，是內心的強大；內心不強大，外在的強大是泡沫。一個人內心的強大，在於能戰勝自己。戰勝自己才是最強有力的人。

　　佛家告訴人們，征服世界，並不偉大；征服自己，便是如來。

　　人之所以平凡，是因為沒有超越自己；人之所以不能征服別人，是因為沒能征服自己。

　　不自重者取辱，不自畏者招禍，不自滿者受益，不自是者博聞。古人講的這些就是告訴我們，要戰勝自己。

　　《道德經》裡有句名言：勝人者有力，自勝者強。也就是說，勝過別人只說明你比別人力量大，只有戰勝自己才算真正的強大。人生現實就是這樣，戰勝別人往往比較容易，但戰勝自己就不那麼容易了。

　　高爾基之所以說，「最偉大的勝利——戰勝自己」，是因為「最大的敵人是自己」。

　　縱觀中國古代史，任何一個聖賢人物所走的人生路，有兩點能給後人有益啟示。一是他們在經歷常人難以接受的困苦面前，戰勝自我，內心強大。比如，莊子一生生活在戰國時代的下層百姓之中，在各諸侯國動不動就打仗的動亂年代，日子過得非常艱苦。我們讀讀《莊子·外物》就知道，他向監河侯借糧遭到羞辱，但他並不感到羞恥。還有一次，莊子身穿打補丁的粗布衣和繫著麻絲的爛鞋走過魏王身邊，魏王見了說：「先生為何如此潦倒呢？」

莊子說：「是貧窮，不是潦倒。士人身懷道德而不能推行，這是潦倒。」從這些故事可以看出莊子內在的清高，內心的強大。莊子正是憑著這種甘於恬淡寡慾和安貧樂道的人生境界，把「貴生」「為我」引向「達生」「忘我」，做到「道」「我」合一，從而創造出了一個奇異瑰麗的精神世界，使他不僅成為道家思想的集大成者和道教四大真人之一，也使後人懂得了如何生活才能實現人生逍遙游。二是他們都是由內而外地鍛造自己，使自己成為內聖外王之人。可現在有的人不是這樣的。有一個單位的年輕人時不時擺龍門陣，侃大山，一會兒評判外國某某總統的是是非非，一會兒抱怨某某上級領導的對與錯，他們在行使裁判員角色中，總是充滿著抱怨、指責、發泄，有的就是一個憤青。一天，一位長者對他們說：「年輕人們，別人做得不好遭人抨擊，你們今後可得做好，讓別人無話可說呀。但要成為這樣的人，只有一條路，這就是少一點關注外面世界，多一點關注自己的內心世界；少一點評判別人，多一點評判自己。只有由內而外地改變自己，才能使自己變成內聖外王之人，這樣的人，才有能力有資格改變他人乃至改變這個世界，否則，只當評論員，除了圖個嘴巴痛快，於己於人有什麼意義呢？一個人的能力雖然有大小，但你只要為改變他人改變世界做出了哪怕是點滴貢獻，你就沒有白來這個世界。」

心有所安，便是故鄉。一個人不能征服自己的心靈世界，就不可能征服世界；而強力征服世界的人未必能征服自己的心靈世界，最後還得失去世界；征服自己心靈世界的人，才能征服其他的人。

改變自己，是自救；影響別人，是救人。而這由自救到救人的過程，就是由內到外的人生之路。

我覺得，人生有兩條心理路線圖：一條是從自我到自我。這種人只能不斷重複昨天的故事，等待的必然是平淡平庸的人生結局；另一條是從自我到突破自我，這種人的人生氣像是日新月異，人生的步伐是不斷的超越、飛躍。因為，奧地利心理學家弗洛伊德告訴人們，人的心理結構由三部分組成：本我、自我、超我。一個人只有由內而外地超越自己，才可能走出本我，突破自我，實現超我。

　　人要做到戰勝自我，變得內心強大，應為自己建造一個心靈避難所。有了這個用於緩衝的避難所，心靈在任何情況下都不會走失，就會在自己精心呵護下慢慢強大起來。因為現實是殘酷的，有時是令人難以想像的，甚至讓你措手不及。有了心靈避難所，一旦心靈受傷，便將其收容起來，讓他先安靜下來，自我呵護，自我調理，等冷靜下來心神寧靜了，就沒有什麼大不了的事了。每當這時，重要的是放下自我，把自己置於歷史長河之中，把自己置於生死臨界點上，想想人生是什麼、人生為什麼，就會走出困惑和痛苦；把自己置於人生的高山之巔去看看那些比自己更可憐、更不幸的人，這時就沒有什麼想不開的了。

　　人活著本來就很不容易，沒有理由和自己過不去。當小人和你過不去時，沒有必要和小人過不去，因為他是小人；當現實和你過不去時，不能和現實較勁過不去，因為這是現實。只要你跟自己、跟別人、跟現實都能過得去，這世上就沒有什麼能讓你過不去的了！

　　自私是萬惡之源，自我是妄動之根。人之所以輕舉妄動都是自私、自我害的。人之所以不能實現由內到外的成長，也是自私、自我害的。

　　法國數學家、物理學家、篤信宗教的哲學家帕斯卡爾的代表作是《思想錄》，其中寫道：「人類的自我，其本性就是只愛自己並且只關注自我。」一個人一旦太自我了，他就不會明白他有幾斤幾兩，他就不會清醒冷靜地考慮自己的所作所為在別人和歷史老人面前會怎麼看？自己的追求和所走的路到底對不對？

　　自我的危害有多大？沒有走出自我的人永遠看不到、想不到。

　　在田徑場上，立定跳遠跳不了多遠，只有三級跳遠才能騰空而起，實現對自我的超越。人生田徑場上不能停留在人生立定跳遠上，也要採取人生三級跳遠：走出本我、突破自我、實現超我，從而使自己在人生田徑場上取得意想不到、令人滿意的人生佳績。

　　追求由內而外的最佳境界是把自己打造成這樣的人：

　　心比海闊容人容事容紛擾，

胸比天高納風納雨納雷霆。

三、「八條目」告訴我們的是一條由家到國的人生路徑

三國時期的陸績對《周易·家人》之卦的卦辭解釋是：「聖人教從家始，家正則天下化之。」他認為家庭教育搞好了，家道普遍都正了，整個國家也就安定了。

國與家緊密相連，不可分割。「天下之本在國，國之本在家，家之本在身。」孟子強調，天下的基礎是國家，國家的基礎是家庭，家庭的基礎是個人。要平治天下，國家就要富強安定；國家要富強安定，家庭就要和睦穩定，家風就要仁厚純樸；而家庭是由成員組成，每個人的道德品質修養又是道德家庭的基礎。孟子用嚴密的邏輯來說明國、家、人三者之間的關係。不愧是聖亞，三句話就把這麼複雜的三者關係說清楚了。

「心正而後身修，身修而後家齊，家齊而後國治，國治而後天下平。」儒家告訴人們，要以自我完善為基礎，透過治理家庭，直到平定天下，這是幾千年來知識分子追求的人生理想。

幾千年來的社會實踐告訴人們：圓滿的人生是一條由家到國的路。

家庭是由婚姻、血緣或收養關係所組成的社會組織的基本單位。

弗洛伊德認為，家庭是「肉體生活同社會機體生活之間的聯繫環節」。

中國社會學家費孝通認為，家庭是父母子女形成的團體。

家庭觀念，亟須現代人重新認識。

「世界上最遙遠的距離，不是生與死，而是我在你身邊，你卻低頭玩手機。」這是網上流傳很廣的一句話，反映現實生活中，不少家庭普遍存在的不和諧境況，缺少情感交融和溝通，親情越來越淡薄，家庭的吸引力和幸福指數越來越低。

20 世紀 80 年代以來，全世界家庭數目激增，而家庭規模日趨縮小，離婚率普遍上升，家庭觀念發生巨大變化，同居、單親家庭、私生子等現象習

以為常，家庭問題日益為國際社會所關注。1989 年 12 月 8 日，第 44 屆聯合國大會透過一項決議，宣布 1994 年為「國際家庭年」，並確定以屋頂蓋心的圖案作為「國際家庭年」的標誌，昭示人們用生命和愛心去建立溫暖的家庭。1993 年 2 月，聯合國又決定，從 1994 年起，每年 5 月 15 日為「國際家庭日」。由此可見，家庭問題已成為國際性問題，家庭作為對社會最有影響的單位和「細胞」，在解決困惑人類社會的危機中，起著舉足輕重的作用。

英國著名女作家弗農·李在《悠閒》中寫道：「一回到自己的小窩，不時會從心裡感嘆：『瞧！這才是讓我感到安寧的地方呢！』」

美國劇作家、演員佩恩說過：「金窩、銀窩，不如自家的草窩。」

重視家庭，就是重視自己的幸福。有了家庭，才能找到人生歸宿感。

幾千年來，中國人的家庭觀念可謂世界之最。文明古國的一個很重要方面，就是中國人所具有的家庭美德。

家可以變小，但家國情懷不能變小。因為家是國家基礎，國是家的延伸。在中華民族的思想譜系中，天下、國、家、人緊密不可分離。所以，家國情懷，體現在「八條目」的邏輯鏈條中，貫穿於中國的家教中，氤氳於中華文化中。人若沒有家國情懷，對一個家庭對一個國家，都將面臨一盤散沙的危險。

家庭觀念淡化了，家庭鬆散了，說明社會組織的基本單位鬆散了，社會細胞出狀況了，社會道德風尚出問題了。這些問題正是當今社會存在的突出問題。

當代家庭觀念的淡化表現在多方面：有的不結婚不成家；有的只同居不結婚；有的把離婚當兒戲，對己、對人、對孩子都不負責任，單親孩子增多，甚至閃婚閃離；有的把婚外情不當回事，甚至找「小蜜」包「二奶」；有的成家不做飯，不願承擔家務，整天各玩各的、各吃各的、各有各的圈子；不願和父母吃住在一起，等等。

家庭功能的弱化也是多方面的，衣、食、住、行、育、樂、性等多樣功能，弱化得讓人吃驚。人不注重營造幸福快樂的家園，而到外面去尋求幸福樂園，

最終只能是一個結果：與幸福漸行漸遠，一陣新鮮刺激之後就越來越麻木，越來越失去幸福快樂的體驗和感知。

「道在人倫日用間」。「人倫日用」，為儒家仁道創造了生存和延續空間，為家庭人際關係乃至整個社會人際關係及社會風氣奠定了良好基礎。儒家的「仁道」是由人倫自然情感自然生長出來的。「孝道」及其「人倫世界」彷彿經過水洗漂白越來越白，以家為中心的日常生活內容，實現「飲食男女」「養生送死」之目的，不少的人已不再上心、用心、專心，甚至根本不再當回事，人的精神家園首先從「家」開始搖搖欲墜。

英國哲學家培根說：「無論是國王還是農夫，家庭和睦是最幸福的。」

人類真正意義上的家如果不存在，何談家園？人不在家裡盡享人間幸福，就會跑到外面去找幸福，以至社會亂象叢生。

其實，人不能離開家，也離不開家。一個人一生有三分之二的時間是在家裡度過的，不重視家和「家園」建設能行嗎？一切背離人類特性的兩個標誌──智與德的行為，都是對人類文明的背叛，都是對家庭文明的褻瀆，體現的是從高級動物向普通動物趨同的愚昧。

一個人享有的幸福泉源，不應來自外面、外人，而是源於家庭和家人。

年輕時不要家，不親近家人，老了就會無家可歸。

人的第一任老師是父母，第一所學校是家庭。中國人看一個人的未來人生，是由小看大，甚至認為「三歲看大，七歲看老」。

孟子告訴人們，尊敬自家的長輩，推廣開去也尊敬別人家的長輩；愛護自家的兒女，推廣開去也愛護別人家的兒女。這就是中國古代家教的高見和高明之處。一個人在家裡學好了，做好了，走出家門才能學好做好。一個人對待自己親人家人都無所謂，走出家門對外人如果「有所謂」那靠譜嗎？

儒家告訴我們，做人做事之道是由家及遠，由親及疏。

我對那些「孔雀女」持支持的態度。因為「孔雀女」擇偶時不看重金錢，看重的是男人的能力和家庭責任感，這樣的擇偶標準，太有人生智慧了。

古人講，「建大功於天下者，必先修於閨門之內」。所謂閨門，就是家門。聖賢告訴我們，一個人要建功立業，必須要從家門做起，很好地修養自己。一個人做到了「家齊」，才可放心地到外面去幹事業。

有的人可能說這種由家到國的路徑是老黃曆，是東方文化，過時了。那好，我們看看西方的文化是怎麼看待人生路徑的。

在英國西敏寺的地下室裡，英國聖公會主教的墓碑上有一段話：

當我年輕自由的時候，我的想像力沒有任何侷限，我夢想改變整個世界。

當我漸漸成熟明智的時候，我發現這個世界是不可能改變的，於是我將眼光放得短淺了一些，那就只改變我的國家吧！

但是我的國家似乎也是我無法改變的。

當我到了遲暮之年，抱著最後一絲努力的希望，我決定只改變我的家庭，我的親人——但是，唉！他們根本不接受改變。

現在，我行將就木之際，我才突然意識到：如果起初我只改變自己，接著我就可以依次改變我的家人；然後在他們的激勵和鼓勵下，我也許就能改變我的國家。再接下來，有誰知道呢，也許我連整個世界都可以改變。

這是聖公會主教告別人間之前，用他一生的教訓總結出來的人生箴言。他指明的人生路徑是：改變自己，改變家庭，改變國家，改變世界。這和儒家的修身、齊家、治國、平天下如出一轍！

在由家到國這條人生路徑上，要特別重視家庭、孝心、家教三個問題，因為這三個問題已成為中國乃至世界性的社會問題，其危害直接關係到人的奠基過程和人生路徑，關係到人們該如何實現立身做人，關係到人類的生存和發展。

一是重視家庭。

英國作家、文藝批評家塞·約翰生說過：「在家中享受幸福，是一切抱負的最終目的。」

法國作家莫羅阿說過：「沒有了家庭，在廣大的宇宙間，人會冷得發抖。」

家，是人類進入文明時代後自我生產和繁衍的母體，是社會組織結構的基本細胞，是人類生命個體與社會組織生活之間的重要「鏈接」。人由家出生，不能也不可能不要家。家作為人類自我生產和繁衍絕非純粹自然的生命事件，它關係到人性、人道、人倫等一系列重大人生問題。

浮雲無家，只得以天為家，一時的自由瀟灑，瞬間便不知消失到何方。

人不是浮雲，有了家才有人生歸宿。做人連家都不顧不要，怎麼可能成好人、成「大人」？

「枝頭秋葉，將落猶然戀樹；簷前野鳥，除死方得離籠」。《小窗幽記》這話告訴人們，秋天樹枝上的黃葉，即使將要飄落，仍然眷戀枝頭。屋簷下的野鳥，除非死去，否則不肯離開它的巢。人難道還不如一片樹葉和一隻鳥？

一個國家怕的是治國不治人，聚財不聚心；一個家庭怕的是理財不理家，重名不重情。

一個人不重視家、無孝心，說明他缺乏道德禮儀教育。

北宋名臣、史學家司馬光很重視道德禮儀教育，要求人們遵守禮儀原則，加強道德修養。他把禮儀道德教育具體落實到家庭教育上，他的傳世名著《家範》，就是以儒家經典論證治國之本在於齊家的道理，同時廣泛選取歷代人物史實作為「規範」「儀型」，具體闡述各項道德準則和治家的方法。

古往今來，正是由於良好的道德教育，使一代又一代的人走上了齊家、治國、平天下的人生道路。

網上有這麼一個段子告訴世人如何對待家庭、家人：假如你病倒了或者猝死了，你服務單位會第一時間找人替代你，一切如常運行，你沒有自己想像的那麼重要。而你的父母、家人、愛人、孩子的天會塌下來，你對他們才是最重要的。所以，再別秉持自己有病顧不上看，家人生病不回家，親朋死了不奔喪，老婆分娩不去陪，取悅領導喝大酒等所謂的價值觀了，一定要好好工作，多陪家人，愛惜自己，過正常人的日子。

據權威調查中國人幸福指數是 69.84 分。從被訪者的直觀反饋看，人要幸福，重要的是三項：身心健康、家庭溫馨、婚姻美滿。由此可見，放棄家庭，就是放棄幸福；不重視家庭，就是不關注自己的幸福指數。

享受家庭生活的幸福，只有真心投入家庭生活的人才會有體驗；沒有子女沒有完整家庭的晚年生活之孤寂無助，只有步入晚年才會有體驗。

年輕時一人怎麼都好過。但嚴酷的現實證明，只顧年輕時一人瀟灑，等老了一點也不瀟灑。

家庭和事業是相互促進、相得益彰。並非選擇了事業就無法兼顧家庭，也不是照顧家庭就不能體現社會價值，因為幹事業具有創造經濟價值和社會價值的作用，而管理家務、養育孩子和孝敬長輩本身也是一種社會責任的體現，家庭勞動對於推動整個社會發展的作用同樣不容忽視。

《菜根譚》裡說：「家庭有個真佛，日用有種真道，人能誠心和氣，愉色婉言，使父母兄弟間形骸兩釋，意氣交流，勝於調息觀心萬倍矣。」這就告訴我們，父母是家中的真佛，日常生活有真道，一個人在家裡如能誠心誠意，和和氣氣，和顏悅色，彼此溝通，使父母兄弟姐妹身心俱爽，家就成了最好的修行的地方。人從家這個修行地出發，人生路上才會有詩和遠方。

一個人如果把家庭當作修行積德的場所，把家庭當作幹事的出發地和目的地，這個人這個家庭就會充滿幸福快樂。

在競爭激烈的快節奏時代，現代人無論在職場上還是在生活中，都變得越來越忙碌，尤其是那些中青年人，覺得事業的夢想總是遭到家庭瑣事的羈絆，有的人煩了，耐不住性子了，有的沒成家的人就不想進入這種生活狀態了，加上情感上的磕磕絆絆，於是，另一種圍城現象出現了：裡面的人想出來，外面的人不想進去。

生活是門藝術。每個人都是天生的生活藝術家，只是有的人不屑於去當生活藝術家，以至於使他體會不到家庭溫馨的樂處，降低了自己的人生幸福指數。

　　總體上看，五六十年代之前的人熱愛家庭孝敬長輩，成為生活藝術家的比例高，因為他們受到傳統美德教育多，有足夠的耐性和德性。當然也有很多年輕人表現也很好，比如，2009 年美國網球公開賽之後，《廣州日報》大洋網上出現這樣一篇報導：《費德勒當爸奪冠兩不誤》。費德勒第 16 次捧起大師賽冠軍獎盃。「作為世界第一、諸多個歷史第一的締造者、一對雙胞胎女兒的父親、28 歲的費德勒正在經歷著職業生涯中的一次嬗變」。費德勒賽後說：「這次的確很特別，因為我作為父親首次加冕冠軍。站在這裡很容易的有了感覺，這是一個美妙的夏天。」

　　從職業生涯首次問鼎法網冠軍、實現全滿貫，到溫網決賽與美國大砲羅迪克進行史詩般的 5 盤大戰，超越桑普拉斯成為歷史上奪得 15 座大滿貫冠軍的第一人，再到成為一對雙胞胎女兒的父親……費德勒可以說是這一年最忙的人。

　　費德勒認為，周密的訓練、比賽計劃和甜蜜的家庭生活，成就了這一切。「我很享受這樣的狀態，我想，這些成果都是米爾卡（費德勒的妻子）和孩子賜給我的。」可見，家庭和親人是費德勒前進動力的源泉。

　　野花屬於大自然，踩踏或摘取是破壞自然的不文明行為；家花屬於個人，可以盡情享受花的芳香。

　　外面的世界很精彩。但一個人真正享受幸福和快樂的高峰而持久的體驗，不是在外面的精彩世界，而是在家裡的溫馨港灣。

　　人是環境人。人一般生活在三個環境之中：家庭環境、單位環境、社會環境。如果家庭環境不好，另外兩個環境再好，他的人生也好不了。

　　歌德曾說過：「人無國王、庶民之分，只要家有和平，便是最幸福的人。」有的家庭缺的不是自然溫度而是心靈溫度；缺的不是金錢而是和睦。

　　家庭不單是身體的住所，也是心靈的寄託處。而現在有的人卻把心靈寄託在外面，成了身心分離之人。

　　家是幸福港灣。一個漁民每次出海歸來，如果無家可歸，心找不到安放和休息的地方，他捕再多的魚又有什麼意思呢？人生也一樣，奔波勞累之後，

沒有一處可喜可怒可哀可樂可靜可動，可以任性，可以有錯，可以殷勤撫慰、溫柔體貼、徹底放鬆的地方，那豈不是毫無放鬆感、歸屬感和成就感！

蕭伯納說：「家是世界上唯一隱藏人類缺點與失敗的地方，它同時也蘊藏著甜蜜的愛。」而人在外面是不允許有缺點和失敗的。

用泰戈爾的話說，現在世上「沒有可供休息的臥榻」的單身貴族越來越多！

溫馨，是一種溫和芳香，應首先從家裡散發出來；是一種溫暖，應首先從家裡感受。家，只有作為高級動物的人才能真正建立得起來。如果我們不去建家搭舍，或者僅僅把家當個旅館，那豈不將自己倒退到一般動物的層次？

「會桃李之芳園，序天倫之樂事。」自從詩仙李白《春夜宴桃李園序》之中提出「天倫之樂」後，中國人就知道這天底下第一快樂是「天倫之樂」。而現在親人之間享受天倫之樂成了奢侈品。孩子們長大了，即使有了休閒時間，也大多到外面找同齡人玩。有的人就是「坑爹族」，明明父母房子寬敞卻不住，非得讓父母另外買房、租房住到外面去。週末即便回家一趟，也被稱為「還鄉團」回來了，吃一頓，掃蕩一些東西便走人。

莎士比亞曾說過：「逆子無情甚於蛇蠍。」

托爾斯泰說：「幸福的家庭都是相似的，不幸的家庭各有各的不幸。」

幸福的家庭傳出來的是笑聲、歌聲、音樂聲。人在家裡歡歌笑語，說明精神樂觀、關係融洽；常放音樂能梳理人的心緒，陶冶人的情操。人從這樣的家庭走出來，寧靜且心情好，順心！相反，不幸的家庭常傳出來的聲音是怨聲、哭聲。吵吵鬧鬧，或無語冷戰，都是不正常狀態，唉聲嘆氣與哭哭啼啼更令人掃興，影響情緒，人從這樣的家庭到外面做事不順心。

三毛說過：「家，對每一個人，都是歡樂的泉源啊！再苦也是溫暖的，連奴隸有了家，都不覺得他過分可憐了。」

人成年之後所追尋的人生路，實際上是一條回家的路。人總是忽視家裡和家人給予的，而到外面去覓尋幸福快樂，等老了才發現，繞來繞去，幸福快樂就在家裡，就在家人的心窩裡。

重視家庭，從強化儒家的「齊家」意識開始，從家庭成員齊心協力、和睦相處開始。

創建幸福的家庭要從自己做起，從點滴做起。

每個人應該經歷兩個家庭：原生家庭和再生家庭。前者是父母給我們的家，後者是我們自己建立的小家。家庭幸福不幸福，前者我們要當貢獻者，後者要當建設者。不經歷兩個家庭生活，人生不完滿；不能給兩個家庭尤其是再生家庭帶來幸福，便不享有人生成功。

二是重視孝心。

孝心，是一個人做人、做「大人」不可或缺的。

《靈峰宗論》告訴人們，「儒以孝為百行之本，佛以孝為至道之宗。」

孝，這個字的上半部分是半個「老」字，下半部分是兒子的「子」字，合起來是兒子背著老子，含有養兒防老和延續人類的意思。

《詩經》上說：「父兮生我，母兮鞠我。拊我畜我，長我育我，顧我復我，出入腹我。欲報之德，昊天罔極。」這就告訴我們，父親生了我，母親哺育我。父母細心照看我，慈愛地擁抱我，時刻保護我，辛苦地培養我。父母的恩德像天一樣廣大無邊，一生也報答不完。為此，佛教專門有《父母恩重難報經》。

我們應懂得《圍爐夜話》為什麼說「人須從孝悌立根基」。

孝悌，是人的本真，是人性的核心，是做人要遵守的第一道德。

古代有這麼一個故事：一個屠夫，一次被人請到鄰村宰牛，去了之後發現有頭小牛跪在老牛的腳下，那人沒多想，放下刀具，進屋燒開水。等他出來找刀具時卻找不到了，這時發現老牛眼裡含著眼淚，小牛臥在那裡一動不動，並怯生生地望著他。他覺得奇怪就走過去將小牛拖開，發現宰牛刀在它

身下。原來小牛知道母親就要被殺，就把刀具藏在自己身下。這個屠夫看了這一幕情景深受感動，從此放下屠刀，另謀善業去了。

古人教導我們：「莫仿杜鵑占巢生兒女不養不教，要學烏鴉反哺敬父母善始善終。」烏鴉是有品德、有孝心的鳥類，值得人類學習。正因為如此，韓國人不喜歡只會說漂亮話的喜鵲，而喜歡懂得報恩的烏鴉。

「百善孝為先」這句話出自清人王永彬的《圍爐夜話》。由於這句話講的是根本的道理、根本的人倫、根本的共識，所以，數千字的《圍爐夜話》，抵不住這一句的名聲。

《百孝經》裡說：「自古忠臣多孝子，君選賢臣舉孝廉。」比如岳飛，既是孝子，也是忠臣。

漢武帝時期，選取賢臣的標準就是孝。古代百姓稱當官的為衣食父母。不孝之子難成忠臣。一個當官的對生他養他的父母如果沒有孝的責任心，怎麼可能對衣食父母承擔起責任？

自古孝子留美名。

有這樣一個神話故事：相傳很久以前，咸寧發生了一場瘟疫，許多人被病魔奪取了生命。在桂榜山下住著一對母子，母親也染上了瘟疫臥病在床，忠厚孝順的兒子每天上山採藥，希望治好母親的病。一天，觀音東遊回來，正趕回西天過中秋節，路過桂榜山，見這位兒子在峭壁上採藥，深受感動，晚上便託夢給他，說月宮中有一種桂花樹，開著一種金黃色的小花，用它泡水喝，可以治這種瘟疫。八月十五日，桂榜山上有天梯可以到月宮摘桂。

這位兒子終於在八月十五日晚上從桂榜山頂趕上了通向月宮的天梯。八月正是桂花飄香的時節，兒子順著香氣來到桂花樹下，看著金燦燦的桂花，好不高興，他拚命地摘呀摘，總想多摘一點回去救母親，救鄉親。可摘多了他抱不了，於是他想了一個辦法，搖動著桂花樹，讓桂花紛紛飄落，掉到了桂榜山下的河中。頓時，河面清香撲鼻，河水被染成了金黃色，人們喝著這河水，疫病全都好了。人間也從此有了桂花樹。因偷盜桂花被天兵天將發現，

被玉帝罰留守月宮當看守。從此，人間少了一個孝子，月宮中多了一個盡心盡責的吳剛。

這是啥年月了，還以孝說事？有的年輕人肯定不以為然。我勸這些人先不要下結論，把疑問先放一邊，等你老了後所思所想絕對與現在大不一樣。要知道，盡孝心和享受兒孫的孝心，是天底下最本能、最根本、最無與倫比的人生幸福與快樂。

孝，按徐永彬在《圍爐夜話》評註中的觀點，分為大孝和小孝。大孝是對國家，小孝是對父母。無小孝難有大孝。

小孝是指兒女的行為不違背父母及其他長輩的心意，一般表現為孝順、孝敬等。按傳統觀念，孝，不僅要養，更重要的是要敬。包括在精神上能給父祖以安慰，做到「不辱其身，不羞其親」。現在有的人這種意識已淡化得無影無蹤了，這是沒文化的重要標誌之一。

中華孝文化，是中華文明區別於古希臘文明、印度文明、兩河流域文明的重大文化現象之一。傳統孝道倫理從周公、孔子之後的兩千多年裡，很多的史學家、文學家、詩人等先哲聖賢，為孝文化留下了諸多名句箴言。曾國藩甚至說「讀盡天下書，無非是一個『孝』字」。

《孝經》，是中國古代儒家倫理學著作，它以孔子和曾子師生二人的對話形式，闡述了孝與人本身、孝與家庭、孝與政治、孝與社會的關係，對天子、諸侯、卿大夫、士、庶人的行孝事親、提出了不同的要求和相應的規範。該書以孝為中心，比較集中地闡述了儒家的倫理思想，告訴人們，「夫孝，天之經也，地之義也，民之行也。」並指出：「孝是道德之本」，認為「人之行，莫大於孝。」

儒家認為，人倫是政治、經濟、文化的起始點。孝是德行的根基，居中華傳統美德之首。一個人只有知道孝順，才會知道感恩，才能做到尊師敬長，才能將愛心推及他人。

悌，指兄弟姊妹間的相互友愛。擴展開來，就是人與人之間的互敬互愛。獨生子女沒有兄弟姊妹，幼兒教育時應補上這一課。

《小兒語》裡說，「萬愛千恩百苦，疼我孰知父母？」

父母給兒女的愛，是天底下最無私的大愛，為了兒女的幸福快樂，他們可以吃天底下別人吃不了的苦。所以中國父母是天底下最好、最偉大的父母，任何時候都要感恩父母。一個人心裡沒有父母這「兩尊佛」，他的良心、良知就已出了問題，這個人做人做事就沒什麼譜了。世人都知道，對這樣的「白眼狼」是不值得幫的。

《勸孝歌》提醒世人，「十月胎恩重，三生報答輕」。

我以為，人的一生有四個家：人的第一個家，是媽媽的肚子，我們從那裡來到人間；十月懷胎一朝分娩，我們從哪裡來的不能忘了。把母親肚子看作第一個家，才會感恩父母的養育之恩，才會珍惜父母給我們的這粒生命的種子。人的第二個家，是父母給我們的家，我們在那里長大成人，如果長大了不認這個家，人家就會罵「忘恩負義」。第三個家是學校和公司，我們在那裡學習成長，做一番事業；第四個家是國家，我們在這個大家庭獲得安全和尊嚴。

慈母手中線，遊子身上衣。

臨行密密縫，意恐遲遲歸。

誰言寸草心，報得三春暉。

唐朝的孟郊這首《遊子吟》，激起了多少人的報恩之心。如果一個遊子不記住這首詩，或讀這樣的詩毫無感覺，那他已把做人最基本的道德丟失了。

天下無不是的父母，世間最難得者兄弟。《格言聯璧》提醒我們，挑父母這也不是那也不是者，絕對成不了好人，更成不了「大人」。人老了成了老小孩，做兒女的應該像父母對待自己小時不懂事的時候那樣的對待父母。尤其是對待父母的嘮叨，要耐心聽，做到有則改之，無則嘉勉。

有一個女孩子的女朋友來找她玩，當夜未歸。翌日早晨，母親把早點準備好，叫她倆起床，她倆嘀咕了老半天，母親又催一遍。這個女孩沒好氣地說：「知道了，別囉嗦了。」她倆吃早餐時，母親在一邊又念叨：「起晚了，

吃飯動作俐落點。」中間又催：「校車快開了，動作快點。」女兒把碗一擱，生氣了：「快點，快點，跟催命鬼似的。」母親知趣地走了，女友卻一個勁落淚。女孩急了：「對不起，我不是對你發火。」女友抹著眼淚說：「自從我母親去世我一年多沒聽到這樣的嘮叨了，你把幸福當煩惱，等你失去這份幸福，你才知道母愛是多麼溫暖，多麼偉大。」

孝不是僅僅贍養就可以了。如果對父母不敬，按孔子的觀點，那贍養父母和飼養狗馬又有什麼區別呢？由此可見，對父母盡孝心，不能失敬。

孔子說：「色難。有事，弟子服其勞；有酒食，先生饌，曾是以為孝乎？」也就是說，孝敬父母難的是對父母要和顏悅色。如果沒有愉悅的臉色，帶著不情願很勉強的表情去做，這樣做怎麼可以算孝呢？

子女對父母沒有管教培養的責任，只有贍養的義務，所以只能心敬色恭，發自內心的贍養。尤其是城裡人，父母老了往往並不缺錢，無須養人，重在「養心」，需要子女的是孝心，使父母受到尊重，「弗辱」，心情舒暢。

漢代的女子緹縈，為了拯救蒙冤而要受刖刑（即砍掉腳的酷刑）的父親，她陪著父親一道進京城。在押解進京的路上，白天攙扶父親，晚上燒水給父泡腳、驅蚊。到了長安，緹縈冒死給皇帝上書，訴說父親的冤情，痛訴刖刑的殘酷，要求廢除刖刑。她在上書中寫道：「我父親為官清正廉潔，行醫有術，卻被人誣告要受刑，一旦受刑，人不死也變殘疾，就是有罪也失去了改過自新的機會。我甘願到宮中當奴婢，替我父親贖罪。」可是想見皇帝談何容易，她被士卒擋在宮門之外。一位軍官看這位姑娘千里迢迢伴父進京，十分感動，便主動幫助轉呈皇帝。漢文帝聽說此事，看了上書，被其孝心感動，同時，也覺得刖刑太殘酷，便下旨赦免緹縈的父親，讓他領著緹縈回家，並下令廢除刖刑。緹縈上書救父的孝心千古傳頌。

有這麼一個現代版的故事，聽了讓人心寒。

一對年輕的父母給 5 歲的兒子過生日。

滅燈。

放音樂。

吹蠟燭。

小壽星切蛋糕。

突然，小壽星叫起來：「生日禮物呢？我不是要個電動跑車麼？」

「來了，跑車來了。」年輕的媽媽抱著玩具車喜氣洋洋。

小壽星玩了一會兒電動跑車，上桌吃起蛋糕，吃好了，把剩下的推給爺爺：爺爺吃蛋糕。

「好，好，吃蛋糕。」在鄉下當老師的爺爺利用假期專門來看孫子，他看著蛋糕眼淚像斷線的珠子似的往下流。

「爺爺，你怎麼哭了？」小壽星問道。

「沒，沒，爺爺高興的。」爺爺一臉苦笑。

突然，爺爺說心口痛，趴在桌子上，兒子兒媳慌了神，趕緊打 119。

送到醫院搶救了近三個小時，醫生從急救室出來告訴兒子，是心肌梗塞。因為病不重，送得快，幸運。醫生走了幾步又回過身來，說：「年輕人，今天是你爸的生日，你知道麼？你們只知道給兒子過生日，要什麼給什麼，卻不記得父親的生日，連一句祝福的話也沒有，做得不對啊。你爸倒是不在乎這些，他痛心和糾心的是你和孫子的未來呀。今天你這樣對待父母，明天你的兒子就會這樣的對待你呀！懂麼？年輕人。」

年輕人抱著頭蹲在了地上。

孔子說：父母之年，不可不知也，一則以喜，一則以懼。做兒女的，首先要記住的是自己父母和長輩的生日。一方面，他們高壽，晚輩應該感到高興；另一方面，也應該有所恐憂。因為年齡大了，隨時可能生病，也隨時可能離開人間。

我 17 歲離家當兵，對父母有太多的遺憾，太多的愧疚，太多的心願沒有實現，連他們彌留之際也沒能放下手中工作趕回去見上最後一面。當我母親離開我們後，我趕回去跪在遺體前長跪不起，嘩嘩的淚水洗不盡我心中的

悔恨。回到單位後，我在一次集體場合對大家說：「對父母盡孝必須在有效期內進行，想做即做，不可等待，否則一旦有變，後悔終身。」

《聖經》中的十條誡命的第五條，就是孝敬父母。

一次，世界首富比爾·蓋茨在飛機上接受義大利《機會》雜誌社記者採訪時，記者問他：「最不能等待的事情是什麼？」比爾·蓋茨沒有回答記者希望聽到的「商機」二字，卻讓記者聽到了最為感動的一句話：「天下最不能等待的事情，莫過於孝敬父母。」可見，比爾·蓋茨站在道德基石上建人生大廈，哪有不成功之理！

從前，有一對夫妻，對年邁的母親非常不孝，家裡的髒活累活都讓老人來幹。後來，母親老得幹不動活了，夫妻倆就找來一個筐，要把母親抬到後山扔了。走到半道上，他們的小兒子追上來詢問，這對夫婦便撒謊說抬著奶奶去看戲。小兒子跟到山上，看見父母把奶奶扔到溝裡了，於是就飛快地往山溝裡跑。父母問他幹什麼去，小兒子說：「不把筐撿回來，將來我和媳婦用什麼抬你們去看戲呢？」

這個故事看起來像個笑話，卻蘊含著因果報應的大道理。正如一句古話說的那樣，家風好壞猶如房檐滴水，一道照著一道落。我們應該明白，今天我們如何對待父母，明天子女就如何對待我們。

家風，要從孝心開始。

人一輩子沒有遺憾之事難以做到，但對父母長輩絕對不能留遺憾，否則，必將把痛苦帶進骨灰罈。

英國歷史上最有名的文人之一詹森博士的父親經營了一個大的書攤。詹森 18 歲那年，大家都去距離書攤不遠處趕集，他的父親要詹森送一部分書籍去趕集的地方賣，但一連呼喚三次他都沒有反應。他這時正專心閱讀一本又厚又大的書，假裝沒聽見，也不理睬。父親嘆了一口氣，只得自己親自去了。50 年後，有一天中午 11 時，當地人看見這個體態臃腫的老年人，跪在街心，他把帽子夾在腋下，拐杖放在一邊，低頭跪在太陽下，熱淚直流，這

時詹森博士已經成名，大家都來看他，他對大家說：50 年前的同一天，同一時刻，我不聽父親的話，現在我跪在這裡懺悔。

孝，分為兩種形式：一是外孝，也就是能看到的孝，如端茶遞水等；二是內孝，就是用心行孝，這是最難的。對父母精神上、心上的孝高於吃喝的奉養。

孝，必須是發自內心的真正的愛，做到說話和氣，面色和悅，行為恭敬，盡心竭力。孝，更應做到誠意正心。

父母也會有做得不夠好的地方，但這都不能成為兒女放棄孝心的理由。父母怎麼做人做事是父母的事，我們怎麼盡孝做人是我們的事。做最好的自己是做人做事永遠不變的基本原則。

孝道中的糟粕要丟棄，但孝心永遠不過時。一個人從孝悌開始，透過愛自己的親人，逐漸擴大到「愛人愛眾」；從遵守家庭道德開始，延伸到遵守社會公德。

《圍爐夜話》告訴世人：「孝子忠臣，是天地正氣所鍾，鬼神亦為之呵護。」在中國傳統文化中，孝子、忠臣能頂天立地，如浩然正氣長存天地之間。

每年的七月十五日，是盂蘭盆節，傳統的孝親節，也是佛歡喜日。在這一天裡，我們做兒女的，無論信不信佛，都應在自己的心靈點上一支香，祝福我們的父母和長輩吉祥如意，幸福安康！

三是重視家教。

中國近代思想家教育家梁啟超所說的「人生百年，立於幼學」，所有的家長不可不知。

《圍爐夜話》指出：「何謂創家之人，能教子者便是。」徐永彬在評註時說：「只有將孩子培養成一個品行高尚，心懷遠大理想和志向並努力進取的人，才能使自己的家族持久興旺。否則，即使有萬貫家產遺留給子孫，如果子孫不肖，也會有坐吃山空的一天，不僅會導致敗家，還會毀了孩子一生，難以成才立業。」可是，這樣的醒世之言，有的父母竟然不知、不懂。

管子告誡我們：「終身之計，莫如樹人。」做父母的應該明白，即使是普通的孩子，只要教育得法，也會成為不平凡的人，相反，如果我們沒有時間教育自己的子女，用蘇聯教育家蘇霍姆林斯基的話說：「就意味著沒有時間做人。」

顏之推，北齊文學家，他寫出來的《顏氏家訓》，被稱為「古今家訓，以此為祖。」顏之推認為，教育子弟越早越好，因為人生小幼，精神專利，長成以後，思慮散逸，固須早教。顏之推還主張，上自明王聖帝，下至庶人凡子，均須勤奮學習，學習的目的在於「行道以利世」。他批評當時許多世族子弟不學無術，飽食終日，庸庸碌碌，學識淺薄，誇誇其談，不務實學，脫離實際，「難以應世經務」。

中國古代十分重視家教，在實踐中總結出一套套家教方式方法，如素成胎教、少成若性，教兒嬰孩、孝子義方、潛移默化、信而勿诳，量資而行等。遺憾的是今日的家教，糟粕去掉了，精華也丟掉了。而且把家教搞變了味，一味地放鬆道德倫理教養和文化傳承，等於抹殺應有的家風和民族傳統，為孩子日後的迷失人生埋下禍根。

教育有三駕馬車：家庭教育，學校教育，社會教育。這三大教育必須環環相扣，並駕齊驅，整體推進，否則，出現任何一塊短板，都會產生「木桶效應」。

蔡元培先生指出：「決定孩子一生的不是學習成績，而是健全的人格修養。」

學校教育如果只注重應試教育和成才，忽視道德倫理教育和素質教育，英才很難有，庸才多得是；脊樑難產生，蛀蟲少不了。

一所中學的真正榮耀，不要僅僅統計多少人考上了名牌大學，更要看以後出了多少可以源遠流長之人；不要僅僅看學生在考場有多大的分數競爭力，更要看學生在人生考場有多大的人生內驅力。因為分數競爭力決定不了人生，但人生內驅力則可成就人生。人有了人生內驅力，必然帶來人生的核心競爭力。

　　家教，與普通的知識教育不同，家教更加注重人文禮俗和道德倫理的教養，是最初始、最基本、最具有內在價值體認的德行生命養育，這樣的人長大了才可能追求個人價值和社會價值的統一。家教不僅是整個社會教育體系的第一環節，更是現代公民道德教育的德行奠基工程。因此，家教是養成人格美德的搖籃，家風是民風、國風的風向標。一個人如果缺乏良好的家教，以後要成為合格的公民、優秀的現代人是有難度的。

　　「昔孟母，擇鄰處，子不學，斷機杼」。這是《三字經》裡的話，反映的是孟母教子的故事。孟子很小的時候，父親就去世了。孟母就把家搬到了離父親的墓地不遠的地方。由於經常有人到墓地哭哭叫叫，孟子也學著那些人的樣。孟母見了，就把家搬到一個集市邊上。因為小販們都想賺錢，拚命招攬生意，孟子也學著這些人大喊大叫，孟母便再次搬家。這次搬到了學校邊上。孟子看別人上學也要求上學讀書，孟母說：「這才是理想的地方。」到了學校，孟子很貪玩，有一次，他逃學回到家中，孟母生氣地說：「還沒放學，你怎麼就回來了？」孟子不敢作聲。孟母生氣地把織布機上的梭子折斷了，告訴他，梭子斷了，布就不能織了；學習停了，怎麼能學到東西。孟子聽了母親的話，從此努力讀書，最後成了「亞聖」。

　　司馬光在《溫公家範》中告誡做父母的：「夫愛之當教之使成人。」當父母的對孩子的溺愛不是愛，教育孩子使其成人是真愛。我們絕對不要做「愛而不教」的父母，更不做不對孩子明天負責不對祖國未來負責的父母。

　　唐朝趙武孟從小不好好讀書，東遊西逛，每天都外出打獵，打來獵物送給母親。母親看他不務正業很傷心，對他說：「你這樣成天遊蕩，不去讀書，你長大了我能有什麼指望呀！」並且從來不吃他打來的獵物。趙武孟深受刺激，從此發奮讀書，後來終於成才。

　　「隔代親」，這話反映的是爺爺奶奶、姥爺姥姥與孩子的關係。人老了疼愛嬌慣孩子這是人之常情，無可厚非，但這樣容易在孩子幼小的心靈，造成爺爺奶奶好、姥爺姥姥好、爸媽不好的錯誤認知，無形中降低了父母說話的份量，培養了孩子對父母的逆反心理。

「只嬌不教」的現象減弱了家教的功能和作用，給中國目前的家教亮起了紅燈。如果一代一代的孩子都在嬌慣中長大，那國家和民族的未來必然堪憂！

1992 年 8 月，77 名日本孩子和 30 名中國孩子一起，在內蒙古大草原上舉行了一個草原探險夏令營。兩國孩子的年齡都在 11 歲至 16 歲之間，每人負重 20 公斤，要求至少步行 50 公里的路。但在半路上，中國孩子就以背包帶斷開為由，紛紛把背包扔上了馬車代勞，而日本孩子即使有的生病了，也堅持背著背包前進。日本孩子的背包鼓鼓囊囊的，裡面裝滿了食品和野營用具，而有些中國孩子的背包卻幾乎是空的，只有一些吃的，很快就「彈盡糧絕」，只能靠別人援助。看起來減輕了負重，培養的卻是小聰明。吃飯的時候，日本孩子自己生火做飯，吃得狼吞虎嚥，而中國的孩子只能可憐巴巴地看著領隊。

這次夏令營，中日兩國孩子在獨立生活能力方面表現出來的極大反差，在當時引起了社會的極大關注。日本人甚至公開宣稱中國的下一代已不再是他們的對手。

家長和教育部門要站在國家和民族未來的高度來反思我們的孩子與其他國家孩子之間的差距。承認差距，消除差距，才能讓未來不存在差距，讓今天嬌生慣養的一代，明天能挺直腰桿地生活在地球上。

為什麼現在有的孩子到了大學卻處不好人際關係？為什麼有的出現自殺和激情犯罪？這些都與在家的嬌慣有關。在家任性、不講理，家裡人都讓著他，但到了外面誰還能都讓著、忍著他呢？嬌而不教，其實不是愛而是害，是在削弱他們的生存和人生能力。

魯迅先生的《狂人日記》解釋了中國數千年封建禮教的「吃人」本質，透過狂人的嘴巴喊出了「救救孩子！」如果魯迅先生在世，他會再寫一篇《狂人日記》，再次透過狂人的嘴巴喊出「救救孩子」：

狂人翻開當今社會記錄的時候，見到每頁都寫滿「嬌生慣養」幾個字，可是研究到半夜，才從字縫裡看到滿本都寫著「誤人」二字，現在的中國人

從出生起，就要接受所謂的嬌生慣養，其實不過是在接受著如何「誤人」罷了！

對子女嬌生慣養，誤人誤的僅僅是自己的後代和自己的希望嗎？不！如果孩子都普遍地成了嬌生慣養的一代，那麼誤的是國家和民族。

缺乏挫折教育，難以成才，這是子女教育必須要改進的地方。

張居正 13 歲時赴武昌參加鄉試。閱卷官閱到他的試卷，不禁拍案叫絕。此時，恰逢湖廣巡撫顧玉麟到武昌巡遊，也看了張居正的試卷，巡撫感嘆道：「小小年紀，如此文采斐然，才思敏捷，果真是將相之才啊。不過，這次還是讓他落榜為好。」

閱卷官不解，忙請教。巡撫大人說：如此才華橫溢者，如過早發達，則易起驕傲膨脹之心，日後恐怕會斷送了上進心。讓他少年時落榜，經歷挫折，看到自己的不足，反而更能激發起奮起向上之心。」

後來張居正 16 歲中舉人，23 歲中進士，果然成為中興明朝、名留青史的傑出政治家。梁啟超評價張居正是「明代唯一的大政治家」。

不懂得生命珍貴，就不會熱愛生命、敬畏生命。

在韓國的一些中小學裡，開設有諸如「模擬葬禮」「入棺體驗」「死亡體驗」這樣的生命教育課。學生們透過親身體驗「死亡」，體驗與親人、朋友做「最後的告別」，從而懂得該如何更加珍愛生命和感恩親人、熱愛生命。

據韓國《中央日報》報導，首爾市教育廳資助一個文化會館，舉辦過一個「公共美術·我的葬禮」的特別展覽，旨在透過這種最直觀的「行為藝術」，讓單純的孩子們體驗到生命的無常和珍貴，引導他們要珍惜健康，熱愛和敬畏生命。負責辦展覽的人告訴媒體：很多來這裡看展覽並「體驗死亡」的孩子都「獲益良多」，很多少年由此對生命的態度發生了變化，願意以更積極的姿態看待人生，對待家人。

韓國這種教育，值得我們借鑑推廣。

在家教過程中，你越早把你的孩子當男人或當女人，而不是當心肝寶貝，他們就會越早成為優秀的男人或優秀的女人。

蘇霍姆林斯基說過：「在沒有明智的家庭教育的地方，父母對孩子的愛只能使孩子得到畸形發展。這種變態的愛有許多種，其中主要有嬌縱的愛、專橫的愛、贖買式的愛。」家長應該明白，給子女嬌縱、專橫、贖買式的愛，不是愛，實為害。

家教的時間應由小到大，從不間斷。戰國時期齊國大臣田稷子，為官期間收受部下賄賂兩千兩黃金，送給母親。母親非常生氣，責令他到國王那裡認罪，請求處罰。田稷子遵從母命去自首，國王得知田母如此深明大義，沒有處分田稷子，還獎賞了教子有方的田母。

家教的長效機制是家風。家風不好，不僅潛移默化地影響嚙代人，還會影響下一代人。

美國曾對愛德華和珠克兩個家庭的八代進行了分析比較。愛德華是博學多才的哲學家，勤奮好學、為人低調、做事嚴謹，為子女樹立了良好風範。八代內的子孫中出了 13 位大學校長，100 多位大學教授、80 多位文學家、60 多位醫生，還有一位副總統、一位大使，20 多位議員。而珠克是聞名的酒鬼、賭徒、惡霸、地痞，畢生渾渾噩噩，無所事事，只會打架。他的子孫中有 300 多人當過乞丐和流浪者，400 多人酗酒致殘或死亡，60 多人犯過詐騙、盜竊罪，7 個是殺人犯。

真是不比不知道，一比嚇一跳。家教沒有長遠眼光怎麼能行！

北宋的包拯為官清正廉明，被後人譽為包青天。家教中以身示範潛移默化的同時，給子孫立了一條嚴格的家規：「後世子孫仕宦，有犯贓濫者，不得放歸本家；亡歿之後，不得葬於大塋之中。不從吾志，非吾子孫。」包拯還請工匠把這則家訓刻在石碑上，豎立在堂屋東壁，用來曉諭後代子孫。據史料記載，包拯祖孫三代都是克己奉公、廉潔守法、深受百姓愛戴的清官。包拯次子包綬，歷任國子監丞、濠州團練判官和潭州通判，處處清苦守節。

他任京官時，曾回故里為生母守孝數載，家雖貧，卻不打擾鄉里。包綬死後，他遺留的箱子裡除了書籍著述之外，別無他物。

包拯之孫包永年，曾任主薄，崇陽縣令。他廉潔自守，死後了無遺蓄，連喪事都是親朋出資辦理。

人到了老年，往往想得最多的是子孫後代的事。司馬光作為史學家，對老年人進行了心理分析後說：歷史上做了祖輩的人都想為子孫謀益，給兒孫積攢大量的土地、房產、金錢財寶，企圖使子孫後代總也吃不完，花不盡。結果往往是幾十年辛辛苦苦、省吃儉用，好不容易積攢的財產，時間不長就被敗家子揮霍殆盡。

司馬光總結歷史教訓後指出：對子孫不加教育，「雖積金滿堂」也不會對子孫有什麼好處。「多藏以遺子孫」，是很愚蠢的。正確的做法是，不「遺子孫以利」，學「昔聖人遺子孫以德以禮，賢人遺子孫以廉以儉」。

《圍爐夜話》提醒世人：「富家慣習驕奢，最難教子。」也就是說，富家子弟生活優越，如過於溺愛和嬌縱，而不注意教育和培養他從小養成良好的品性，等其長大成人，劣習纏身後就很難改變了，一般這樣的人難有作為，容易敗家，甚至還會因犯罪而使家門蒙羞。

自古以來，先哲聖賢都強調「兒孫自有兒孫福，莫為兒孫作遠憂」。但現在有很多人不懂得其中的道理，不懂得為什麼「富不過三代」，總是想方設法甚至不擇手段給兒孫積攢財產，最終導致家庭悲劇如連續劇一樣一再重演。

司馬光在《溫公家範》裡主張長輩的責任是：「遺子孫以義，而不要遺子孫以利」「以德業遺子孫」。

司馬光還專門為其子司馬康撰寫了《訓儉示康》這一有名的家訓。他用司馬家族世代以清白相承的家風和自己儉樸的生活態度以及古代聖人以儉為美的道德觀念教育兒子，希望他懂得「以儉立名，以侈自敗」，把儉樸家風世代延續下去。

縱觀歷史，周朝自文王至武王，之所以「能子孫承統八百餘年」，一直興盛不衰，完全是由於歷代帝王「積德累功」「言未德澤」「明禮法，以遺後世。」

積德為產業，勝於美宅良田。人在世多做善事，必然會遺留給子孫後代德業和福澤。正如《圍爐夜話》所說：「與其為子孫謀產業，不如教子孫習恆業。」

漢朝皇太子的老師疏廣，年老退休回家，皇帝賜給他黃金二十斤，太子又送給他五十斤。回家後，疏廣每天都擺宴席，並接濟鄉親、鄰里、朋友、故舊。他的子孫希望得到一些錢財，就托一老人勸說疏廣給子孫留下一些，置些田產。疏廣說：「我不是不想著子孫，我是想，我家現有的田產，只要子孫能勤勞經營，就足以滿足他們的衣食住行之需，能維持一般人家的生活水平。如果再給子孫多留遺產，使之不勞而獲，實際上是教子孫們懶惰。俗話說：賢而多財，則損其志；愚而多財，則益其過。我死後，願意給子孫留下美德，不願留下大批財產而助長他們的過錯。」

《中庸》裡強調：「富潤屋，德潤身。」疏廣不愧是太子的老師，長遠的眼光不能不讓人佩服。他的兒女當時可能想不通，但我們今天站在歷史長河制高點上看得明明白白，歷史也已有結論，疏廣做的是對的。

羅曼·羅蘭說過：「唯一有說服力的教材是榜樣教材。生活比學校更能提供這種教材。」做父母的就是孩子的活教材，父母的為人處世和行為方式，往往是孩子人生的臨摹碑帖。

家是一所學校。我們在這裡學會走路，學會說話，學會做人做事，學會生活，學會處理人與人之間關係，學會學習，學會感恩。一個人如果在家這所學校裡都不能成為好學生，不可能在社會這所大學裡成為好學生、好公民、好黨員、好幹部；如果在家裡都處理不好與親人之間的關係，不可能到社會上能處理好與領導與同學及同事的關係。一個人在家這所學校裡以優異成績畢業了，就可以放心地到外面做事去了。

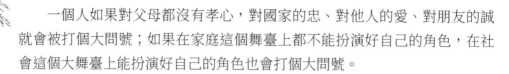

　　一個人如果對父母都沒有孝心，對國家的忠、對他人的愛、對朋友的誠就會被打個大問號；如果在家庭這個舞臺上都不能扮演好自己的角色，在社會這個大舞臺上能扮演好自己的角色也會打個大問號。

　　家是修道的場所。我們在這裡修心養性，領悟人生真諦，穎悟人生之道，啟悟人生的價值和意義。

　　家，不僅僅是一個簡單的概念，更是一種人生信念，一種精神力量。在這裡不僅能提高生活能力，更能打牢人生道德大廈的基石。

　　一個人有了和諧溫馨的家，自己才能獲得幸福體驗；有了一顆孝心，長輩才能獲得幸福體驗；有了良好的家教，下一代才能獲得幸福體驗。一個個家庭都沉浸在幸福之中，這個社會就沉浸在美好之中。

　　總之，選擇不同的人生路徑，就是選擇不同的人生結局。《聖經》裡把人生之道分為罪人之道和義人之道。中國傳統文化指出的「八條目」這一成功的人生路徑，就是一條義人之道。《聖經》給人類的智慧是：「罪人走過的路是平坦的，但它通向陰間；義人的道路是坎坷的，但是它通向天堂。天堂地獄在一念之間，上天堂還是下地獄，必由自己選擇。」

　　格物致知勤修身，誠意正心重做人。「八條目」所揭示的人生奠基過程和人生路徑，其根本和實質是一個人的修身過程。儒家的核心精神是修身為本，本立才能道生。

　　一個人經歷家庭教育和學校教育走向社會後，在實現其人生目標過程中，只要始終堅持「八條目」這樣的人生奠基過程和人生路徑，自然會產生人生路徑依賴，所作所為自然會得到「路上行人」和歷史老人的點贊認可。

人生怎麼辦——人生信念

▌六 信念讓夢想永不擱淺

一個沒有信念的民族，不會有美好的未來；一個沒有信念的人，不會有美好的人生。

一個人有了自己的人生目標，又選擇了正確的人生路徑，並不意味著人生的成功就不用擔心了，因為在人生的道路上，還可能會遇到很多困難曲折和意想不到的情況，沒有堅強的信念，人生夢想隨時都可能擱淺。

人生路上，既不要讓別人不知不覺地偷走你的夢想，也不要讓夢想在人生之舟的航行中擱淺。

「世界虐我千百遍，我待世界如初戀。」這就是信念的力量。

19 世紀俄國教育家烏申斯基說過：「人類教育最基本的途徑是信念，只有信念才能影響信念。」

每個人的人生必將經歷波折坎坷、喜怒哀樂、悲歡離合。《小窗幽記》指出，「士人有百折不回之真心，才有萬變不窮之妙用。」一個人只有具備百折不撓的堅定信念，才能在面臨各種變化和曲折時應對自如。

「太山在前而不見，疾雷破柱而不驚。」歐陽修說得好，人有了堅定的信念，人生旅途上遇到泰山一樣的障礙物會視而不見，巨雷破柱之時也不會驚慌失措。

信念，是人生大廈的第三根支柱。一個人信念坍塌了，他的人生大廈就會坍塌。所以，羅曼·羅蘭告誡人們：「人生最可怕的敵人，就是沒有堅強的信念。」

如果失去堅定信念，人生路上遇到的任何困難都會成為前進的絆腳石，任何溝坎都會成為不可踰越的鴻溝。

　　西方權貴們只要真把《聖經》中的「邪惡的人必遭懲罰，正直的人必得救援」之人生箴言作為自己的信念，他就會努力去做一個正直的人。哪怕周圍環境被邪惡所包圍，他也不會去做邪惡之事。因為《聖經》的智慧告訴他：「暴風把邪惡的人刮走，而正直的人始終穩固。」

　　現實生活中，有很多的人缺的不是抱負，不是目標和行動，他們缺的是對實現人生夢想的百折不撓的堅定信念。

　　人赤條條地來，一把灰完事。那是什麼在支撐著人去努力奮鬥？其實就是兩個字——信念。

　　日本松下電器創始人松下幸之助說過：「在佈滿荊棘的道路上，唯有信念和忍耐能開闢出康莊大道。」

　　信念的力量是生命的源泉。人有了這個源泉，生命的甘泉就不會乾涸，就會把自己生命的快樂清泉流淌到人間。

　　有一次，一支英國探險隊來到了撒哈拉沙漠，他們在茫茫的沙海裡艱難跋涉。烈日下，漫天飛舞的風沙就像燒紅的鐵砂一般，撲打著探險隊員的臉龐。大家隨身攜帶的水都喝完了，口渴至極，心急如焚，對走出沙漠失去信心。這時隊長拿出了一只水壺，說：「這裡還有一壺水，但走出沙漠前，誰也不能喝。」隊長手裡那壺水，成了隊員們求生的寄託，他們對穿越沙漠又有了信心，一壺水，成了他們穿越大沙漠的力量源泉。水壺在隊員們手中傳遞，那沉甸甸的感覺，使隊員們瀕臨絕望的臉上，又顯露出堅定的神情。最終，探險隊頑強地走出了沙漠，掙脫了死神之手。大家喜極而泣，隊長用顫抖的手，擰開了那壺支撐他們精神和信念的水壺蓋，但緩緩從水壺流出來的不是水，而是沙子。隊員們一個個驚呆了，隊長則緩緩躺倒在地……

　　這個故事啟示我們，信念的力量，可以從死神手裡奪回生命。

　　南宋詩人范成大詩日：「若將世路比山路，世路更多千萬盤。」當你行走在陽光大道時，別忘了路上還會有泥灣；當你行走在荊棘叢生的路上時，別忘了前方還有坦途。人生路上越是艱難，越要堅定信念，這時什麼都可以沒有，唯獨不可以沒有信念。

一段路程，再崎嶇也不要輕易放棄，因為放棄的那一刻，你失去的不只是路程，還有沿途的風景；一份事業，再艱難也不要輕易放棄，因為鬆手的那一刻，你失去的不只是那份事業，還有為夢想而奮鬥的信念。

信念，是情感、認知和意志的有機統一體，是在人生一定的認識基礎上確立的對某種思想見解或目標追求的堅信不疑並身體力行的心理態度和精神狀態。

我們在日常的學習、工作和生活中，會獲得很多的觀念，經過自我檢查與過濾，有些觀念被丟棄了，有些留下了，留下來的觀唸經過多重過濾，就會形成自己的信念。

信念是意志行為的基礎。信念不僅深藏於人的內心，還會表現為行為和實踐意志。一個人沒有信念就不會有意志，更不會有積極主動性的行為。一個人在信念的鼓舞下，他的意志就會堅強，行動就會堅決。

愛迪生小時候只上過幾個月的學，被辱罵為「蠢鈍糊塗」的「低能兒」，他靠什麼成為 1093 項發明專利的發明家呢？靠信念。有一次，一個人提醒愛迪生，說他發明蓄電池時，一共失敗了 25000 次，而愛迪生說：「不，我並沒有失敗，我發現了 24999 種蓄電池不管用的原因。」一個人若是有了愛迪生這種不把失敗看成是失敗而是通往成功路上的必然過程的不達目的誓不罷休的精神，人生的夢想怎麼可能中途擱淺呢？

愛迪生的人生實踐啟示我們，人生沒有失敗，只是暫時沒成功；只要你不服輸，失敗就不是定局。

任何人的人生之舟都不可能一帆風順，每當遇到大風大浪，信念就會勇敢地站出來「保駕護航」。

如果通向人生成功的電梯出了故障，別忘了，還有人生的樓梯，只要一步一步往上走，終能到達你想去的高度。

在思想多元、文化多元和人們追求多元的商品大潮下，面對功名利祿、爾虞我詐、宦海沉浮、世態炎涼、人性冷漠等種種人生壓力，一些人原本清

楚的事情現在糊塗了，原來清澈的心海現在渾濁了，亟須尋找精神的慰藉和安寧，尋找靈魂的棲息地。

人有了信念，就有了靈魂。一個人有了靈魂，人生才會有目標，有方向，他才會活得真真切切，有趣有味。

米歇潘說過：「生命是一條艱險的峽谷，只有勇敢的人才能透過。」人有了信念，才會勇敢，才能像《小窗幽記》說的那樣，「任彼世態之炎涼，從他人情之反覆」，才能始終如一地堅定自己選定的人生奮鬥目標和人生道路。

人生目標的實現不可能一蹴而就，不可能一口吃成一個胖子，必須要經過長期的艱苦努力並付出辛勤的勞動。就在這漫長的過程中，信念起著精神鼓舞和精神支撐的作用。一旦有了堅定的信念，就會產生堅定的意志和頑強的毅力、勇氣，從而支撐自己、鼓勵自己忍受所面臨的種種不幸和遭遇，放棄眼前已經得到或唾手可得的東西，義無反顧地為自己既定的目標而拚搏，從而創造自己的人生奇蹟。

一個團隊如果沒有共同的信念，就不可能形成強有力的核心競爭力；一個人如果沒有堅定的信念，這個人就不會具備自己的核心競爭力。

世人皆知的胡達·克魯斯老太太在她 70 歲高齡時開始登山運動，在隨後的 25 年裡，一直冒險攀登高山，後來，她以 95 歲高齡登上了日本富士山，打破了攀登此山的最大年齡紀錄。

信念是人心靈的嚮導。一個人的人生有了這個嚮導，人生旅途即便遇到黑暗，也能迎來黎明的曙光。

那麼，一個人的人生在選定正確的目標和路徑的前提下，應該選擇什麼樣的人生信念呢？孔子在《論語》裡有這麼一句話：

篤信好學，守死善道。

這句話用通俗點的話說，就是篤實誠信，勤奮好學，誓死不離正道。我認為，這就是一個人一生一世應秉持的根本的人生信念。

《易經》裡也有類似的話：君子以立不易方。意思也是告誡人們一旦認準了的人生道路，就絕對不要改變。

《周易》「賁」卦說：「九三，賁如，濡如，永貞吉。」這裡強調的是，永遠守持正道才是吉利的。

一個人如果始終堅守「篤信好學，守死善道」的信念，就猶如手中高高舉起了火炬，始終會照亮自己的人生征程。

在人的精神世界中，理想和信念處於最高層次。理想的重要標誌是奮鬥目標，為人的未來指明行動方向，信念主要是面對現實，為人的行動提供精神支持。理想信念不可分開，失去了理想，再好的信念只能如同在黑夜裡摸索；失去了信念，理想不過是曇花一現。

人生是一輩子的事，信念必須一輩子如影相隨。每個人的人生由他自己創造，誰也代替不了。但沒有了強大的信念支持，行走的兩條腿會時常發軟，只有對誓死不離正道的信念深信不疑，付諸行動中又不斷強化這個信念，才能堅定地走向人生遠方。

大科學家愛因斯坦說：「有百折不撓的信念所支持的人的意志，比那些似乎是無敵的物質力量具有更大的威力。」

唐代高僧鑒真和尚，為將佛法傳播到日本，在當年交通條件極其簡陋的時代，六次東渡日本，五次未成功，其間所經歷的艱難困苦是現在人難以想像的，隨行的弟子相繼被風浪和疾病奪去了生命，他本人也被折磨得雙目失明，邀請他去日本的僧人也病故了，但他依舊鍥而不捨，終於在 66 歲時踏上了遙遠的異都，成為日本律宗的開山祖師。是什麼支撐著他在茫茫的大海上捨生忘死地去漂流？就如他自己所說的那樣：「佛法事大，浩淼大海何足為懼？」鑒真和尚從他決定東渡開始，便將自己的生死置之度外，這才能使他在一次次的挫折中百折不撓，勇往直前。鑒真和尚的成功，源於堅強的信念，源於為弘法不惜捐軀的赤誠之心，源於普度眾生的美好追求。

一個人的真正富有，不在財富，而在信念；一個人的真正力量，不在權力和武力，而在至善的信念力。

　　孟子說：「飽食、暖衣、逸居而無教，則近於禽獸。」人不能像禽獸那樣地活著，只有有了理想信念，才會昇華人生精神世界，才能賦予生命正當的價值和意義。

　　信念，可以改變一個人的人生命運和生存處境，它以一種神奇的力量，創造人生的奇蹟。盲人阿炳如果沒有信念，就不可能創作出催人淚下的二胡曲《二泉映月》；越王勾踐如果沒有信念，哪來的臥薪嘗膽的堅強毅力？

　　人生環境往往是不以個人的意志為轉移的。誰都期盼有一個舒心的工作環境，有的人由於遇到和自己「過不去」的上司而苦惱，有的因此而喪失原來幹一番事業的信心，從此人消沉了，和霜打的一樣，這樣的人缺的就是堅定的人生信念。

　　荀子在《天論》中指出：「天行有常，不為堯存，不為桀亡。」這就告訴我們，大自然的運行、發展變化是有一定規律的，它不因為聖明的堯而存在，也不因為暴虐的桀而滅亡。一個國家是這樣，一個人也是這樣。人不要因為碰到一個不好的領導而對一個單位失去好感，失去信心，失去感情。部隊有句話，叫「鐵打的營盤流水的兵」。上司也是這樣，總在不斷變化。只要我們自己的信念不倒，別人就不能撼動你的人生走向。

　　好領導工作幾年，德傳數年，人們思念不斷；壞領導逞強一方，逞雄一時，不良品德和壞名聲，不會因為這個人的離開而消失。

　　生活中遇到欺騙、不順心的事也是常有的，每當這個時候，就要用俄羅斯著名文學家和偉大的詩人普希金的這幾句詩來支撐起自己的信念。

　　假如生活欺騙了你，

　　不要悲傷，不要心急！

　　憂鬱的日子裡需要鎮靜；

　　相信吧，快樂的日子將會來臨。

　　人只要有了信念，太陽每天都會從東方噴薄而出，把不一樣的溫暖灑向自己的心田；有了信念，月亮就能掙脫烏雲的遮擋，讓美麗月色帶給人無限

遐想；有了信念，春風吹拂萬物復甦，讓大地變成綠色的海洋；有了信念，雄鷹選擇了蔚藍天空，吸引了多少仰視的目光；有了信念，瀑布直瀉懸崖，在遊客心中展現一幅美不勝收的畫卷。總之，萬物有了信念，使我們感受到萬物的靈性，與人有了親而又親、密不可分的親切感。

「成名每在窮苦日，敗事多因得志時。」《小窗幽記》中這兩句名言道出了人生普遍規律。人在窮苦之中走向成功，靠的是信念。功成名就之後，這種信念就被有的人丟到一邊去了，貧窮時的那股幹勁不見了，艱苦奮鬥的精神沒有了，謙虛謹慎變成了志得意滿，這樣失敗就漸漸向他靠近。

如果將人生比作放風箏的話，那人生信念就好比攥在自己手裡的風箏線。線放出去的越長，人生的風箏就飛得越高，一旦線斷了，人生的風箏就會失去控制，不知飄落何方。

「篤信好學，守死善道」，要成為一個人一生不倒的信念，離不開認知、行動和堅持，它如土裡的種子，沒有認知做陽光，沒有行動做水分，沒有堅持做肥料，就不可能成長為參天大樹。

一、信念是驅動人生航船航行的「核動力」

著名的成功學家安東尼說過：「一個沒有信念的人，就好像缺少馬達和航舵的小汽艇，無法前進一步。」

信念，能給人生一種非凡的力量，始終是人生動力的源泉。

動力，是一切力量的來源。人生必須有強大的動力，而且要正確運用動力，才能使人生管理持續而有效地進行。在現代管理中，動力分三大類：物質動力，精神動力，訊息動力。人生管理也離不開這三類動力，尤其是精神動力。

核動力，是用核能推動潛艇的動力裝置。美國的很多航空母艦，如尼米茲級的林肯號航母、企業號航母等，都是核動力。裝填一次核燃料可以續航8萬海里，可想而知，核動力是多麼巨大的動力。

　　人生之舟的航行不能失去動力，人前進的步伐不能沒有內驅力。人生動力的大小，決定前進的速度。一個人如果能使自己的人生信念達到了「核動力」的程度，那他的人生航船，必將高速航行，就能衝破一切阻力行駛在精心規劃的人生航線上。

　　童第周，他的人生之所以能取得輝煌成果，與他 1930 年出國到比利時布魯斯爾自由大學深造是分不開的，而一般人不知道，這可是他剛結婚就與新婚燕爾的妻子分別。童第周這一去就是 4 年，他在國外窮得一貧如洗，妻子在家養育孩子，並從微薄的工資裡省下錢寄給他，每次童第周收到錢都會熱淚盈眶。1934 年獲得博士學位後，童第周沒有急於回國，而是接著到英國劍橋大學做訪問學者，直到年底才回國，大別勝新婚，夫妻倆從此感情更加深厚，攜手並肩地在實驗室探索著生物學的奧秘。

　　北宋秦觀的《鵲橋仙》，影響了多少人的愛情信念。

　　纖雲弄巧，

　　飛星傳恨，

　　銀漢迢迢暗渡，

　　金風玉露一相逢，

　　便勝卻人間無數。

　　柔情似水，

　　佳期如夢，

　　忍顧鵲橋歸路，

　　兩情若是久長時，

　　又豈在朝朝暮暮。

　　這首詠七夕的詞，文字優美，意境新穎，婉約蘊藉，餘味雋永。作者融寫景、抒情與議論於一爐，借牛郎織女悲歡離合的故事，歌頌堅貞誠摯的愛情。詞中明寫天上雙星，暗喻人間情侶。尤其最後兩句告訴人們，只要兩情

至死不渝，感情深厚，又何必貪求卿卿我我的朝歡暮樂？這一驚世駭俗、振聾發聵之筆，使全詞昇華到新的思想高度。顯然，作者否定的是朝歡暮樂的庸俗生活，歌頌的是天長地久的忠貞愛情。

「兩情若是久長時，又豈在朝朝暮暮。」童第周堅守這樣的愛情信念，用現在人的觀點看，恐怕「OUT」了，迂腐了。因為現在人講實際，那種兩地分居、鴻雁傳書的生活，很多人已經不願意接受了。但人生的得與失是有定律的。在相互廝守上有得了，往往在事業上就會有失。其實，在情感上，廝守在一起的人未必有兩地分居的人得到的多。

信念支撐著人生，而信念又是認識和情感的「合金」。童第周正是具備了對「兩情若是久長時，又豈在朝朝暮暮」的認知和情感，才會以此為信念，使愛情和事業相互促進，獲得「雙豐收」。

信念能撐起一個人的脊樑。因為信念如明燈，能照亮人的心靈，支撐著不倒的靈魂。

信念是一個人的立身之本，也是一個人的立業之本。沒有堅定信念，立身、立業都是胡扯。

挪威小說家文賽特說：「如果一個人有足夠的信念，他就能創造奇蹟。」我們可以歷數一下古往今來創造奇蹟的人，他們的共同之處是都有堅強的信念在始終支撐著，直到成功。

二、信念是撐起人生天空的「擎天柱」

每個人的頭上都頂了一個天。信念如果能成為人生天空的「擎天柱」，那這個人就能撐起他頭頂上的天，他的人生天空無論遇到什麼情況，都不會造成「烏雲壓頂城欲摧」的人生局面。

一個人沒有了信念，意志必然不堅定；信念的支柱只要腐朽，人生的大廈遲早會毀滅。

愛迪生堅定的信念，為其帶來堅強的意志。他說：「無論什麼時候，不管遇到什麼情況，我絕不允許自己有一點點灰心喪氣。」這既是志氣，更是

意志。所以愛迪生告訴世人:「偉大人物最明顯的標誌,就是他堅強的意志。不管環境變換到何種地步,他的初衷與希望仍不會有絲毫改變,而終會克服障礙,以達到期望的目的。」司馬遷就是這樣的偉大人物。

《史記》是中國第一部紀傳體通史,是歷史名著,文化瑰寶,記載了從上古傳說中的黃帝時期,到漢武帝太初四年,長達 3000 多年的歷史,是「二十四史」之首,被魯迅先生譽為「史家之絕唱,無韻之離騷」。

《史記》這本書可能大部分人顧不上看,但我們應該知道這部名著浸透著司馬遷的血和淚,鑴刻著司馬遷的榮與辱。司馬遷沒有堅定信念和堅強意志,就沒有《史記》,就沒有他那泣鬼神、震古今的人生。

司馬遷在《史記》的「自序」裡,詳細地記錄了他的父親司馬談在洛陽見到司馬遷的臨終遺囑。作為太史令的司馬談交代其子:「余死,汝必為太史。為太史,無忘吾所欲論著矣。」司馬遷這個大孝子當時是跪在地上痛哭流涕地對父親發誓說:「我雖不聰明,請容我把您記錄編排過的有關過去的傳聞完整地書寫出來,絕不敢有缺漏。」從此,寫《史記》,完成父親的臨終囑託,成了司馬遷信念不倒的精神支柱。

司馬談去世三年後,司馬遷承襲父職任太史令。公元前 104 年後,司馬遷便潛心修史,開始了《史記》的寫作,到公元前 91 年全書完成,前後共花了 13 年時間。這期間,司馬遷的信念堅定到什麼程度,看看他的坎坷人生就清楚了。

公元前 100 年,蘇武出使匈奴被扣,武帝發兵討伐匈奴,李陵為將。公元前 99 年,李陵戰敗被匈奴俘虜,大臣們都譴責李陵不該貪生怕死,向匈奴投降,漢武帝問太史令司馬遷的意見,司馬遷說:「李陵帶去的士兵不滿 5 000,他深入敵人的腹地,打擊了幾萬敵人,雖然打了敗仗,可是殺了這麼多敵人,也可以向天下交代了。李陵不肯馬上去死,準有他的想法。他一定還想將功贖罪來報達陛下。」武帝聽了,認為司馬遷這樣為李陵辯護,有意貶低李廣利(漢武帝寵妃李夫人和寵臣李延年的哥哥),便勃然大怒,將其投入監獄。司馬遷被關進監獄後,案子落在當時臭名昭著的酷吏杜周手中,杜周嚴刑審訊司馬遷,司馬遷忍受了各種肉體和精神上的殘酷折磨,始終不

屈服，不認罪，他在獄中反覆地問自己：「這是我的罪嗎？我一個做臣子的，就不能發表點意見？」不久，有傳聞說李陵曾帶匈奴兵攻打漢朝，漢武帝信以為真，就草率地處死了李陵的母親、妻子和兒子。司馬遷也因此被判了死刑。漢朝的死刑要免死的話可以接受兩個選擇，要不交錢 50 萬，要不接受腐刑。司馬遷沒有錢，為了完成《史記》，他下決心接受腐刑。腐刑就是割去男人的生殖器，這是奇恥大辱。後來司馬遷在《報任安書》中提及此事時說道：「遭遇此禍，重為鄉黨所戮笑，以侮辱先人，亦何面目復上父母之丘墓乎，雖累百世，垢彌甚耳，是以腸一日而九回，居念忽忽若有所亡，出則不知其所往，每念斯恥，汗未嘗不發背沾衣也。」可見，腐刑帶給他精神上和心理上的打擊達到何種程度。不僅如此，司馬遷在《報任安書》中還說：「在獄中，又備受凌辱，交手足，受木索，暴肌膚，受榜箠，幽於圜牆之中，當此之時，見獄吏則頭搶地，視徒隸則心惕息。」可見，他為了完成自己的著作而忍辱含垢的痛苦心情。《悲士不遇賦》，抒發了司馬遷受腐刑後不甘於「沒世無聞」的堅定決心和信念。

後來，司馬遷有一個女兒嫁給了楊敞，他在漢昭帝劉弗陵時期，曾官至宰相。楊敞有兩個兒子，小兒子楊惲自幼聰穎好學，他的母親把自己珍藏的並深愛著的《史記》拿出來給他閱讀。楊惲初讀此書，便被書中的內容吸引住了，愛不釋手，一字字、一篇篇，非常用心地把它讀完。楊惲成年之後，還把它讀了好幾遍，每讀一遍都是熱淚盈眶，扼腕嘆息。在漢宣帝時，楊惲被封為平通侯，這時他看到當時朝政清明，想到他的外祖父司馬遷這部巨著正是重見天日的時候，於是上書漢宣帝，把《史記》獻了出來，從此天下人得以欣賞到這部不朽的著作。

對一個有偉大抱負和堅定信念的人來說，生，是沿著自己所選擇的道路奔向理想的終點；死，是以理想的實現而使人生源遠流長。只要有了崇高的理想和信念，無論是捨生忘死的義士，還是忍辱而生的勇士，都不失為一種大義凜然的人生境界。司馬遷在死亡面前選擇宮刑，非他的本願，即使選擇了宮刑之後他也曾想結束自己的生命，但在恥辱感和使命感的折磨中，使命戰勝了恥辱，堅定的信念戰勝了懦弱，為了實現將中國的歷史記錄下來給後人看的偉大夢想，為了他自己提出的「人固有一死，或重於泰山，或輕於鴻

毛」的人生追求，終於以堅忍不拔、矢志不渝的精神，堅守入世的未了情，以堅強的意志詮釋著什麼叫誓死不離正道，讓我們這些後人想到司馬遷和他的《史記》，便肅然起敬，擊桌長嘆。《史記》哪是一本書呀，這分明是司馬遷以他的不屈信念建起的千古不倒的人生大廈，是司馬遷在我們心中矗立的一座永遠不倒的精神豐碑。

人生的成功，往往是一個人墜落時反彈的高度。有堅定信念的人，墜落得越低，反彈得越高。

沒有經歷苦難的人，難以輝煌；沒有經歷坎坷而淚奔的人，難以堅強。

是啊！人生的路不可能平坦，實現自己的夢想不可能一帆風順，只要司馬遷這座精神豐碑在我們心中不倒，只要我們誓死不離正道的信念不倒，我們就一定能克服各種艱難險阻，讓自己的夢想之舟在任何情況下都不會擱淺，都會乘風破浪勇往直前。

古羅馬詩人奧維德有句名言：「信念！有信念的人經得起任何風暴」。朋友，請問你是個有堅定信念的人嗎？

三、信念是人生大學校園裡飛出的「金鷹」

義大利文藝復興時期的畫家拉斐爾欲畫一幅瑪麗亞抱著聖子耶穌的畫像，在他的右下方是個老人，左下方是個使女，可是正下方有一大片的空白，正在想該補些什麼時，他從畫室的窗口看到附近面包店窗口有兩個孩子，大的四五歲左右，托著腮仰望著天空，對他弟弟在說話，小的那個頭靠在兩臂上，也望著天空，在聽他的哥哥說話，拉斐爾覺得很美，就把他們畫在畫的下方，再加上翅膀，就成了兩個小天使。

人成為天使，缺少的就是翅膀。

信念就是人的翅膀，人有了信念的翅膀，人生才能飛向藍天。

愛因斯坦說過：「學校的目標應當是培養有獨立行動和獨立思考的個人，不過他們要把為社會服務看作是自己人生的最高目標。」

　　我一直在想，如果我是大學校長，辦的第一件事就是要在校園裡搞一個鍍有「土豪金」的鷹雕塑——金鷹。因為「金鷹」的諧音是精英，大學是為社會培養精英的殿堂，以此推動大學校園的精英文化，強化校長和老師為社會為人類培養精英的責任意識和學子們走精英之路的使命擔當。

　　精英既出自大學校園，也出自社會大學、人生大學的校園。

　　一個家庭的家長，一個單位的領導，乃至一個國家的領導人，都要有校長意識，都要有培養精英的使命擔當。若缺少這種擔當，說明他還欠缺成為人類天使的翅膀。

　　社會精英必須具有堅定的信念——「篤信好學」才能成為精英。

　　賈伯斯是個世人皆知的人物。他是美國著名的發明家、企業家，蘋果公司聯合創辦人。賈伯斯於 1955 年生於舊金山，來到人間就被父母遺棄了。幸運的是，他遇到了好心的人將其養大成人。養父母都是藍領，用盡全部積蓄讓賈伯斯過了 6 個月的大學生活。由於家裡窮被迫退學後，他失去了宿舍，只能睡到朋友房間的地板上。為了填飽自己的肚子，不得不去撿可以換 5 美分的可樂罐。星期天晚上，賈伯斯走 7 英里的路程只為吃一頓免費飯。就在如此艱難的境遇下，他一直堅持在大學裡學習了 18 個月。十年之後，他運用所學的東西設計了第一臺 IMAC——使用漂亮印刷體的電腦。賈伯斯走出大學進了社會大學，又堅持自學。20 歲的時候，他創開了蘋果公司。經過十年的努力，這個公司發展到了擁有當時最好的產品，僱員超過 4000 人，市值超過 20 億。但就在賈伯斯接近而立之年、事業輝煌的時候，他竟然被自己創立的公司炒了魷魚。然而，他並沒有因此而一蹶不振，在接下來的八年裡，他創下了 NEST 和皮克斯公司，皮克斯製作了世界上第一個用電腦製作的動畫電影——《玩具總動員》。在後來的一系列運轉中，蘋果收購了 NEXT，賈伯斯又回到了蘋果公司。就在賈伯斯事業開始迎來「第二春」時，他得了胰腺癌。在與病魔鬥爭的最後八年時間裡，賈伯斯沒有消極等死，而是聽從自己內心的聲音，再次將蘋果公司推向了巔峰。

　　從賈伯斯的人生旅程可以看出，他這個可憐的棄兒，如果當初沒有崇高而堅定的志向志氣，不可能做出那麼輝煌的事業。尤其是被炒魷魚時，如果

他意志消沉也就一蹶不振了，哪還能東山再起？如果賈伯斯對人生沒有積極向上的人生態度，沒有堅定的信念，在艱難中堅持自學成才，就不可能做出最棒的印刷式樣，就不可能具備創造世界頂級的蘋果品牌的能力。儘管賈伯斯英年早逝，令人扼腕，但他的人生之燈並沒有熄滅，他就是社會大學校園裡一座令世人仰視的宏偉雕塑——「金鷹」。

四、信念是人生大海的「定海神針」

人心如海，稱為心海。

海有風平浪靜之時，也有惡浪滔天之時。心海也是如此，有的人心海始終風平浪靜，有的人因心海惡浪滔天，將其人生航船撕得粉碎。有的人心海即使遇到十二級颱風也能保持風平浪靜，其原因是他心海放有一根定海神針——信念。

一個人要想成為蘇軾所說的「卒然臨之而不驚，無故加之而不怒」的大勇者，必須有堅強的信念，當打擊或災難突然來臨時，若以「多大事」為信念，這人心海便有了定海神針，會冷靜應對出現的變故。

《西遊記》裡的那根定海神針，原為東海龍宮的鎮海之寶。人之心海也需要定海神針，尤其是在物慾橫流、商品大潮之下，在種種誘惑面前，人之心海沒有定海神針，容易失去定力，人生之舟有隨時面臨翻船的危險。

席勒指出：「假如我的信念隨著我的心臟的跳動而動搖，那是可悲的。」一個人的信念如果成了放飛的氣球，他的人生就會成為放飛的氣球。

內心清簡，淡然致遠；心有定力，萬事皆安；心有所安，便是故鄉。

五、信念是人生價值的「終身金卡」

航空公司的貴賓會員卡，分為銀卡、金卡、白金卡、終身金卡。信念也一樣，也分為不同的等級，並因此而帶來不同的人生價值。

魯迅先生講：「大願，原是每個人都有的，不過有些人模模糊糊，自己抓不住，說不出。」相反，如果人的信念不是模模糊糊，不是抓不住、說不出，

而是明明白白，堅定不移，始終持有人生信念「終身金卡」，那麼，這個人的人生旅途無論遇到什麼情況，都能以其良好的人生態度面對一切，戰勝一切，終能展示自己最大的人生價值。

在荷蘭的一個小鎮上，有一個初中畢業的農民找到了一份替政府看門的工作。他在這個職位上一直工作了 60 年。在這 60 年裡，沒有想著換工作，沒有離開過小鎮，而是選擇了打磨鏡片這種既費時又費工的業餘愛好。就這樣，他磨呀磨，一磨就是 60 年，他是那樣的專注細緻和鍥而不捨，結果他的技術超過了專業技師，他磨出的復合鏡片的放大倍數，比專業技師都要高。藉著研磨的鏡片，他發現了當時科技尚未知曉的另一個廣闊的世界——微生物世界。從此他聲名大振，只有初中文化的他，被授予了他看來是高深莫測的巴黎科學院院士的頭銜，就連英國女王都到小鎮來拜會過他，他就是荷蘭科學家萬·列文虎克。

萬·列文虎克從一個工匠開始，最終獲得了人生價值的「終身金卡」。

人無論從事什麼職業，都應有工匠精神。一個人具備了工匠精神，才有可能成為一個稱職的工匠；一個優秀的工匠具有強烈的工匠精神，才有可能成為巨匠。

一個缺乏職業精神和職業道德的社會，人們難以享受到精美物品和優質服務。

法國畫家安格爾說：「所有堅忍不拔的努力遲早會取得報酬的。」人生獲得報酬，屬於那些有堅忍不拔信念的人；誰的信唸成了人生價值的「終身金卡」，他就擁有了終身的人生價值。

一個人帶著堅定的信念，一輩子善始善終的做人、做大人，就一定能獲得人生價值的「終身金卡」。

六、信念是曲折山路中引導拐彎的「路標」

我們駕車行駛在曲折蜿蜒的山路中，總是能看到一塊又一塊的提醒路標，這些路標，確保了安全行駛。

人生之路也有蜿蜒曲折的時候，其路標就是一塊塊人生信念提醒牌。

1978 年 12 月，美國電影《超人》一上映，就獲得高票房，主演克里斯托弗·里夫從此蜚聲國際影壇，至 1987 年，他主演了四部《超人》，成了最受歡迎的偶像演員之一。然而，天有不測風雲，人有旦夕禍福。1995 年 5 月，他在一次騎馬比賽時摔傷頸椎，導致全身癱瘓。這場意外的橫禍，使這位世人心目中的「超人」和「硬漢」成了一個永遠只能固定在輪椅上的高位截癱者。當他從昏迷中甦醒過來，對家人說的第一句話是：「讓我早日解脫吧。」出院後，為了讓他散心，家人推著輪椅上的他外出旅遊。

有一次，小車正穿行在加拿大的落基山脈蜿蜒曲折的盤山公路上。克里斯托弗·里夫靜靜地望著窗外，發現每當車子即將行駛到路的盡頭，路邊都會出現一塊交通指示牌：「前方轉彎」或「注意！急轉彎」。而拐過這道彎之後，前方道路豁然開朗。山路彎彎，峰迴路轉，引起了克里斯托弗·里夫的深思。「前方轉彎」幾個大字，一次次地衝擊他的眼球，漸漸地使他明白了這樣的人生道理：原來，看不到路，不是路已經到了盡頭，而是該轉彎了。他恍然大悟，對著妻子大喊起來：「我要回去，我還有路要走。」

從此，他一改以往消極的人生態度，積極投入新的生活。他以輪椅代步，當起了導演，他執導的影片獲得了金球獎；他還用牙齒咬著筆開始寫作，他的第一部書《依然是我》一問世，就進入暢銷書排行榜。1996 年 7 月，他出版了自傳《克里斯托弗·里夫的生涯和勇氣》。與此同時，他創立了癱瘓病人教育資源中心，並當選為全身癱瘓協會理事長；他舉辦演講會，為殘障人士的福利事業籌募善款，成了一個著名的社會活動家。美國《時代》週刊發表了《十年來，他依然是超人》的文章。克里斯托弗·里夫回顧自己的心路歷程時說：「以前，我一直以為自己只能做一位演員，沒想到今生我還能做導演、當作家，並成了一名慈善大使。」

馬丁·路德·金有句名言：「如果你的信念還站立的話，那麼沒有人能使你倒下。」這話真有勁！真給力！

人生之路有時也如銀蛇般曲折，每當出現調職無望、發展受限、提前失業以及突遭橫禍等逆境時，絕不是路走到了盡頭，轉個彎，大路又在前方，

眼前又是一片艷陽天。一個人只要人生信念不倒，做「大人」的人生目標始終在心中召喚，即使遇到再多困苦，你也會堅信：「天無絕人之路」，即使走到了末路，也要以《菜根譚》中的「英雄三德」之一的「末路不怠荒」鼓勵自己，只要一息尚存，就絕不放棄，絕不低頭，死也要死得像個英雄。

有了堅定的人生信念，人生的腳步就會從容而堅定，就能做到「寵辱不驚，去留無意」。

「寵辱不驚，看庭前花開花落；去留無意，望天上雲卷雲舒。」明朝洪應明說的這一段話耐人尋味，悟透了會受益一生。花開花落，花期有長有短，花色深淺不一，花朵有大有小，這是很自然的現象。人的寵辱與花一樣，也是一個很自然的過程。天上的雲卷雲舒，一會兒有了，一會兒又沒有了，雲團一會兒大了一會兒小了，一會兒高了一會兒低了，也都是很自然的現象，這和人的寵辱、去留、聚散一樣，非常的自然。寵辱不驚，去留無意，告訴人們要有淡泊心性和超然物外的高雅處世態度以及處變不驚的風度。人做到寵辱不驚去留無意不容易，但如果做不到又能怎樣呢？只能給自己帶來痛苦和麻煩。其實為什麼做不到呢？人連死都不怕，還怕寵辱去留嗎？人自身最終都留不住，一時的寵辱去留何足掛齒？

縱觀古代仕途之上那些具有「寵辱不驚，去留無意」境界的大有人在。比如被尊為唐宋八大家之首的韓愈便是其中一位。唐元和十四年，唐憲宗遣使者去鳳翔迎佛骨，長安一時掀起信佛高潮，韓愈因上書《論佛骨表》，皇帝大怒，將其貶為潮州刺史。他到潮州沒有沉淪，8個月內好事做了一大堆：驅鱷魚，為民除害；尊老師，辦鄉學；廢流欲，放奴隸；修水利，排澇灌溉；打造地域文化，成為禮儀之邦。相反，如果韓愈沒有「寵辱不驚，來去無意」之堅定信念，這麼短的時間恐怕在被貶的失意之中還沒能走出來。

寵辱不驚，去留無意，人應該把它當作人生信念，恰似一個軍用水壺帶在身邊，即便走進人生大沙漠也不驚慌，就能做到得意淡然，失意泰然，處事坦然，隨遇而安，在人生旅途中，始終保持豁達、大度、寬容，使人生變得灑脫、自信、飄逸。

七、信念是創造人生奇蹟的「指南針」

　　成功學家安東尼告訴我們：「信念就像指南針和地圖，指引出我們要去的目標。」

　　一個充滿自信、有堅定信念的追夢者，一般都能夢想成真。正如英國浪漫主義詩人威廉·華茲華斯所說：「一個崇高的目標，只要不渝地追求，就會成為壯舉。」

　　2001 年 5 月 20 日，美國的喬治·赫伯特作為一名推銷員，成功地把一把斧子推銷給了小布希總統。這是自 1975 年以來布魯金斯學會的一名學員成功地把一臺微型錄音機賣給尼克森後，26 年裡又一名學員獲「金靴子」殊榮的人。喬治·赫伯特在布魯金斯學會表彰他時說：「不是因為有些事情難以做到，我們才失去自信，而是因為我們失去自信，有些事情才顯得難以做到。這就是自信的價值。」

　　自信而有信念就像一面旗幟，跟隨它，就能引導你走進成功的大殿。

　　從前，一位窮苦的牧羊人帶著兩個年幼的兒子靠替別人放羊來維持生計。一天，他們趕著羊來到一個山坡，這時，一群大雁鳴叫著從他們的頭頂飛過，並很快消失在遠處。牧羊人的小兒子問他的父親：「大雁往哪兒飛？」

　　牧羊人說：「他們要去一個溫暖的地方，在那裡安家，度過寒冷的冬天。」

　　牧羊人的大兒子羨慕地說：「要是我們也能像大雁一樣飛起來就好了，我們就能飛得比大雁還要高，去天堂，看媽媽是不是在那裡。」

　　小兒子對父親說：「做個會飛的大雁多好啊！那樣就不用放羊了，可以飛到自己想去的地方。」

　　牧羊人沉默了一下，然後對兩個兒子說：「你們要是想飛，你們就能飛起來。」

　　兩個兒子試了試，並沒有飛起來，他們用懷疑的眼神瞅著父親。

牧羊人說：「讓我飛給你們看。」於是他飛了兩下，也沒有飛起來。牧羊人肯定地說：「我是因為年紀大了飛不起來，你們還小，只要不斷努力，就一定能飛起來，去想去的地方。」

兩個兒子記住了父親的話，並一直努力，長大後他們發明了飛機，果然飛起來了，他們就是美國的萊特兄弟。

托爾斯泰告訴人們這樣一個秘密：「一個有信念者所開發出的力量，大於 99 個只有興趣者。」萊特兄弟很幸運，從放牧的父親那兒得到的不是人能飛起來的技術，而是人能飛起來的信念。

如果說人生就是在大海上航行的一條船，那麼信念就是驅動航船前進的馬達，讓人產生無窮的力量去乘風破浪；如果人生就是一次航行，信念就是航行的「指南針」，讓你駛向夢想的港灣。

八、信念是人生黑夜裡的「燭光」

人的一生一世彷彿是地球轉動一圈，讓我們感到既有白天的熱鬧歡快，又有黑夜的寂寞鬱悶。但是，一個人只要點燃了信念的燭光，人生便沒有黑暗。

俄國作家、社會活動家柯羅連科寫過一篇膾炙人口的經典散文《火光》，作者告訴青年人，火光在前，希望在前，只要克服沮喪和煩惱的情緒，堅定信念，一直向著「火光」前進，終將到達光明的彼岸。

希望是乾柴，信念是火種，有了火種，乾柴才能燃燒。

抗日戰爭時期，有支抗日武裝遇到了數倍於己方人數的敵人，當家的發誓要打贏這一仗，但是他的弟兄們表示懷疑，沒有信心，因為力量太懸殊。當他們路過一座菩薩廟時，當家的讓大家停下來，說：「我們在菩薩面前用這枚硬幣問卜，如果硬幣正面朝上，那就表示我們能打贏，如果是反面朝上則表示會輸，那樣我們就馬上撤退。」當家的將硬幣往空中一拋，大家睜眼一看，落地的硬幣正面朝上，大家歡呼起來，充滿信心，恨不得馬上就開始

戰鬥。最後，一場惡戰下來，果然獲得了勝利。打掃完戰場，有人提議要感謝菩薩的保佑，當家的拿出硬幣給大家看，原來硬幣的兩面都是正面圖案。

這個故事啟示我們，人生要想贏，心態必須始終處在正面，處在陽光的一面，而不能處在陰暗的一面。人有了堅定信念，心靈就沒有黑暗，行為就充滿陽光。

信念是一把無堅不摧的利劍，這才是真正的人生「護身符」。

九、信念是人生風景區裡的「胡楊」

在中國西北沙漠中，生長著一種有六千多萬年的古老樹種──胡楊。它的生命力極其頑強，能抗住大沙漠的乾旱，抗鹼能力非凡，在高溫 40℃以上低溫 40℃以下照樣生長。它被維吾爾族人稱為：「托克拉克」，意為「最美麗的樹」。尤其是金秋時節樹葉金黃，好似黃金海岸。《英雄》電影的外景，來自於大西北，讓人看到的胡楊真是美輪美奐，令人嚮往。

胡楊又被稱為「沙漠英雄樹」。因為它任憑沙漠狂風肆虐，任憑乾旱和鹽鹼的侵蝕，總是默默無聞地屹立在茫茫沙漠之上。

胡楊，沒有婀娜多姿的風韻，沒有紅木那樣價值千金的偉岸身軀，沒有結出吃了還想吃的甘甜果實，但它既生於戈壁，就紮根戈壁，既來到人間，就默默地把美獻給人間。生，盡展生命的綠色；死，也盡展挺拔的身軀和錚錚鐵骨，從不輕易倒下；即使倒下了，也不腐朽。

生而千年不死，死而千年不倒，倒而千年不朽。

這就是沙漠胡楊的信念，生是戈壁沙漠的精靈，死是戈壁沙漠的魂，胡楊以堅如磐石般的信念死守千年歲月。三千年的信念，把生命從生前延續到生後。在這浩瀚無垠的沙漠上，黃沙與綠浪交織，生命與死亡抗爭，唯有胡楊以其堅定信念，展示出生命的真正意義。

我們人的生存環境再差也比不過胡楊的生存環境呀，我們缺的是胡楊的信念。

我去看過一片死去的胡楊，人們稱之為「怪樹林」，沉睡的胡楊成為「千年之殤」。死了的胡楊，狂風撕去它的衣裳，露出森森白骨，有的似老虎雄踞，有的似駿馬奔騰，有的似雄鷹展翅，有的似龍蛇騰地……一個個蒼涼悲壯的生命，擺出了自己完美的造型，構成了一個天然根雕博物館。即使那些倒下的，也沒有一個腐朽，仍以其遒勁蒼涼的枝幹向人們訴說著自己的堅定和頑強。胡楊雖然樹冠被摧，枝斷骨折，但它無論站著還是倒下，都挺起足以使世人震撼的脊樑。

胡楊活著為沙漠戈壁彙集一片綠的海洋，死了把身體交給大地，把精神留給人間，不屈的生命，不屈的精神，不屈的魂，為大漠樹起千年豐碑，為生命詮釋千年輝煌。胡楊無論是青春煥發還是垂垂暮年，總能在靜默中挽一抹斜陽，默默注視著大漠的變遷；無論是站著還是倒下，始終不低那高貴的頭，做到不卑不亢；面對惡劣的生存環境，始終不退卻，不憂傷。三千年裡，始終用生命詮釋著一個真理：堅持，本身就是風景；堅持，終會引來世人的駐足欣賞。面對胡楊在寂寞的沙漠無聲無息的堅定信念，面對它「三個一千年」的不朽品德，作為有信念、有思想、有意識、有追求的高級動物，我們這些活生生的人，實在感到渺小和慚愧。在偉大的胡楊靈魂面前，我深深感到，為人應該樹立這樣的信念：

生而百年不死，死而百年不朽。

一個人如果有了胡楊精神，活個百把歲不成問題。普通人死後，如果能讓親朋和熟悉的人想念，不但沒有罵名，而且每當想起他內心就充滿溫暖，那這個人就算不朽了；一個「立德、立功、立言」之人，其生命如同胡楊，即便死了，其人生風景照樣留存在人間，照樣能做到百年甚至千年不朽。

一個人有了堅定的信念，做事會有板有眼，無假無虛，經得起歷史檢驗。

那些為了利益製造偽劣產品等缺德之人，都是清一色的缺乏信念之人！

英國多才多藝的文學家、語言家塞謬爾·詹森用 9 年時間，編撰出版《英國語言詞典》，其間經歷了妻子去世的打擊。作品出版後，奠定了他在文壇

上的霸主地位。詹森深有體會地說：「偉大的作品不只是靠力量完成，更是靠堅定不移的信念。」

詹森生前曾選了一塊墓地，作為自己最後的歸宿。但在他臨死時，人們才發現那塊墓地早就被人占了。不過，在兩個墳墓之間還有間隙，可以站立一個人。家裡的人把這個情況告訴了垂危的詹森，他不失幽默而又意味深長地說：「既然可以站著生，那麼也可以站著死，讓我站著去死吧！」於是，詹森死後，家人把他站著埋到了地下。

詹森的生命力頑強得就如胡楊，活著時取得的豐碩成果走出國門傳向四方，使他的人生源遠流長；死後也沒有倒下，永遠矗立在地球上，在人們心中樹起了一座永遠不倒的精神「仰光金塔」。

十、信念是給自己人生捆綁的「推進器」

同樣是大學畢業走向社會幹事，同樣一塊兒打工闖天下，同樣一塊兒入伍，為什麼幹了若干年之後，人與人之間就慢慢地拉開了距離呢？而且隨著時間的推移，這種差距會越來越大。導致這種差距的一個重要原因，是看這個人給自己捆沒捆綁人生「推進器」。

火箭要飛得高，飛得遠，就要給它捆綁推進器，增加火箭的推力。

人的一生要想在實現人生目標的飛行中飛得更高，也應該給自己捆綁人生推進器。

人首先要能飛起來。一個人飛起來了，人生才能飛離地平線，然後擺脫各種負面的引力。人要想飛起來，就要有人生「發動機」，自帶有人生「推進劑」，要想飛得更高，就要有人生「推進器」；要想到深空中飛行，就要像海南發射場那樣，捆綁「胖五」一類的「推進器」，而這人生的「推進器」就是人生信念。人生推進器裡的燃料，就是知識、本領和品德，就是恆心、毅力和靈魂。一個人在人生信念的「推進器」的助推下，就能使他的人生飛到藍天，飛向太空。

《滿江紅·怒發衝冠》是岳飛的不朽之作，是千古傳誦的愛國名篇。每每誦讀，便熱血沸騰。

岳飛是中國歷史上著名的軍事家、戰略家、民族英雄，位列南宋中興四將之首。他自北宋末年從戎開始到 1141 年為止的十餘年間，率領岳家軍同金軍進行了大小數百次戰鬥，所向披靡。1140 年，完顏兀朮毀盟攻宋，岳飛揮師北伐。而宋高宗、秦檜卻一心求和，以十二道「金字牌」下令退兵，岳飛在孤立無援之下被迫班師。在宋金議和過程中，岳飛遭受秦檜、張俊等人的誣陷，被捕入獄。在 1142 年 1 月，岳飛被以「莫須有」的「謀反」罪名，與長子岳雲、部將張憲同被殺害。後來，宋孝宗為岳飛平反，追諡武穆，後又追諡忠武並封為鄂王。

岳飛為什麼能做到「忠武」？

當年，岳飛目睹金人入侵後人民慘遭殺戮、奴役的情形，心中憤慨，意欲投軍，又擔憂老母年邁，妻兒力弱，在兵慌馬亂中難保安全。但岳母姚氏是位深明大義的婦女，不但支持岳飛從軍報國，還親自在岳飛後背上刺上了「精忠報國」四字。岳飛牢記母親的教誨，忍痛告別親人，投身抗金前線，最後帶出了一支「撼山易、撼岳家軍難」的勁旅。

岳母所刺的「精忠報國」四個字，猶如給岳飛身上捆綁了四個愛國推進器，正是這樣的推進器，使岳飛成為中國歷史上一位可歌可泣的民族英雄。

岳飛雖然只活了 39 歲，但他雖死猶榮，浩氣長存。他的壯志豪情、愛國激情和至死不渝的堅定信念，受到萬世景仰。那些不把祖國放在心上或者出賣祖國的人，在岳飛這些披肝瀝膽、堅貞不屈的民族英雄面前，相形見絀，失去抬頭和做人的資格。

總之，一個人如果沒有夢想，人生是蒼白的；人有了夢想如果在追夢的途中擱淺，人生是遺憾的。而防止人生吃後悔藥的唯一辦法，就是讓「篤信好學，守死善道」作為貫穿自己一生的根本信念，在思想上骨子裡紮根。

風帆如果沒有桅杆，便是一塊沒派上用場的布；理想如果失去信念，便是一陣虛無縹緲的霧。

　　人活在世上活一天要賺一天，既賺生命，又賺人生，這樣的人才能實現人生價值最大化。有的人為名利而忙碌，有的人為信念而活著，前者擁有的是物質世界，結果往往是物質富有了卻精神上無家可歸；後者擁有的是精神世界，享有的是幸福的精神家園。

　　「篤信好學，守死善道」，是人生管總的信念，根本的信念。除此之外，人生遇到的各種具體問題還應有具體的信唸作支撐，管總的信念和其他具體的信念，是母信念與子信念的關係。母信念統領子信念，各個子信念又支撐母信念，猶如一串珍珠，構成一個人的信念體系。

　　英國詩人本·瓊森告訴人們：「寧肯折斷骨頭，不能放棄信念。」

　　蒙田說：「放棄信念，無異死亡。」

　　泰戈爾說：「信念是鳥，他在黎明仍然黑暗之際，感覺到了光明，唱出了歌。」讓我們每個人都去養好信念這只「吉祥鳥」吧，它的歌聲一定會為我們帶來好運和吉祥。

總結篇

▌七 崇高人生源於崇高人生境界

儒家的人生修養三寶中的崇德，就是要把一個人內在的氣質培養到崇高的境界。

一個人生命裡如果流淌的是崇高的血液，那就會滋養出崇高的靈魂；一個人的人生如果始終追求崇高、踐行崇高，那就會造就崇高的人生。

一個人地位高了、財富多了，引不起正直人的仰視，但人生境界高了，立馬讓人肅然起敬，情不自禁地對其刮目相看。

崇高的人生境界是人生智慧的結晶，是高尚之人的特有「專利」。

《聖經》不是引導人追求聰明而是智慧：「智慧光顧那些尋找她的人，她將他們推向崇高。熱愛她便是熱愛自己的生命；早起尋找她，便是真正的快樂。任何獲得智慧的人都將獲得崇高的榮譽。」

我們翻開古今中外的人生歷史畫卷不難發現，在漫長的人生大道上湧現出來的方方面面的聖賢人物，之所以名垂青史，受到人們的尊敬崇拜，是因為他們克服了人自身的自然性、功利性等侷限，使自己的思想昇華到了超乎社會現實的天地境界，擁有了超乎常人的崇高人生境界。

巴爾扎克說：「在各種孤獨中間，人最怕精神上的孤獨。」一個人如果有了崇高的人生境界，便擁有精神世界，這樣的人精神上就永遠不會感到孤獨。

人生境界是一切藝術境界的基礎，而藝術境界則是人生境界的審美昇華。

我們每個人都是人生大舞臺上現場直播的演員，人生的藝術性是超藝術的藝術，只有具備崇高的人生境界，才能實現人生藝術境界的審美昇華。

　　人與人之間的根本差距，在於人生境界的高低。帕斯卡爾在《思想錄》中指出：「一個人的境界越高，就越能發現人類所體現的巨大的創造性。庸人是發現不了人與人之間的差別的。」

　　盧梭之所以是位高人，正如他在《一個孤獨散步者的遐想》中所說：「我的心牽掛的幸福並不是一些轉瞬即逝的片刻，而是一種單純而久遠的境界，並沒有什麼刻骨銘心的東西，但它持續愈久，魅力愈增，真正使人臻於至高無上的福境。」

　　「不憂一家寒，所憂四海饑。」這樣的話，充分展示了清代啟蒙思想家、政治家、文學家魏源崇高的人生境界，所以他成了近代中國「睜眼看世界」的優秀知識分子的代表。

　　縱觀中華民族古往今來的一個個聖賢或聖賢式人物，他們都具有非同一般的人生境界，他們為人處世、所思所想都極具人生藝術水準，他們就是人生藝術大師，他們由於具有「單純而久遠的境界」而盡享人生「至高無上的福境」。

　　人生境界有高有低。不同境界體現不同的人生底蘊，不同的人生底蘊導致不同的人生行為和人生結果。提升人生境界永無止境。追求崇高的過程，就是追求由自然境界到超自然境界、由現實境界到超現實境界的過程，這便是人人可以成為聖賢的過程。

　　居里夫人去世後，愛因斯坦在為其致的近 600 字的悼詞中，稱居里夫人是一位「崇高人物」。除用 30 多個字談居里夫人的科學功績外，其他文字都用來讚揚她的品德力量。居里夫人的一生，是用道德的火焰，點燃了科學的火種，以崇高的人生境界，鑄就了崇高的人生。

　　愛因斯坦為居里夫人致悼詞，是崇高人對崇高人的崇高褒獎。我們看看愛因斯坦的崇高人生境界：「對於我來說，生命的意義在於設身處地替別人著想，憂他人之憂，樂他人之樂。」

高風亮節立天地，虛懷若谷住人間。這副對聯是寫竹子的。魏源、居里夫人、愛因斯坦等歷史人物之所以走出國界毫無時限地令世人敬仰，是因為他們的崇高人生境界所帶來的無窮的人格魅力。

維護自尊，追求崇高，是人之所願。

崇高是引起人們產生敬仰和讚歎的一種情懷。人活在世上，誰都希望自己活得有尊嚴，誰都希望自己的人生崇高、高尚，誰也不希望自己的人生變得卑下、卑微、低俗、低賤、渺小，更不希望自己是卑鄙人生。

古希臘哲學家西塞羅指出：「教育的目的是讓學生擺脫現實的奴役，而非適應現實。」如今的人越來越現實，人生的目的動機越來越功利，如何引導每個人擺脫「現實的奴役」，讓生命回歸自然，讓人生不斷昇華，這是社會大學、人生大學義不容辭的責任。

人生有三種走向：走向崇高，走向平庸，走向腐朽。一個有價值有意義的人生，應該拒絕平庸、杜絕腐朽、堅定地走向崇高，做一個崇高之人，擁有崇高人生。

一、崇高人生境界是自古以來人類共同的追求

誰的人生是崇高的、高尚的，他的人生便是成功的、無悔的。

世界上最早提到崇高的是公元 1 世紀古羅馬時代的朗吉諾斯的《論崇高》，他認為，崇高是「偉大心靈的回聲」。

戊戌變法失敗後，譚嗣同完全可以和六君子中的其他人一樣逃走，但他用以身殉法來喚醒和警策國人。他說：「各國變法，無不從流血而成，今中國未聞有因變法而流血者，此國之所以不昌也。有之，請自嗣同始。」這便是偉大心靈的回聲。

在中國傳統美學中，崇高或壯美常用「大」來表達，它側重在主體和社會價值方面。孟子把他強調的人格美稱為「浩然之氣」。在對個體的人格評價中，提出了善、信、美、大、聖、神六個等級，認為「充實之謂美，充實

而有光輝之謂大」。一個人的人格如果達到了孟子所說的「大」，其人生便是崇高的。

崇高是雄偉高大的意思，是一個與秀美相對的美學範疇。西方哲人大都是在「美統真善」的意義上講崇高，賦予其以人格尊嚴和人的自由的內涵。中國哲人更多的是在「美善合一」的意義上講崇高，賦予其以道德的人格審美的意蘊。崇高，是以人力反抗自然、以人性反抗獸性、在挑戰拚搏抗爭中獲得的精神愉悅，是實踐主體的巨大精神力量的表徵。尤其在人性反抗獸性方面如果做不好，這個人就不可能成為崇高的人，而將自己與一般動物趨同。

西方美學家們認為，崇高感是由偉大引起的。拉斯金認為，崇高是偉大在感情上所產生的效果，它可以是物質的、空間的、力量的、品德的或者美的。

康德在他的《判斷力批判》中認為：「崇高不存在於自然界的任何物內，而是內在於我們的心裡。」

從古今中外的人生實踐看，人欲擁有崇高人生，必須具備崇高的人生境界。人生境界低了講崇高，那只能是口頭上的崇高，而不是心靈的崇高。

人生境界，是指人的生活所達到的意義視域並標誌著人的精神昇華的不同層面。人生意義、理想和人的社會價值構成人生境界。人的生命意義尚未生存之前的狀態，稱為生命的一般存在狀態，很遺憾，我們很多的人就停留在生命的一般存在狀態。人生境界是對人生一般存在狀態的超越，而感悟生活意義並實現人生的意義，才是人生境界的開始，是一種面對生活的高遠的人生態度。

人生境界論，是中國傳統文化中亙古長存、生生不息的人文話題，這個話題常議常新。在物慾橫流、急功近利和關注個人價值忽視社會價值的浮躁社會裡談這個話題，更體現出對人的人文關懷，更具有現實意義。

我認為，人生境界分為正境界、負境界和零境界。具有人生正境界之人與崇高相伴，具有人生負境界之人與卑下相伴，那些人生零境界之人既沒有崇高的人生境界，也沒有卑下的人生境界，是既不崇高也不卑下之人。

人生境界的高低，猶如一個化妝師，能把人分別打扮成形形色色的人。

「上善若水常處下，至德本在百姓家。」這句公益廣告詞說得真好。

杜魯門當選美國總統不久，有一位記者前來採訪他的母親，記者稱讚道：「有杜魯門這樣的兒子，您必定感到十分自豪吧？」杜魯門的母親贊同地說：「是的，但是我也為我另一個兒子感到驕傲。」記者問：「您的另一個兒子在幹什麼？」老太太自豪地回答：「他現在正在地裡刨馬鈴薯。」

杜魯門的母親既為當總統的兒子自豪，也為當農民的兒子驕傲，這體現出母愛的博大、平等，體現了這位偉大母親的人生境界。「高者未必賢，下者未必愚。君不見沉沉海底生珊瑚，歷歷天上種白榆！」這是白居易對包括杜魯門的母親在內的所有普通人的謳歌。

一個人如果有了人生境界的追求，他就會不斷追求超凡脫俗，不會為追求那些庸俗的人生目標而不擇手段，使自己的生命不斷超出生命的一般存在狀態，不斷走向更高的人生高度，達到人生的精神昇華的更高層次。

追求人生境界的意義，在於實現人的自我超越和生命的昇華，從而提高人的精神維度和人生意義視域，從根本上提高人的幸福指數。

有人在飛機上的經濟艙看見世界首富比爾蓋茨，問他為什麼不坐頭等艙，他反問道：「頭等艙比經濟艙飛得快嗎？」這就叫境界。人到了這種境界，心已不再受外在的東西束縛，回歸到本然狀態。

中國古代儒家提倡「仁」的境界，道家提倡「無」的境界，無非是要把人從現實的愚昧、自私、自滿的層次提高到內心澄明、無私無我的精神境界。一個人一旦有了這種精神境界的不斷躍升，就會不斷實現自己真善美的統一和人生意義。

孔顏樂處，是宋明理學家經常討論的一個問題，這實際上就是境界問題。孔子周遊列國，顛沛流離，困厄萬端。顏淵一簞食、一瓢飲，窮居陋巷。這本身並無樂處可言，但孔子和顏淵化解了身處逆境和物質匱乏所引起的外感之憂，自得其樂，體悟那種理性和精神的愉悅。這種快樂，揚棄了外在之物、外馳之心，自我意識到自身與天道合其德、同其體，也就是直觀自身、認同

自身，體認到個體自身的內在完美。人這樣的活著減少了很多痛苦，昇華了自己對人生意義的視域。

修習佛家清淨世界的人，自己能淨化內心，方寸之地可以成為蓮花淨地。做人亦然。一個人如果內心不淨、不靜，讓他住再大的房子，他也感覺不到寬敞舒適。一個人沒有做君子、做「大人」、做有益於社會之人的境界，他怎麼可能成為君子，成為「大人」，成為有益社會的成功之人呢？

人只要活出了人生境界，雖平凡也為君子；人如果沒活出人生境界，雖貴冑也為庸人。

境界是一種精神生活的方式，儒家追求的道德宇宙，道家追求的藝術天地，佛家追求的宗教境界，各學派所追求的精神意境並不完全一致，但其出發點與終極點是一致的，都是對各自所處的現實狀態的超越，從而使人進入人生意義、理想、社會價值的追求之中。

西方國家關於人生境界的觀點中，柏拉圖等一些哲學家的觀點值得借鑑。柏拉圖把人的靈魂按照等級分為慾望靈魂、感性靈魂、理性靈魂三個層次，他認為人應該超越低級靈魂的控制，不斷走向高級的靈魂，最終達到理性靈魂的最高境界。

丹麥存在主義的先驅克爾凱郭爾認為，人的存在有三種生活方式：美感方式、倫理方式、宗教方式。生活方式的不同，顯示出人與人之間的差別，表現出人生達到的不同境界。

馬斯洛是美國著名社會心理學家，是第三代心理學的開創者。他在 1943 年發表的《人類激勵理論》中提出了著名的基本需求層次理論。他認為，人作為一個有機整體，都潛藏著五種不同層次的需要：生理需求、安全需求、社交需求、尊重需求、自我實現需求。

其中，生理需求是人們最原始、最基本的需要，如吃喝、穿衣、住宿、醫療、性，等等，這是最強烈的不可避免的最底層需要，也是推動人們行動的強大動力。但如果一個人為生理需要所控制時，其他一切需要就會退居次

要地位，這時的人生境界是最低的，這是一些人的言行和追求趨於動物特性的重要原因。

自我實現需求是最高等級的需要，是一種創造的需要。一個人一旦有了自我實現的需求和境界，往往會竭盡所能，使自己不斷完善完美，全力以赴地去實現自己的人生理想和意義。

自我實現，不能理解為個人價值的實現。一個人的個人價值再大，如果人生境界低下，站在人類歷史長河的制高點上看，這個人也是自私的、渺小的甚至是腐朽的。

馬斯洛認為，人的需要是從外部得來的滿足逐漸向內在得到的滿足轉化。但在現實生活中，有的人只追求外在的滿足，而沒有向內在滿足的轉化，這樣的人怎麼可能活出人生境界？

馬斯洛發現，當人的低層次需求被滿足之後，會轉而尋找實現更高層次的需要。其中，自我實現的需要是超越性的，追求真、善、美，將最終導向完善人格的塑造，人的最佳狀態就是品嚐這種高峰體驗。因此，馬斯洛心理學理論核心，是人透過「自我實現」，滿足多層次的需要系統，達到「高峰體驗」，從而實現人的價值和完美人格。

我們看看現實生活中的人，有的人由於只追求低層次需求的滿足，停留在生命的一般存在狀態，放棄了心靈的成長和精神的昇華，放棄了人生境界的提升，因此，活一輩子也享受不到人生高峰體驗。

人若沒有靈魂，物質再豐富，那只是行屍走肉；人若光有靈魂，脫離了物質，那就會魂不附體。

其實，馬斯洛講的這套理論，中國儒家用一句話就概括了，那就是歐陽修所說的「得其大者可以兼其小」。自我實現這樣最高的需要滿足了，其他需要的滿足也就在其中了。

學習了馬斯洛的層次需求理論，我們應想一想自己在滿足自己需要的心理上，處在哪個層次上？如果最原始、最基本的生理需求已經基本解決，我們還在那裡苦苦追求、不擇手段地追求，不但沒有必要，而且等於放棄了更

高層次的安全需要、尊重需要，這樣做不值得，有風險。看看那些功成名就之人突然被查被抓，由自由人生變為囚徒人生，就是活生生的反面教材。

馬斯洛的人生需求五個層次，反映了人的不同人生眼光和意義視域，體現了人的不同人生境界。

「身後有可傳之事，方為此生不虛」。《圍爐夜話》裡的這兩句話，體現了王永彬的人生境界，體現了他的人生眼光和意義視域已經從身前穿透到身後。

人類價值體系，既然存在著低級生理性需要與高級社會性需要兩類不同的需要，作為一個已經解決了溫飽的人來說，當然不能僅僅追求低級需要，這樣的追求即便得到超越性的滿足，其人生價值也是低層次的，失去了人生應有的意義。相反，如果我們立足於追求高級需要，奮力追求「自我實現」即社會價值，一旦這種需求滿足了，人生的全部價值和意義就在自我實現之中，這時其他的需求還存在什麼問題嗎？我們如果有了追求「高峰體驗」的心願，就不會追求低級需要的滿足，而是追求高級需要，使自己的追求走上新的層次，使人生境界提高到新的高度。

人生，既然包括人的生存和生活，我們如只追求自己的生存，哪怕生存可以做到事事如意，但其生活未必如意，因為我們只擁有物質世界而未能贏得精神世界；一個人的生活，只有具有文化性、精神性和發展性的特點，才能體現崇高的人生境界，從而使自己的人生能享受到「高峰體驗」，真正擁有人生的價值，實現人生的意義。由此可見，沒有人生境界的人生，是有缺憾的、不完美的人生。

誰也離不開需要，人都生活在需要之中。但需要什麼？滿足需要的動機目的是什麼？不同的需要反映了不同的人生境界和人生層次。

從人生滿足需要看，把人分為三類：上等人，追求高級社會性需要和「人生高峰體驗」；中等人，既追求低級生理性需要，又追求其他社會性需要；下等人，追求低級生理性需要。我們自己屬於哪一類人？應該做個什麼樣的人？真應該好好思考思考。

中華文明五千年，諸子百家對人生雖然有不同的人生態度，但都倡導人生境界，以入世、出世或既入世又出世等不同態度，描繪了中國古老的傳統文化中人生理論的多重色彩，展現了中國人自古以來的多彩而豐富的人生。

「無財非貧，無學乃為貧；無位非賤，無恥乃為賤；無年非夭，無述乃為夭；無子非孤，無德乃為孤。」這段話很好懂，只有一句難懂點：「無年非夭，無述乃為夭」，意思是早年夭亡不一定是短命，而那些年壽高的人如果死後沒有什麼值得後人敘述的功業和功德，那才是真正的短命。這句話很經典，作者王永彬一生雖然無財、無位卻享有崇高人生，他若境界不高，就不可能說出如此振聾發聵之語。如果一個人的人生境界沒有達到一定高度，看這五句話肯定不會贊同，有的人甚至哈哈大笑，其實這亦正常，因為人們雖然生活在一個地球上，但並不生活在同一個境界和同一個世界中。

中國的人生境界論是多元思想組成的。在諸子百家的人生境界中，突出的有三種。

一是聖賢人生境界。這就是儒家倡導的內聖外王的人生最高境界。孔子走的就是這條路。即「吾十有五而志於學，三十而立，四十而不惑，五十而知天命，六十而耳順，七十而從心所欲不踰矩」。這就反映了孔子一步步變為聖人的人生過程。孔子 38 字自傳，恐怕是自傳的金氏世界紀錄保持者。

一個國家聖賢之人少了，說明這個國家缺乏營造聖賢人生境界的氛圍；一個國家的領袖無聖賢之心，無崇高的人生境界，他駕駛的那艘巨輪就難以平穩地安全航行，船上的人就會無奈地經歷更多的人生顛簸甚至災難。

二是無為人生境界。道家主張人生不要有刻意的追求，應當順其自然，「唯道是從」，用《道德經》裡話說，就是「道法自然」，也就是順應自然而為，不是帶著功利的目的而為。

今日世界，自然生態被破壞，人的心態被汙染，社會生態被撕裂，從人生的角度看，是人違背了道法自然、「唯道是從」的行為準則，體現了人生境界之低下。

三是兼愛人生境界。墨家的創始人墨子，以「兼愛」作為人生的最高準則。墨子為實現兼愛的目標，奔走於各國，苦行救世，宣傳「非攻」，制止戰爭，這種人生境界，使他的人生走出了國界，活出了意義，顯示出「兼愛」的普世價值。而當今世界上的一些所謂的政治家戰略家，其人生境界雖沒有超出自己的國門，卻把一雙手伸向了國外；自己與宇宙沒能做到統一，其人生根本就不具有天地境界，卻把自己的理想抱負拔高到天地和宇宙，其結果，這樣的人把手伸向哪裡，那裡的百姓就會遭殃。

美國第 35 任總統甘乃迪具有「非攻」人生境界。為了避免戰爭，為了克服來自於軍事指揮官、政府官員和其他公共領導人的反對，甘乃迪到全國各地演講，「為和平而戰」。他在美國大學發表歷史性的演講中指出：「我們和平的戰略不是一個由強制執行戰爭的美國武器推行的美式和平的世界。」因為「我們都生活在這個小小的星球。我們都呼吸著同樣的空氣。我們都珍惜子孫的未來」。雖然在這些話仍餘音繞樑時，甘乃迪被暗殺，但他名留青史，而那些挑戰中國墨家「非攻」思想不可一世的總統和大財主違背了歷史規律，終將失敗。

只要人類還存在，人生境界就是無法規避的重大問題，誰懂得人生境界並不斷昇華自己的人生境界，誰就活出品位，擁有崇高人生。

中國大學問家王國維 1908 年發表的《人間詞話》中的主要範疇就是「境界」。境界，中國古代一些人也運用過這類詞語，比如宋朝嚴羽的「興趣」，清朝王士禎的「神韻」，袁牧的「性靈」等，但說的都是風格、技巧等，王國維不一樣，他上升到了美學的本質論的高度。他認為，「古今之成大事業、大學問者，必經過三種境界」：

第一境界：昨夜西風凋碧樹，獨上高樓，望盡天涯路。

此句選自北宋的晏殊《蝶戀花》。「西風凋碧樹」，寫的是煩躁的心情。這一境的意思是，一個人要想做大學問，成大事業，首先要靜下心來，秉持執著的追求，登高望遠，瞰察路徑，明確奮鬥的目標和方向。

第二境界：衣帶漸寬終不悔，為伊消得人憔悴。

此句出自北宋的柳永《蝶戀花》。原詞表現了作者對追求愛的艱辛和無悔。王國維則以此比喻做大學問、成大事業不是輕而易舉的事，必須孜孜以求，堅定不移，堅定信念，經過一番艱苦奮鬥，哪怕人累瘦了、憔悴了也「終不悔」。

第三境界：眾裡尋她千百度，驀然回首，那人卻在燈火闌珊處。

此句出自南宋的辛棄疾《青玉案》詞。王國維在辛棄疾詞原意的基礎上，引出悠然遠意，告訴人們，做大學問、成大事業要想達到最高境界，必須要有專注的精神，反覆追尋探索，下苦功夫，最後必然是功夫不負有心人，功到自然成。

一個人如果按照王國維講的三種人生境界去做，即便成不了什麼大事業或大學問，但由於自己努力過、拚搏過，一定會使自己的人生變得有追求，有體悟，有滋味，從而獲得人生的「高峰體驗」。

中國古代的禪宗、詩學、美學等領域，也有很多關於人生境界的高論。

人的人生視域不同，人生境界就不同。

清代有一個學者叫張潮，是康熙年間的人，他認為人和人是不同的，表面的長相區別雖不是很大，但遇到一些事情後人與人之間的差距馬上就有所區別。張潮認為人有三種境界，就好比人看月亮，有一種人是「窗中看月」，也就是在窗子裡面看月亮，就像柏拉圖所講的洞穴人，由於把自己鎖在自己的時間空間裡，看這個月亮有很大的侷限性。第二種境界叫「庭中望月」，也就是到庭院裡去望月，會發現天地原來如此之大，世界原來如此豐富，看到了一個嶄新的世界。第三種境界也是最高的境界是「臺上玩月」，也就是登上高臺，和月相嬉。這三種境界體現了三個站位、三個層次、三種體驗。人就應該這樣的不斷拓展自己的人生視域，讓自己超出生命的一般存在狀態，看到人活著的更多意義。

佛教中的境界是指主觀覺悟的程度。人生境界也體現了人的主觀覺悟的程度。

　　禪，是佛法的核心，佛學的精髓，文化的結晶，也是佛教的主要修行之一。禪是有情眾生的清淨本性，能幫助人們尋得失落的本心。

　　在物慾橫流的時代，許多人失落了本心，迷失了自我。我建議這些人聽一聽古箏佛讚之曲《雲水禪心》，在富有禪意的音樂聲中，讀一點禪宗方面的書籍，以此來清淨本性，見自本心，尋得失落的本我。尤其是可以從中國禪宗所說的成佛需要經過的三種境界中體悟本性，俯察人生，從而走出自我，達到新的人生境界。

　　禪宗的特點，是傳道授學，講求心領神會，追求一個「悟」字，無須文字言語表達。其實，人生不也是講心領神會，講一個「悟」字嗎？悟性不好的人，難有人生「高峰體驗」，難以懂得人生，享受人生。

　　佛教講究悟道成佛；人生講究悟道成人、悟道成事、悟道成功。

　　人生在世，悟性、悟心很重要，有了覺悟、省悟、感悟、穎悟、靜悟、融悟，才會有啟悟、敏悟、靈悟、開悟、醒悟、神悟，才會有慧然領悟，大徹大悟。茫茫人海，對人生能有慧然領悟的體驗就不錯了，人生大徹大悟之人能有多少？

　　哲學能提高、昇華人的境界，具有無用之大用的功能，能為人解決「安身立命」的大問題。

　　哲人對人生之所以悟得深、看得透，是因為哲人具有慧眼，總能站在自己生死臨界點和身後看待人生各種問題。所以哲學家長壽者多。北京大學哲學系被稱為長壽系。

　　馮友蘭先生在《新原人》一書中認為：「人與其他動物不同，在於人做某事時，他瞭解他在做什麼，並且自覺地在做。正是這種覺解，使他正在做的事對於他有了意義。他做各種事有各種意義，各種意義合成一個整體，就構成他的人生境界。」「每個人各有自己的人生境界，與其他任何個人的都不完全相同。」馮友蘭先生提出了人生由低到高有四種境界：自然境界、功利境界、道德境界、天地境界。

人是自然的，人的需要也是自然的。每個人都有滿足正當需要的權利，自然境界是理所當然的事。但在馮友蘭先生看來，要追求理想的人格，就不能停留在混沌自然之鄉和自然境界，也不能停留在功利境界，因為功利境界的本質是為己，是以自我為中心，以自我為取捨，即使對他人和社會有意義也是相對於自我而言。當今一些人的追求已經物質化、功利化，明目張膽，理直氣壯，不擇手段，甚至把純樸的人際關係也染上了功利色彩，一些人特別功利，特別自我，成了精緻的利己主義者。其實，追求功利境界的人生是很不完善的人生。人應該去追求道德境界，這種人能自覺地把個人和社會有機地融合在一起，承擔起自然人和社會人的雙重責任，使自己的人生獲得尊嚴和安全。

古今中外的聖哲們對人生境界的追求啟示我們，人活著不能小看自己，天地境界不只屬於聖人，我們普通人都可以去追求盡人倫、盡人職，盡天倫、盡天職的天地境界。一個人貢獻不論大小，但只要對於社會，對於宇宙均有貢獻，這樣的人就能與天地比壽，與日月齊光。

真正決定一個人層次的，不是地位高低、財富多少，而是人生境界。

二、人生境界事關人生結局

對人生境界的不同「覺解」，體現了一個人對人生是什麼和人生為什麼等重大人生問題的認知，關係到一個人在人生實踐中的好與壞。

從網上看，經典「牛人」有一些語錄，看了令人擔憂。

保持青春的秘訣，是有一顆不安分的心。

生活其實很簡單，過了今天就是明天。

人活著真累！上車得排隊，單戀真受罪，吃飯沒香味，喝酒容易醉，上班特疲憊，搶劫還不會，賺錢得交稅，就連給小豬發個簡訊還得收費。

我的原則就是，誰給我面子，我給誰金子。

現在這年頭，豬吃人不是新聞，結婚十年不離婚才是新聞。

　　這樣的「牛人」生活在什麼樣的人生境界之中呢？他們怎麼可能得到好的人生結局、享受人生高峰體驗呢？

　　社會如果浮躁，容易對人形成誤導，人們就容易忽視對內心「覺悟」的追求；一個人浮躁了，很容易追求外在的東西、作秀於外在形式而忽視對人生境界的追求。當一個人有了人生哲學上的「覺解」後，就會對自己所做的事情、對自己的人生賦予不平凡的意義。

　　古往今來，凡在史冊上留下光輝一頁的人物，都具有崇高的人生境界。

　　孔子：己欲立而立人，己欲達而達人。

　　莊子：天地與我並生，而萬物與我為一。

　　孟子：富貴不能淫，貧賤不能移，威武不能屈。

　　屈原：路漫漫其修遠兮，吾將上下而求索。

　　諸葛亮：鞠躬盡瘁，死而後已。

　　範仲淹：先天下之憂而憂，後天下之樂而樂。

　　譚嗣同：我自橫刀向天笑，去留肝膽兩崑崙。

　　林則徐：苟利國家生死以，豈因禍福避趨之。

　　魯迅：橫眉冷對千夫指，俯首甘為孺子牛。

　　我們的先哲、先賢、先祖所展示的人生境界，使他們成為世界人生大學裡院士級的人生導師。這些人的人生境界高了，歷史老人為他們每個人鑄就了歷史豐碑。

　　崇高的人生源於崇高的人生境界。中華民族是具有崇尚人生境界的民族。自古以來，一個個聖賢和仁人志士，懷著崇高的人生境界，創造了自己獨特的崇高人生。他們是中華民族不屈的脊樑，是一代代中華兒女永遠仰視的一座座人生豐碑。

　　崇高人生境界，是最高等級、最有人氣的大美人生風景。

有的人雖然身材弱小，地位名聲也不顯赫，但一提到此人，人們便肅然起敬。而有的人雖然長得高大，地位名聲顯赫，但在眾人的眼裡並不偉岸，常常向這類人投去鄙視和不屑的目光。這其中的緣由，便是人生境界高低使然。

日本詩人北島詩曰：「高尚是高尚者的墓誌銘，卑鄙是卑鄙者的通行證。」每個人的人生境界是崇高還是卑鄙，群眾心裡都有一桿秤。

人的境界不一樣，為人做事的心理狀態、精神面貌、人生動力就不一樣，得到的人生結果自然也不一樣。

有這麼一個很古老的故事：有一個建築設計師，路過一個建築工地，工人們正在砌牆。他問第一個小夥子：「你在幹什麼呢？」工人耷拉著腦袋，無精打采地說：「我能幹什麼，砌牆。」設計師往前走，接著問第二個工人在幹什麼，他一邊幹活一邊說：「賺錢。」設計師又往前走，看到一個小夥一邊吹著口哨一邊砌牆，當他提出同樣的問題後，小夥子抹了一把臉上的汗水，自豪地說：「我正在建造世界上最富有特色的一座大樓。」

建築設計師陷入了深思，為什麼做同一件事，不同的人有不同的認識、不同的態度，不同的表情？

第一個工人把砌牆的行為簡單地看作是砌牆，毫無目的，索然無味，為砌磚而砌磚，甚至把砌磚看成是負擔。這樣的人對待工作必然敷衍塞責，當一天和尚撞一天鐘，缺乏責任感與進取心，不會有什麼作為。

第二個工人把砌牆看作是謀生的手段，是為了賺錢而工作，這樣的人就把自己擺在被僱傭的位置上，你給多少錢，我干多少活，你不給錢，我不幹活。這樣的人工作積極性創造性不高，主動性不強，自己的主觀能動性和潛力發揮不出來，工作不會有突出成績，也不會有什麼發展。

第三個工人把砌牆與整個建築連結起來，心裡裝的不是砌牆本身，而是整棟大樓和它的意義。這樣的人有理想，有目標，工作就會有積極性、主動性、創造性，就會有更高的工作標準，成績自會脫穎而出，事業必然會不斷發展。

　　三個工人對待自己砌牆工作的認識、態度，其實反映的是他們的人生態度、人生境界。第一個工人屬於自然境界，第二個工人屬於功利境界，第三個工人屬於道德境界。之所以會有這樣的區別，用馮友蘭先生的話說，在於他們對待自己的工作有不同的「覺解」。

　　佛教中講的菩薩，是梵文「菩提薩埵」的簡稱。「菩薩」就是「覺」的意思，「薩埵」就是「有情」，菩薩就是一個覺悟了的生命體。佛，就是「覺」，是一個「覺者」。

　　是啊！人生的確離不開一個「覺」字，對人生不能沒有「覺解」，人只有成了一個覺悟了的人，才不枉是高級智慧動物。

　　所謂覺悟，字典上講的是由迷惑而明白，由模糊而認清。其實，一個人的人生不也是一個由迷惑到明白，由模糊到清醒的過程嗎？一個人的一生就是在覺悟、覺醒中走過來的。有的人覺醒、覺悟得早，有的人覺醒、覺悟得晚，有的人一輩子也沒有覺醒、覺悟。一個覺悟、覺醒的人，是活明白了的人。

　　《菜根譚》告誡人們：「勢利紛華，不近者為潔，近之而不染者尤潔。智誡機巧，不知者為高，知之而不用者尤高。」一個人如果能成為覺者，則視權勢名利、權謀詭計為「淤泥」，以慧眼、慧心對待，弘揚蓮花精神，做一個慧行之人，那這個人就超凡脫俗，成為一個有覺悟的人了。

　　真佛方寸之心可成蓮花淨地；貪心滴水之淵便是萬丈深淵。人只有具有蓮花精神，才能「出淤泥而不染」，才能成為滾滾紅塵之中的一朵蓮花。

　　立即行動，不是為了超越和戰勝對手，而是為了不浪費自己的大好時光，因為人生最大的浪費，是浪費時間。這就是人性的覺醒。

　　有首歌《說句心裡話》，軍人如果用心聽，用心悟，慢慢地就會對為什麼當兵有了「覺解」。

　　同樣是當兵，每個人對當兵的認識不一樣，動機和目的不一樣，反映出這個人的人生態度、人生境界就不一樣；人生境界不一樣，這個人所獲得的人生體驗和人生感悟就不一樣，導致人生的行為和人生結果也不會一樣。

有的人當兵是被《兵役法》逼著到部隊的，沒辦法、不得不來，為服兩年兵役的義務而來，這種人的人生境界就停留在自然境界上，不可能有當兵光榮、志在報效國家的體驗，在部隊不可能做出什麼成績來。

有的人無論是志願入伍，還是大學生棄筆從戎，其目的就是「保家衛國」，這種人的人生境界就達到了道德境界。軍人有了這種境界，平時想的是打仗，一切為打贏，戰時就能衝鋒陷陣，死不足惜。軍隊這種境界的人多了，就會成為一支不可戰勝的威武之師，這是國家和民族之幸。

有這樣一個人物故事：

江蘇徐州市殘疾人鄭學軍，21歲那年，得了罕見的「僵直性脊椎炎」，他變得全身僵直，不能彎腰、低頭和曲腿。一個風華正茂的青年，突然得了這個醫學界稱為「活著的僵屍」的頑症。是父母的愛喚起了他對生命的留戀，是社會各界的愛激起他「好好活著」的勇氣。市殘聯為他聯繫了一位按摩醫師義務為他治療，一些志願者陪著他去治病。鄭學軍在生與死的痛苦思索之後，改名叫「復生」，他說：「是愛讓我沒有在苦難面前消沉，我要好好地活下去。」30歲那年，鄭復生建起了「復生書屋」，幫助鄭復生送書的「義工服務隊」也建起來了。癱瘓多年的殘障者陳寶平打電話要借書，鄭復生為他挑了幾本書，又怕他不喜歡還專門列了個書目。那天，鄭復生被三名志工用三輪車拉著將書送到陳寶平手中。鄭復生和志願者們慢慢擴大工作服務範圍，除了送書外還主動陪殘障人士聊天、下棋、幫他們做家務、送他們去醫院治療、上門理髮等，他們還走進社區、社會福利院、敬老院等，給孤寡老人及孤殘兒童送去溫暖。

鄭復生為他的志工服務隊取名「心緣」，意為「以真誠無私的心，結美麗善良的緣」。「心緣」組織各種公益、慈善、環保等活動無數，受益群眾幾十萬人。「心緣」也由十幾人發展到上千人。鄭復生的精神影響著越來越多的人。志願者杜平說：「他是我們心中的精神豐碑。」

鄭復生的箴言：「愛不分大小，無論貴賤，只要你真心地願意幫助他人，那麼你會活得更充實，你的人生將更有價值。」

　　鄭復生在死神面前悟透了人生，昇華了人生境界。他就是人生荷塘之中一朵鮮艷的蓮花，給人間帶來的是聖潔的美麗。

　　一個人若把擁有崇高人生作為人生的信念，他就會與崇高結伴而行，最終將自己的人生之舟駛向智慧人生碼頭。

　　一個崇高的人和集體不能自生自滅，除了大眾的積極響應參與外，應得到政府的扶持和培養。從這裡能看出社會肌體的健康與活力的程度。

　　人只要「誠意正心」地講崇高，做公益，就能獲得人生快樂的「高峰體驗」。

　　一個人的心靈和靈魂不高尚，其高尚必有泡沫。

　　人與人由於人生境界的不同，分別處於不同人生層次裡。我們無論貴賤都該捫心自問，自己的人生境界在哪個層次上？

　　人生境界，決定人生格局。一個人無論從事什麼職業，無論處於什麼位置，只要踏著聖人之道往前走，擺脫身心之拘絆，而與道邀遊，內無所羨，外無所求，不為物所役，不為事所困，不為情所累，不為色所誤，恬淡自得，無往不適，就能實現人生逍遙游。

　　人生，不是活給別人看的，也不是看別人的，而是心無旁騖地活最好的自己。

　　「上士忘名，中士立名，下士竊名。」《顏氏家訓·名實篇》中把人分為上士、中士、下士。具有崇高人生境界之人，肯定是上士，這樣的人既不為立名而煩惱，也不會因竊名而擔憂，只求做人上的無怨無悔，精神上的自由自在，人生結局上肯定充滿正能量。

三、人生境界的提升有一個由低到高的過程

　　仔細分析古往今來人與人之間的差別，即可看出，人分別生活在人生三大世界之中。

人生第一世界：這類人生活在物質世界即欲的世界裡，注重外在的追求，盲目追求並滿足於物質上的「得」，把人生界定為個人奮鬥，追求個人價值的實現，注重「自我」。

人生第二世界：這類人生活在物質與精神世界之間，處於欲的世界與理的世界之間，既注重外在的也注重內在的，處於不上不下的人生狀態，對物質和精神採取魚和熊掌兼得的人生態度。

人生第三世界：這類人生活在精神世界即理的世界裡，注重內在的追求，有著崇高的人生理想、人生奮鬥目標、人生情懷，心中忘我或小我，為人處事超凡脫俗。

人生第一世界，是人生浮躁世界，人生虛擬世界，這樣的人擁有卑下人生境界，人生是渾濁的、灰暗的，追求的是糊塗人生，最終成為小人或罪人。

人生第二世界，是人生現實世界，這樣的人擁有平凡人生境界，人生是現實的、功利的，追求的是精明人生，最終成為俗人或庸人。

人生第三世界，是人生超級世界，這樣的人擁有崇高人生境界，人生是通透的、光明的，身處塵世間而高視物外，擁有智慧人生，最終成為賢人或聖人。

我以為，人生境界分為三類：崇高人生境界、平凡人生境界、卑下人生境界。不同的人生境界得到不同的人生。崇高人生境界，得到崇高人生；平凡人生境界，得到平凡人生；卑下人生境界，得到卑下人生甚至是卑鄙人生。

人生三大世界的劃分，不分貴胄與平民，人願意生活在哪個世界裡，是他自己的選擇。

人生活在不同的人生世界中，得到不同的人生體驗。「你沒生活在我的世界裡，你怎麼知道我是否幸福快樂？」這話得看對誰說。人生三大世界分低、中、高三個層次，人在低層次體驗不到身在高層次之人的人生體驗，但那些在人生高層次的人知道身在低層次之人的人生體驗，因為他們是「過來人」，他們置身人生高層次一邊看著低層次人的苦苦掙扎而揪心，一邊品嚐人生的「高峰體驗」而樂在其中。

一個國家的人在人生三大世界之中，分別占的比例不同，體現了這個國家人民的精神素養和文化素質的水平，反映著這個國家的世道人心狀況以及是在走上坡路還是在走下坡路。

人生境界是在人生修身中不斷生成和提升的。一個重修身講修養的人，人生境界就高。

人生境界是可變的，提升有一個由低到高的過程，分為三個階段。

第一，人生境界的「自我」階段。

德國古典唯心主義哲學家費希特哲學的出發點和基本概念是「自我」。

萊惠托夫說：「自己腦子裡裝滿了自己，這種人正是那種最空虛的人。」

人若處在「自我」人生境界階段，突出特點是自私自利，其站位沒有超出一個「我」字，一切為了「我」，圍繞「我」，凡事「我」字當頭，對自己有好處的事就往上靠，沒好處的事就沒興趣。手中一旦管點事就會將其看作資源，並利用其資源撈取好處。對自己提出的思想觀點、擁有的成果，別人不能碰，不能分享，顯得很不大氣。自我思想嚴重的人，就會變成唯我主義，視「我的心靈或軀體是唯一存在的事物」，彷彿外在世界和其他心靈不存在，一般不會顧及別人的感受。自我之人目光短淺，看重的是眼前利益，任何人不能動他的「奶酪」。這些人的動物特性明顯，其心靈、精神、靈魂的高度超不過本人的身高，所作所為突不破「自我」二字。

孔子晚年希望自己能在「浴沂舞雩」的美境中獲得解脫，這與莊子的「逍遙游」實質上是一致的，都是人生的自由境界，也是人從必然王國向自由王國的昇華，是突破「自我」的人生昇華的過程。

一個人活在世上，無論是平民百姓還是總統總理，都應當關注自己的人生境界。有的平民由於種種條件限制，沒有崇高的人生境界尚可理解，而那些「人民的公僕」和接受過高等教育之人，他們放棄崇高的人生境界，那是自我矮化，是對自己的不負責任，對社會的不擔當。社會現實告訴我們，有了崇高的人生境界，一個沒有權勢和財富的人完全可以成為聖賢之人，而一

個即便是高官或者土豪、學者級別的人，如果沒有富有意義的人生境界，也可以成為渺小之人、醜惡之人。

據史書《煬帝紀》記載，隋煬帝楊廣生性怪異狡詐，他去的地方，不想讓人知道。他每到一個地方，總是要安排好幾個飲食起居之處，全國各地的名貴食品、山珍海味必須色色具備。為了買到這些東西，就算地方再遠也要去買。郡縣官員，爭先為煬帝進獻食物，送得多送得好的升官，送得簡單節省的就被治罪。奸詐的官吏乘機侵奪百姓，朝廷內外虛空，賦稅苛重，民不聊生。多行不義必自斃。618 年 3 月，煬帝見天下大亂，準備遷居南京。從駕的衛士們發動兵變，叛軍逼縊隋煬帝，一個卑下人生境界的「唯我」皇帝僅僅 50 歲便結束了生命，成了中國歷史上臭名昭著的天子。

愛因斯坦指出：「評定一個人的真正的價值只有一個標準，即看他在多大程度上擺脫了『自我』，他擺脫了『自我』又是為什麼。」

太自我之人，不適合當領導，尤其不適合當大領導。因為捕鹿博弈原理告訴我們，這樣的人個人利益必然優於整體利益，小集體利益必然優於國家利益。

人越想重視自己，得到的輕蔑越多；人越想快樂自己，得到的痛苦越多；人越想滿足自己，得到的失敗越多。自我反而失我，這是自我的必然結果。

第二，人生境界的「淡我」階段。

人從自我到忘我沒有直通車，需要經過「中轉」——「淡我」的過程。

人對人生有了一定「覺解」，即覺悟和瞭解，便慢慢地從自我走出來，逐漸地淡化自我。用馮友蘭先生的話說，這種人已經有了一定的覺悟，能主動地克制自己的私慾，有了一定的公心。

淡我的人生境界，是常人的人生境界，是通往忘我人生境界的橋樑。遺憾的是，很多的人停留在這橋上留戀眼前的景色而不再往前走了，未能領略到橋另一邊「風景獨好」。

　　淡我，是一個漫長的修身過程，是人的思想、精神、靈魂不斷昇華的過程，是人生境界從功利境界上升到道德境界的過程。

　　莊子說：「吾將曳尾於塗中」；孟子說：「我善養吾浩然正氣。」這就是從自然境界到天地境界，從此境界到彼境界的方法途徑，就是「覺」「覺解」。崇高人生境界不是天生的，需要不斷「覺解」和提升，實現從淡我到忘我的提升過程。

　　人生能看淡自己三分，給別人的好感就能增加三分；人生能看淡功名利祿三分，痛苦就能減少三分；人生智慧能增加三分，人生境界就能提升三分。

　　第三，人生境界的「忘我」階段。

　　人生為什麼？所做的一切圖什麼？不為名，不為利，只為善，只為做人。心裡只有一個念頭：作為一個人就應該這麼做。人生有了這樣的指導思想，才能真正的進入忘我境界。人到了「忘我」境界，就處在只做不求的狀態，這樣的人反而會意想不到地得到很多東西，這就是人生路徑依賴所帶來的人生效應。

　　人生境界到了忘我狀態後，心中已經忘記了自己，不為榮華富貴和功名利祿，只為做一個純粹的人、有道德的人，最終達到人生的「天」「人」合一。忘我境界就是道德境界乃至天地境界，這是一種令人仰視的聖賢境界。

　　忘我境界的代表是無私。心底無私天地寬，這樣的人生高峰體驗，只有忘我境界之人才能分享。

　　人生境界的自我、淡我、忘我三個階級，就是莊子指出的從貴生到達生、從為我到忘我的過程，是一個人一步步走向崇高、擁有崇高人生的三部曲。

　　一個具備智與德兩大類特性的智人，應該有志於不斷提升自己的人生境界。

　　我們知道，螞蟻已有 8000 萬年的生命史。螞蟻這種小生物小得可憐，雖然只有幾個小小的神經元，根本談不上有頭腦，有思想，然而它們一旦成為一個整體時就能幹大事，能齊心協力地設計並建造成五花八門、奇形怪狀

的蟻丘。而蟻丘的內部佈局合理，空氣通暢，溫度恆定，設施齊備，其工程浩大得令人驚嘆：有的上百個蟻丘相通，長達數十米，有的如摩天大樓拔地而起，最高的可達 6 米，按其身高的比例，相當於人類 300 層摩天大廈。螞蟻王國這樣的工程往往需要十餘年的艱辛勞作，而公蟻的壽命不過兩年，也就是說，需要幾代螞蟻的接力施工方可大功告成。

螞蟻談不上有境界，但這麼小的生命由於能忘我地與大家共同順其自然地積極作為，實際上幹出了具有天地境界的偉業。人應該學習這種螞蟻精神，強化社會人的責任擔當，懷有「功不在我」的情懷，去一代接一代地創造人間奇蹟。

開心每在無私後，塞耳難得有道言。人的能力有大小，只要摒棄自私自利，竭盡全力地為他人、為社會做自己該做的事，就是一個「忘我」之人，就會活得開心快樂。

自我無善，淡我才有善，忘我方能至善。

上山千條路，共仰一月高。儒家倡導的達到至善境界，就是人類共同仰望的至善人生境界。

人生境界體現了這個人的人生意義視域和對自我設定的人生存在意義的追求。所以說，一個人對生命意義的自我覺解非常重要。

人明白了人生是什麼、人生為什麼、人生怎麼辦後，就知道該如何走出生命的一般存在狀態，不斷昇華自己的人生境界，實現人生意義。

人生境界的高低不是天生的，取決於後天的修養程度。崇高的人生境界是從自我到淡我最後再到忘我的過程。但遺憾的是，有的人一生都停留在「自我」階段，或有限的「淡我」階段，絕大部分人的人生境界從自我到淡我也就結束了，忘我的境界不是做不到，而是自動放棄了這一追求，沒能讓自己的生命實現最終的昇華和飛躍。

你的人生意義視域所及，就是你的人生境界。你的人生目光如果只看到自己，那你的人生境界就是「自我階段」；如果你的人生目光看到的是他人，看自己淡化了、模糊了，那你的人生境界就是「淡我階段」；如果你的人生

目光已望盡天下路，公而忘私，唯獨看不見自己，那你的人生境界就達到了「忘我階段」。有的人僅僅停留在卑下人生境界，處處「自我」，這是最低層次的人。有的從「自我」到「淡我」，生命在昇華，這是大部分人所處的人生境界。「忘我」境界並非一定是聖人，其實人人都可企及，就看我們是否願意這樣做。一件事做到了「忘我」，生命就有了「忘我」的歷史，這樣的事做多了，「忘我」就成了生命的主旋律，這樣「忘我」地做人做事成了習慣，就成了「忘我」境界之人。隨著人類文明的進步，未來的人類，具有「忘我」境界之人將成為主流人群，那時的人，以天地自然之道為己任，與自然世界合二為一，世界真正進入莊子說的「無待之境界」。

四、崇高人生境界體現在崇高的人生實踐中

走在崇高人生的道路上的都是那些人生目標明確而信念堅定之人，是那些嚴於修身、不斷提升自己人生境界之人。

一個人的人生境界的提升離不開人生實踐，看一個人的人生境界高低，也離不開看他的人生實踐。

人的人生境界總會透過人的具體言行表現出來。如果人生境界低下，他的所思所想、所作所為就會與醜相伴，甚至以醜為美，這個人的人生就貼上了「醜」字標籤。一個人的人生境界越高，他的「覺解」「覺悟」就會越高，所處的人生層次就高，他的心靈和行為就會與真善美相融，讓別人時時處處從他身上能感悟領略到種種做人做事的美感。

崇高的人生境界，體現在一個人的忠厚正直的人品上。

「在人生的路上，將血一滴一滴地滴過去，以飼別人，雖自覺漸漸瘦弱，也以為快樂。」魯迅先生的這種崇高的人生境界，令所有自私自利之人汗顏。

宋弘，是西漢與東漢交替時期的一位名臣。他為官正直清廉，把得到的奉祿用來接濟親屬和他人，自己沒有什麼財產家業。他向漢武帝舉薦了30多位賢人，有的官至相位。桓譚就是其中一個。桓譚是東漢著名的哲學家、經濟學家，善於彈琴。每次宴會時武帝就讓他彈琴。宋弘對此不高興，斥責了桓譚。等到下次宴會劉秀要桓譚彈琴助興時，桓譚露出為難的表情。劉秀

便問其原因，於是宋弘就進言：「我舉薦桓譚的本意是要他以忠誠正直來引導陛下，可是他卻只會讓陛下沉迷於音樂，這是我的罪過啊！」劉秀聽了他的話便不再讓桓譚在宴會上彈琴了。

還有一件事值得一提：武帝的大姐湖陽公主的丈夫去世，武帝想再給她找個老公，就和她議論朝廷的大臣們，探探她的口氣。說到宋弘時，公主說宋弘的容貌、德操、器量都不是其他大臣能比得上的。一次，劉秀讓湖陽公主躲在屏風後面，召見宋弘。劉秀對宋弘說：「都說尊貴了就另換朋友，有錢了就另娶老婆，這是人之常情嘛！」宋弘一聽，知道劉秀話中有話，便回答道：「我聽說，對貧窮卑賤的知己不可以忘記，患難與共的妻子也不可以拋棄。」後來，「貧賤之交不可忘，糟糠之妻不下堂」這句話被記到了《後漢書·宋弘傳》裡。

宋弘由於人品高尚、境界崇高而名載史冊。

崇高的人生境界，體現在一個人的自我犧牲精神上。

蠶，一生執著而勤奮地吐絲做蠶繭，最後蠶繭做好了，自己卻被縛住，死在裡面。有的人一輩子也是辛勤地操勞自己的安樂窩，把窩弄得越來越好，最後也會客死在安樂窩裡。但蠶所體現出來的境界比人高。蠶是靠自己的力量，靠自己一口一口吐絲做成繭，而有的人靠投機取巧甚至不擇手段去築自己的安樂窩，或築多個安樂窩。蠶是為人做嫁，而自我之人是為己。所以，人要向蠶學習，以此來提升自己的人生境界。

崇高的人生境界，體現在一個人一顆善良博愛的心靈上。

南丁格爾，出身貴族家庭，母親出身英國王族，她從小就過著有人伺候的無憂無慮的生活，但她覺得內心空虛、活得毫無意義。19世紀50年代，英國、法國、土耳其和俄國進行了克里米亞戰爭，英國的戰士在前線的死亡率高達42%。南丁格爾主動申請，自願擔任戰地護士，她率領38名護士抵達前線，透過她們的努力，前線的死亡率降至2.2%。每個夜晚，她都手執風燈巡視，傷病員們親切地稱她是「提燈女神」。那些呻吟的傷員只要看到

南丁格爾手提燈的亮光，就像看到了慈祥的天使，感受到無限的溫暖和愛意，她所到之處，傷病員甚至會俯下身子親吻她的影子。

一個女護士再普通不過了，但南丁格爾由於有了一顆天使般的愛心，有了崇高的人生境界，使她不再普通，平凡的職業變得崇高而偉大。世人沒有記住發動這場戰爭和贏得這場戰爭的人，卻永遠記住了南丁格爾。「5‧12」國際護士節設立在南丁格爾的生日這一天，就是為了紀念這位近代護理事業的創始人。

好人有好報。1910 年 8 月 13 日，南丁格爾 90 歲高齡時在睡眠中安祥地溘然長逝。

南丁格爾的人生境界告訴我們：善良，是人生大廈的基石，是人性品質中的瑰麗珍品。善良，不需要太多的詮釋，它是寒冷中的一只火盆，雨中的一把雨傘，天熱時的一杯涼白開，失意時的一句安慰話，饑餓時的一碗麵，痛苦時的一絲愛撫，無助時的一雙暖手——把善良給別人，就是把善良給自己；有了善良的心，便擁有了最大財富；把全部善良給世界，便擁有了美好的人生世界。一個人只要喜歡善良，珍愛善良，播撒善良，擁抱善良，慷慨地把善良送給別人，他最終必被善良所包圍。

崇高的人生境界，體現在一個人追求平凡中偉大的熾熱情懷上。

《菜根譚》中說：「人知名位為樂，不知無名無位之樂為最真；人知饑寒為憂，不知不饑不寒之憂為更甚。」意思是說，世人都知道有名位是快樂，不知道無名無位是真正的快樂；世人都知道饑寒值得憂慮，不知道飽暖的憂慮更大。這段話非常有哲理。飽暖帶來的肥胖、「三高」和飽暖思淫慾的危害現在的人都看清楚了，「但無名無位為真快樂」這話恐怕有的人難以接受。其實，一個人不求名位只求做人，把人做好了，甚至做成了「大人」，也就樂在其中了，那些追求功名的人，怎麼能和這些人生境界上無名無位的人相提並論呢？他們根本就沒有生活在一個世界裡。

斯特茲‧特克爾，是美國社會學、歷史學領域和廣播行業必不能忘卻的名字。作為美國夢的記錄者，他一輩子做了無數採訪，其中不乏馬丁‧路德金、

路易斯·阿姆斯特朗、馬斯特·基頓、鮑勃·迪倫等有名之人，但更多的是那些本來在歷史上就默默無聞的普通平民。他喜歡穿著紅白細格子襯衣，站在街頭聽普通百姓講他們的人生、感觸、恐慌與希望。斯特茲·特克爾立足平民，謳歌平凡中的偉大。他一生中創作了 18 部著作，為美國建立起一部持續、寬廣、自下而上的平民史。

崇高的人生境界，體現在一個人超然物外的靈魂上。

著名學者陳之藩在青年時期想到美國留學，可是他沒有錢，胡適先生給了他一張支票。陳之藩後來有了錢馬上就把錢還給了胡適先生，還寫了一封信致謝。胡適先生接到信後給陳之藩寫了回信：「之藩兄，謝謝你的來信和支票，其實你不應該這樣急於還此二千四百美元。我借出的錢，從來不盼望收回，因為我知道我借出的錢總是『一本萬利』，永遠有利息在人間。」

陳之藩看了這封回信感慨萬千，對胡適先生倍感崇敬，後來他說：「我每讀這封信時，並不落淚，而是想洗個澡。我感覺自己汙濁，因為我從來沒有過這樣澄明的見解與這樣廣闊的心胸。」

一般的人都在意自己的財富所帶來的利息，而胡適先生追求的是「利息在人間」，有這樣的人生境界不可能是凡人。在這樣的人、這樣的事面前，誰能不肅然起敬呢？這樣的人獲得的認可和尊敬，是深深紮根於人的心底的，是一輩子也不會改變的。

胡適先生曾做過北大校長，他有權，也不缺錢。作為有廣泛影響的人物，他有名，但他讓陳之藩敬佩的卻是非權力影響、非名氣影響。在那些崇高人生境界人面前，我們這些俗人，難道不也應該像當年的陳之藩一樣，「感覺自己汙濁」，有「洗個澡」的必要嗎？

崇高的人生境界，體現在一個人面對坎坷時的精神風貌上。

千山鳥飛絕，萬徑人蹤滅。

孤舟蓑笠翁，獨釣寒江雪。

　　這首詩《江雪》是柳宗元的代表作之一。詩人用了 20 個字，把讀者帶到一個幽靜寒冷的境地：在下著大雪的江面上，一葉小舟，一個老漁翁，獨自在寒冷的江心垂釣。作者借茫茫大雪中寒江獨釣的老翁形象，寄託作者清高孤傲的思想情感，隱然看見詩人高懷絕世的人格風貌，以及追求儒家慎獨、佛家空靈的境界。柳宗元如沒有崇高的人生境界，怎麼可能寫出這種傳承千年的好詩？站在人類歷史長河制高點上就會發現，崇高人生境界，才是創作文學作品、創造千秋事業的靈魂。

　　慎獨是儒家提倡的一種內心修養，實際是指內心的專注、專一，指內心專注於仁、義、禮、智、信五種德行的狀態。空靈是佛家追求的一種至高境界。一個人面對人生的坎坷做到了慎獨和空靈，就能頓悟宇宙和人生的真諦，豁然貫通於生命之中。

　　柳宗元被貶到湖南的永州（今零陵）任職，《江雪》這首五言絕句詩是在永州所作。雖然政治上失意，但對人生之審美境界不變。柳宗元一生留詩文作品達 600 余篇，其中在永州生活了 10 年，創作了 317 篇，《永州八記》成了中國古代山水游記名作。這些優美的山水游記，生動地表達了作者對自然美的感受，豐富了古典散文反映生活的新領域，從而確立了山水游記作為獨立的文學體裁在文學史上的地位。柳宗元的文學藝術境界被人們千古傳誦，推崇備至。即便一再橫遭打擊，他也始終保持堅強的人生信念、意志和崇高的人生境界。

　　崇高的人生境界，體現在一個人對自己人生的站位高度、心靈高度、精神高度上。

　　一個人的人生意義視域，反映了這個人的人生境界之高低。

　　老子告訴世人：「慎終如始，則無敗事。」楊善洲做官是成功的，但他人生真正的成功是退休之後。為什麼呢？因為他的人生站位高度、心靈高度、精神高度達到了一個新層次，達到了「忘我」的人生境界，其人生結果，正好體現了道家的思想：無為反有為，無我反有我。

　　崇高的人生境界，體現在一個人的人生趣味上。

趣味是人生境界的分水嶺。一個人活得有趣有味，才會被人津津樂道；若活得變了味，甚至俗不可耐，那就糟蹋了自己的人生，使親朋好友臉上亦感無光。

歷史上的魏晉六朝是一個追求「雅入深致」的時代，這時的人很講究文化修養。「竹林七賢」中的王戎，由於他生活中時常斤斤計較，也被阮籍罵為「俗物」。

北宋的黃庭堅認為：「士大夫處世可以百為，唯不可俗，俗便不可醫也。」他認為，人不妨生活在俗世中，但心靈境界萬不可俗，俗便無可救藥，庸俗乃士大夫和讀書人之大忌。黃庭堅的這話應做成書籤，當代人應該每天早中晚各念三遍，以此為警鐘，切不可成為庸俗之輩。

《圍爐夜話》正告人們，人生在世，「苟」「俗」二字是大忌，絕對不能任其纏身。因為「人犯一『苟』字，便不能振；人犯一『俗』字，便不可醫。」苟乃隨便、草率。人若自甘苟活，安於現狀，得過且過，不願振作，上帝也幫不了他。人身上若俗氣多了，人生就會沉淪在低俗、庸俗之中，心中除「我」沒有他人棲身之地。

美國前總統羅斯福指出：「我認為沒有比那些只顧自己鼻尖底下一點事情的人更可悲了。」那些人悲在何處？悲在短視，悲在俗氣。

崇高人生境界的頭號敵人便是一個「俗」字。這個「俗」字害了多少人！一個人只要成為俗人，生命的昇華便停止了，無論頭上有多少道光環，即便富貴顯赫、腰纏萬貫，都失去了人應有的品格品位，與崇高人生境界之人相比，自然矮人三分。

王永彬的人生就遠離了「苟」「俗」二字，雖沒有高位，卻有高行。

王永彬一生不喜科舉，這與一般人追求「學而優則仕」恰好相反。後來擔任小職後，他又放棄了這個「鐵飯碗」去教書。在教學中，先令學生修身，次教其治學，不以科舉應試為唯一目的，並能身先士卒，修養己身而後教。他不愛榮華富貴，生性純茂沖遠，但並不苟活，有著與眾不同的追求。他對於鄉人，見善必賞，見過必勸，與友人一起每酒醉高論，說到古代忠烈之事，

便沾襟涕泗不能止。他一生治學甚廣，勤於著述，其道德文章成了後人的寶貴財富。尤其是《圍爐夜話》《格言集句》等著作，給一代又一代的人點亮心燈，為人鼓起了生命的風帆。

俗人，就是低俗的人，庸俗的人。俗人不屬於底層人專有。底層人有底層人的低俗，高層人有高層次的低俗。高層人的低俗有時甚至比底層人的低俗更可惡、更可怕。

一個人如果品位不高，趣味低下，嗜好庸俗，其渾身會散發異味，給社會帶來負能量。

俗人遭人嫌，俗不可耐之人遭人煩。

「常從容淡靜，不好交接俗人。」《後漢書》裡為什麼講張衡等仁人不願交接俗人，因為與俗人打交道很累，與俗人不可能成為君子之交和真誠恆久的朋友。

《小窗幽記》給人的智慧是：「能脫俗便是奇，不合汙便是清。」一個人能擺脫世俗就是不平凡，能夠不與庸俗之人同流合汙，便是清淨，便是高尚。

在俗人、俗事、俗風嚴重的環境裡，我們不能選擇遁世離俗，更不能欺世惑俗，而應憤世嫉俗，達士拔俗，以崇高的人生境界，做到高節邁俗，超凡脫俗，匡時濟俗。

人如果沒有脫俗，官做得再大，學問做得再好，名氣再響，他總歸還是個俗人。人即便是一棵小草，只要有了崇高的人生境界，無私地把自己的綠色獻給了人間，它就為大地增添了綠色，給人們帶來了綠意，這就完成了它的人生使命，實現了它的生命意義。

培根有這麼一段很經典的語錄：「一個人如能在心中充滿對人類的博愛，行為遵循崇高的道德法律，永遠圍繞著真理的樞軸而轉動，那麼他雖在人間也就等於生活在天堂之中了。」我以為，世界上的人如果有一半的人能自覺地追求崇高的人生境界，「圍繞著真理的樞軸而轉動」，我們整個人類也就等於生活在天堂之中了。我堅信，人類終歸有這一天。

奧斯特洛夫斯基說：「人生最美好的，就是在你停止生存時，也還能以你所創造的一切為人民服務。」一個人活著的時候，以自己創造的一切為他人、為社會服務是高尚的；人死了之後仍然能為他人、為社會服務，是無比的高尚，這個人等於沒有離開人間，等於將美好人生從陰間延伸到了人間。

人生，離不開生活，有什麼樣的生活，便有什麼樣的人生。人的生活應該追求這樣三重境界：軀體，生活在凡人中；心靈，生活在精神樂園中；靈魂，生活在仙境中。

人生，就是從嬰兒搖籃走向墳墓的過程。這個過程不僅僅屬於自己，更屬於人類，既是對前人生命的延續，又是對後人的人生傳承，就在這一茌茌地延續和傳承之中，人類得以延續和發展。為此，我們每一個人都不能忘記自己的人生使命，並要牢記蕭伯納的名言：「人生不是一支短小的蠟燭，而是一支由我們暫時拿著的火炬。我們一定要把它燃得十分光明燦爛，然後交給下一代。」

「高山仰止，景行行止。雖不能至，心嚮往之。」《詩經》這部中國最古老的傳統文化告訴世人，品德像大山一樣崇高的人，人們就會敬仰他；行為如大道一樣端正的人，人們就會學習他。一個人帶著這樣的美好願望和人生信念堅持不懈地走下去，即便最終沒能成為什麼偉大的人物，但他的生命必然如雕琢過的寶玉那樣彌足珍貴，他的人生必然如蠟燭那樣從頂燃到底，一直都光明。

後記

《人生之問》，就是《人生三問》經過刪改後的重新出版。

寫出一本書，並不是作者自己的功勞，而是作者把父母、老師、領導、親友、包括先哲前賢等人傳授給他的精神財富，經自己吸收後在別人幫助下返還給社會的一種反哺行為。所以，我懷一顆感恩的心，感謝所有給我知識給我正能量，引領我心靈成長、生命昇華和人生意義視域不斷拓展的人；感謝出版社的各位長官，尤其感謝張陽、劉君、李雪菲、劉志軍、沈磊等所有為這本書出版發行給予支持幫助的各位朋友；感謝媒體朋友和廣大讀者對這本書的厚愛。

廣大讀者對這本書給予了很多點贊，普遍認為「這是一本傳道解惑、啟迪心智的智慧之書」、「枕邊書」。有的驚呼「為其點亮了一盞心燈」，有的「感謝作者為我理清了人生思路，看清了人生方向」。

著名教授史朝說：「《人生三問》是哲學之問、人生之問和終極之問。南京將軍透過這個『三問』，解決了當今世界人與自然、人與社會以及人與人之間的關係問題。整本書正氣浩然，襟懷開闊、格調高雅。」

一位女企業家鄧慧喜在參加民生大講堂活動時，得到的一份禮品就是這本書，她看後發訊息說：「看了一遍，還沒悟透，準備再看幾遍。能讀到這本書是一種幸運，如同大中獎，太好了！希望更多的人因此而改變人生。」

一位商界成功人士孫善斌說：「國學裡面很多東西很深奧，不好理解，很容易跑偏，但這本書把很多東西說明白了。我們上了這麼多年學，讀了這麼多年書，在傳統文化方面頂多算個小學生啊。《人生三問》如一面鏡子，照出自己很多方面還有很大差距。」

一位從海外學成歸來的青年李金欣說：「這本書結合社會實際，不空洞，通俗易懂，舉了很多古今中外的例子，非常適合年輕人閱讀習慣。我母親的單位集體購買，讓大家都來從中汲取人生智慧。」

　　一位幼教專家企業家康英杰發訊息說：「感謝作者替我們讀了這麼多的書。讀著《人生三問》，告誡自己，我還年輕，看看身後那麼多員工，讓我學會了放手，讓我早一步學會創造人生和分享人生，一群人、一件事、一輩子、一條路，讓大家從打工變成了給自己幹。」

　　不再一一羅列了。說這些的目的，不是說這本書有多好，而是這本書遇到了這麼好的時代和這麼多的好人。正是由於媒體和讀者中這些好人的善心善行，帶動了更多的人在浮躁的現實環境中寧靜下來去讀書，去思考人生，去重新審視自己對人生的所思所想、所言所行的是非、對錯與美醜，從而提高人生站位，拓寬人生視野和人生意義視域，看到更多更美的人生風景。

　　一本書若沒人願意去讀，那是作者之過；一本書若有人讀但給人帶來的是負能量，那是作者誤人子弟；一本書若有溫度有厚度有深度有人讀，並能引起讀者的深入思考，那是作者幸運地遇到了同頻好友。

　　懇請您批評指正，相互交流，以便我繼續完成人生四部曲。

作者

國家圖書館出版品預行編目（CIP）資料

人生之問 / 孫南京 著 . -- 第一版 .
-- 臺北市：崧博出版：崧燁文化發行，2019.07
　面；　公分
POD 版

ISBN 978-957-735-906-3(平裝)

1. 人生哲學

191.9　　　　　　　　　　　　　　108011286

書　　名：人生之問

作　　者：孫南京 著

發 行 人：黃振庭

出 版 者：崧博出版事業有限公司

發 行 者：崧燁文化事業有限公司

E-mail：sonbookservice@gmail.com

粉絲頁：　　　　　網址：

地　　址：台北市中正區重慶南路一段六十一號八樓 815 室

8F.-815, No.61, Sec. 1, Chongqing S. Rd., Zhongzheng

Dist., Taipei City 100, Taiwan (R.O.C.)

電　　話：(02)2370-3310 傳　真：(02) 2370-3210

總 經 銷：紅螞蟻圖書有限公司

地　　址：台北市內湖區舊宗路二段 121 巷 19 號

電　　話:02-2795-3656 傳真:02-2795-4100　　網址：

印　　刷：京峯彩色印刷有限公司（京峰數位）

　　本書版權為國家行政學院出版社所有授權崧博出版事業股份有限公司獨家發行
電子書及繁體書繁體字版。若有其他相關權利及授權需求請與本公司聯繫。

定　　價：399 元

發行日期：2019 年 07 月第一版

◎ 本書以 POD 印製發行